【図説】日本の鉄道

鉄道配線大研究

乗る、撮る、未来を予測する

川島令三

鉄道配線大研究
乗る、撮る、未来を予測する

◎目次

第三章　中間折返駅の構造

第四章　複々線の配線

第五章　路面電車・地下鉄などの配線

第六章　貨物駅・車両基地の配線

注・本文中、（東海道ライン1巻10ページ）等とあるのは、『【図説】日本の鉄道シリーズ』当該の配線図掲載ページです。詳細な配線はそちらも参考にしてください。

配線図は鉄道ファンの原点

鉄道が好きな人のほとんどは、子供のころ、運転席の後ろに立って前方から流れる景色を眺めていたのではないだろうか。俗にいうかぶりつきである。

たんに景色を眺めているのではなく、線路がどう移り変わっていくかを見ていたり、トンネルや鉄橋を通ると目を大きく開け、すれ違う列車に見とれていたりしたと思う。そんな中で多くの人が興味津々《しんしん》で眺めていたのが、駅の手前にあるポイントだろう。ポイントを見て、どのホームに行くのだろうかと、ホームに到着するまで見入っていたはずである。

列車の通る道、つまり線路とポイントがどうなっているかを眺めるのは、とても楽しくわくわくする。線路とポイントが複雑に絡まれば絡まるほど、どうなっているのか知りたくなってくる。その線路とポイントの配置を図示したのが配線図である。

かぶりつきで線路を眺めていたために鉄道ファンになった人は多い。だから配線図は鉄道ファンにとって「原点」といっても言い過ぎではないと思う。

配線図を見れば、列車がどう走っていくのか一目でわかる。大人になるとかぶりつきはみっともないからやめて、横から眺めることが多くなる。とくに長距離列車の座席に座って車窓を楽しむようになる。それでも何番線に入るのか気になってかぶりつきをして確認することもある。

そんなとき、個々の駅の配線がどうなっているか知っていれば、「ああ、このホームに進入

写真１●新宿駅の１～６番線を代々木駅寄りから見る

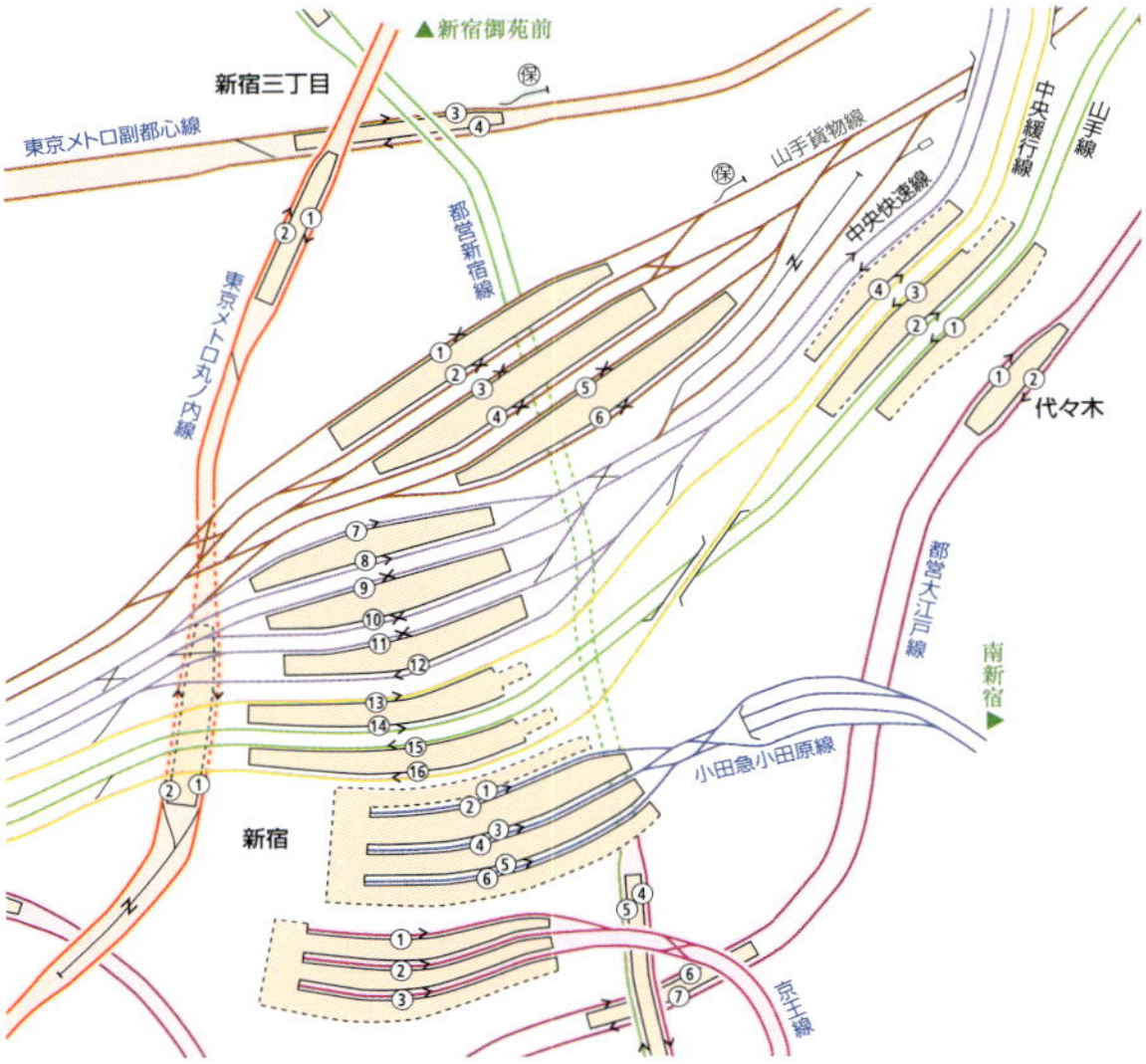

するのだな」とわかる。

たとえば写真1は山手貨物線を走る湘南新宿ラインの電車から見た新宿駅である。右から1番線で左端が6番線である。山手貨物線の品川方向からは2〜6番線に進入することができる。しかし、中央手前のポイントは直進方向に向いているために5、6番線には入らない。その奥のポイントも直進方向になっている。このため4番線に入るのだなとわかる（中部ライン1巻7ページ）。

そんな車窓を眺めているとき、あらぬ方向へ分かれていく線路があったり、走っている線路に並行して多数の線路が並んだりしている光景を眺めることも多い。そんな線路がどう使われているのかも配線図があれば一目瞭然である。

写真2は日暮里駅の跨線橋から西日暮里方を撮ったものである。14線の線路が行き交っているのは圧巻である（首都近郊スペシャル17、18ページ）。

左から京浜東北線北行、山手線内回り、山手線外回り、京浜東北線南行、地下から地上に出た複線の東北新幹線、上野駅の高架ホームからの東北本線下り線、同地上ホームからの東北本線下り線、同地上ホームへの東北本線上り線、同高架ホームへの東北本線上り線、そして複線の常磐線、さらに高架と地上の上下2段になっている京成本線の14線が並んでいる。

しかし、ポイントは一つも見えず、配線的には面白くない。やはり配線を楽しむにはポイン

写真２●日暮里駅の跨線橋から西日暮里方を見る

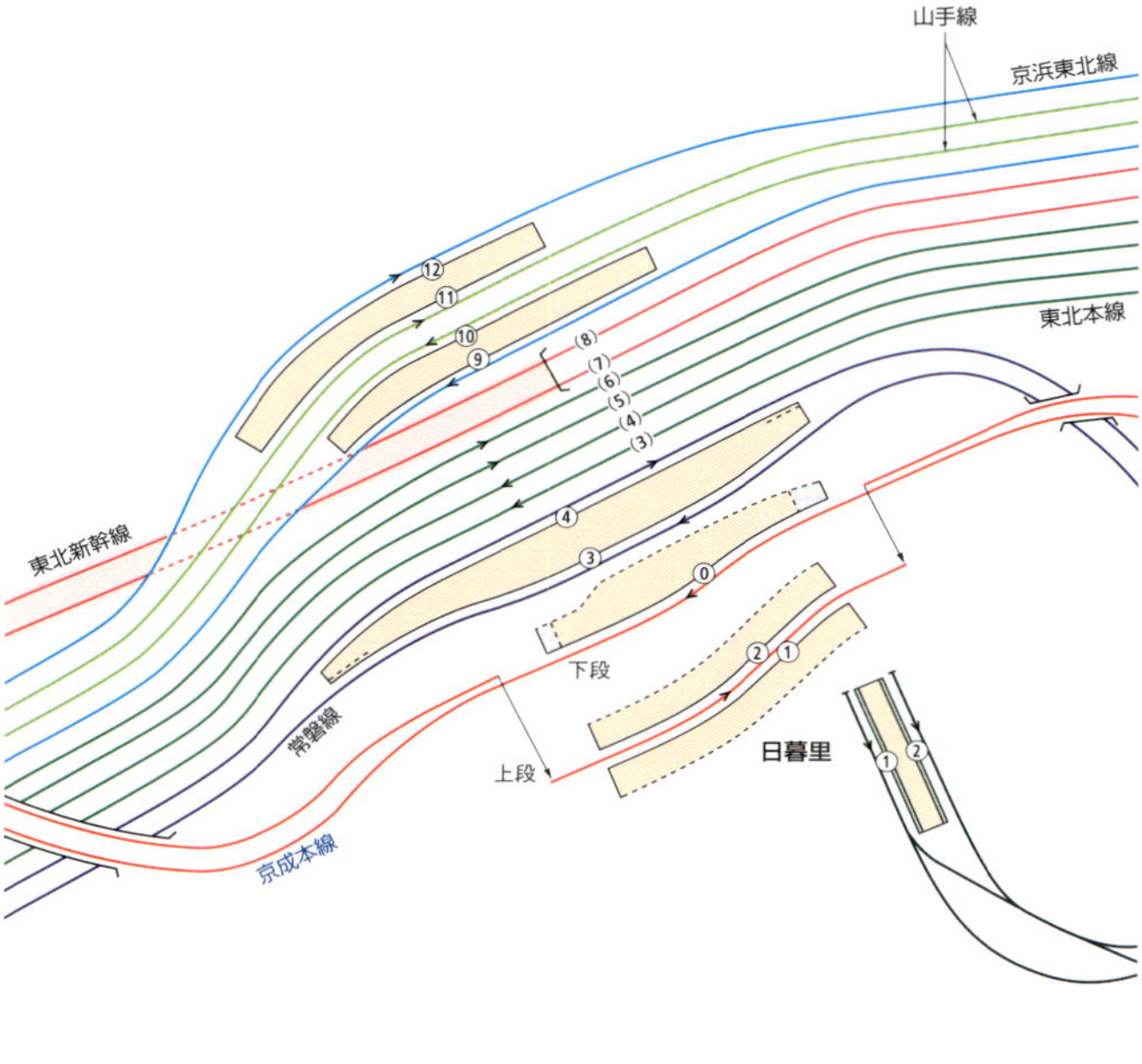

写真３●上野駅の駐車場から鶯谷方向を見る

トはなくてはならないものである。写真３は上野駅の真上にある駐車場から鶯谷《うぐいすだに》方向を見たものである。これに上野駅の配線図（首都近郊スペシャル16ページ）を照らし合わせると状況がよくわかる。左端に高架ホームの12番線に停車中の常磐線快速電車、その右下の線路と緑色の跨線橋の下付近でトンネルに入っていく線路が地上ホームからの東北本線である。一番右端の線路は地上ホームからの常磐線である。

さらにその緑色の跨線橋から見た写真４では高架ホームからの配線状況がわかる。右の３線が常磐線、左の電車の頭が見えているのが東北本線下り線、その隣が同上り線である。シングルスリップスイッチおよびダブルスリップクロッシング、ダイヤモンドクロッシングを駆使して効率のよい配線をしている。

写真４●跨線橋から見た上野駅

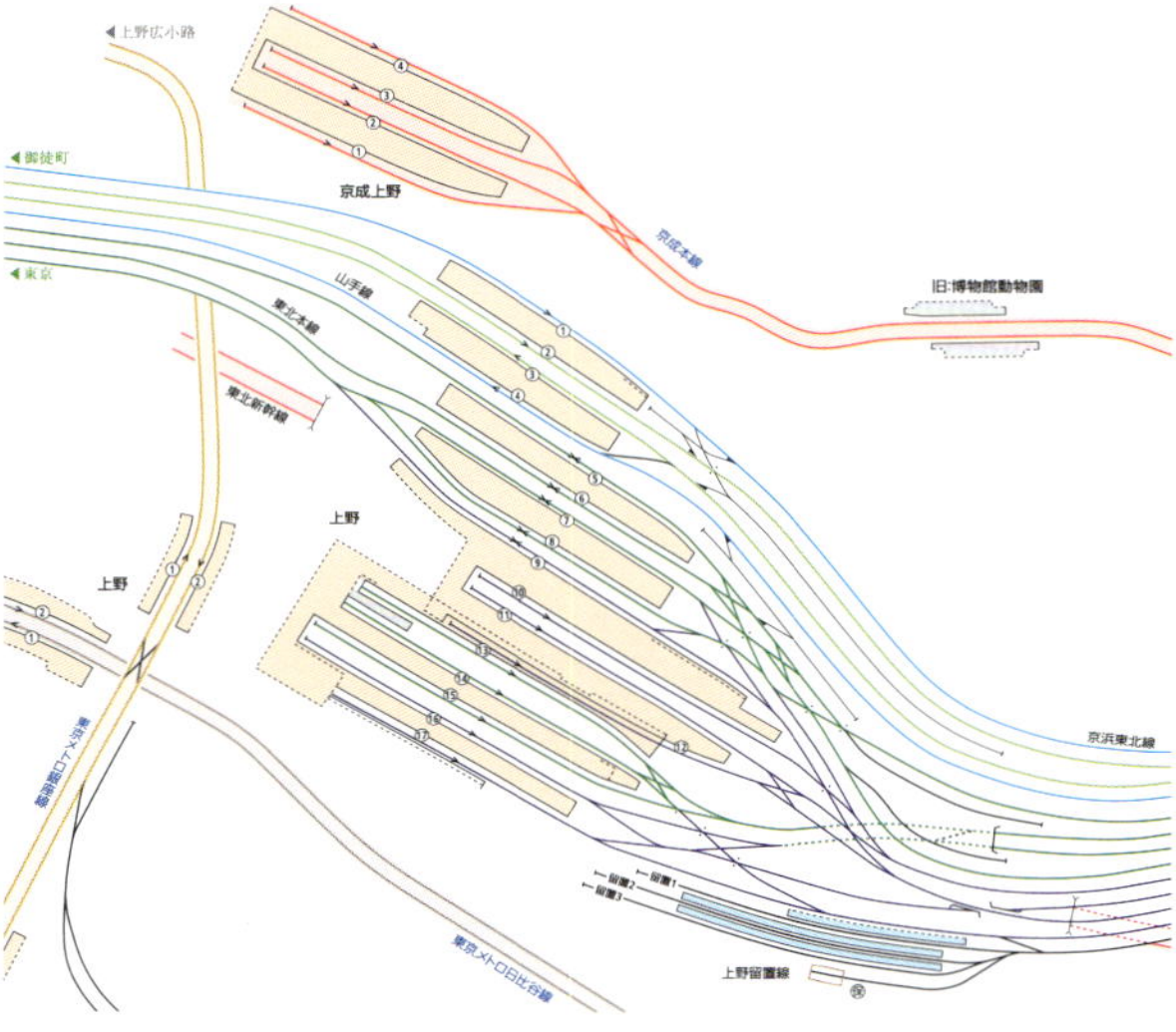

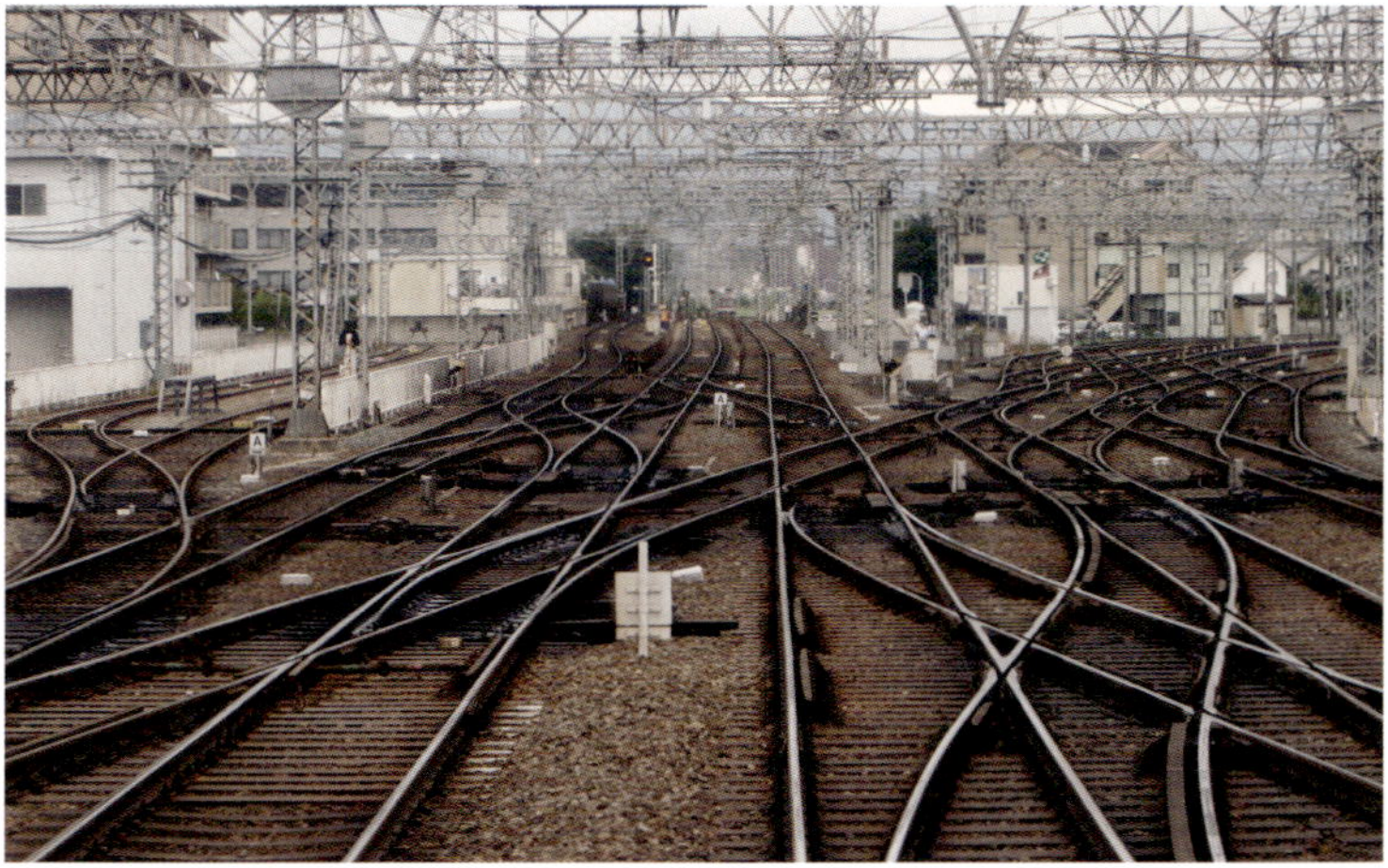

写真５●大和西大寺駅

写真5は近鉄奈良線と橿原《かしはら》線それに京都線が集まる大和西大寺駅の近鉄奈良・橿原神宮前方向を見たものである。

大和西大寺駅は奈良線の大阪上本町方面からと京都線の京都方面からの線路が同じ方向に向いて並行、そして奈良線の近鉄奈良方面と橿原線の橿原神宮前方面の線路が同じ方向に向いている。このような駅構造を方向別という。これに橿原線に並行して西大寺車庫があり、奈良線近鉄奈良方面に並行して引上線と留置線がある。

さらに発着線5線、ホーム3面で形成され、通り抜け電車や折返電車、回送電車が行き交う。このために何線もの線路が様々なタイプのポイントを介して輻輳《ふくそう》している。現物を目の前にしても、どの線路がどこへつながっているのか、どこに行くのかよくわからない。これが配線図を見ると、

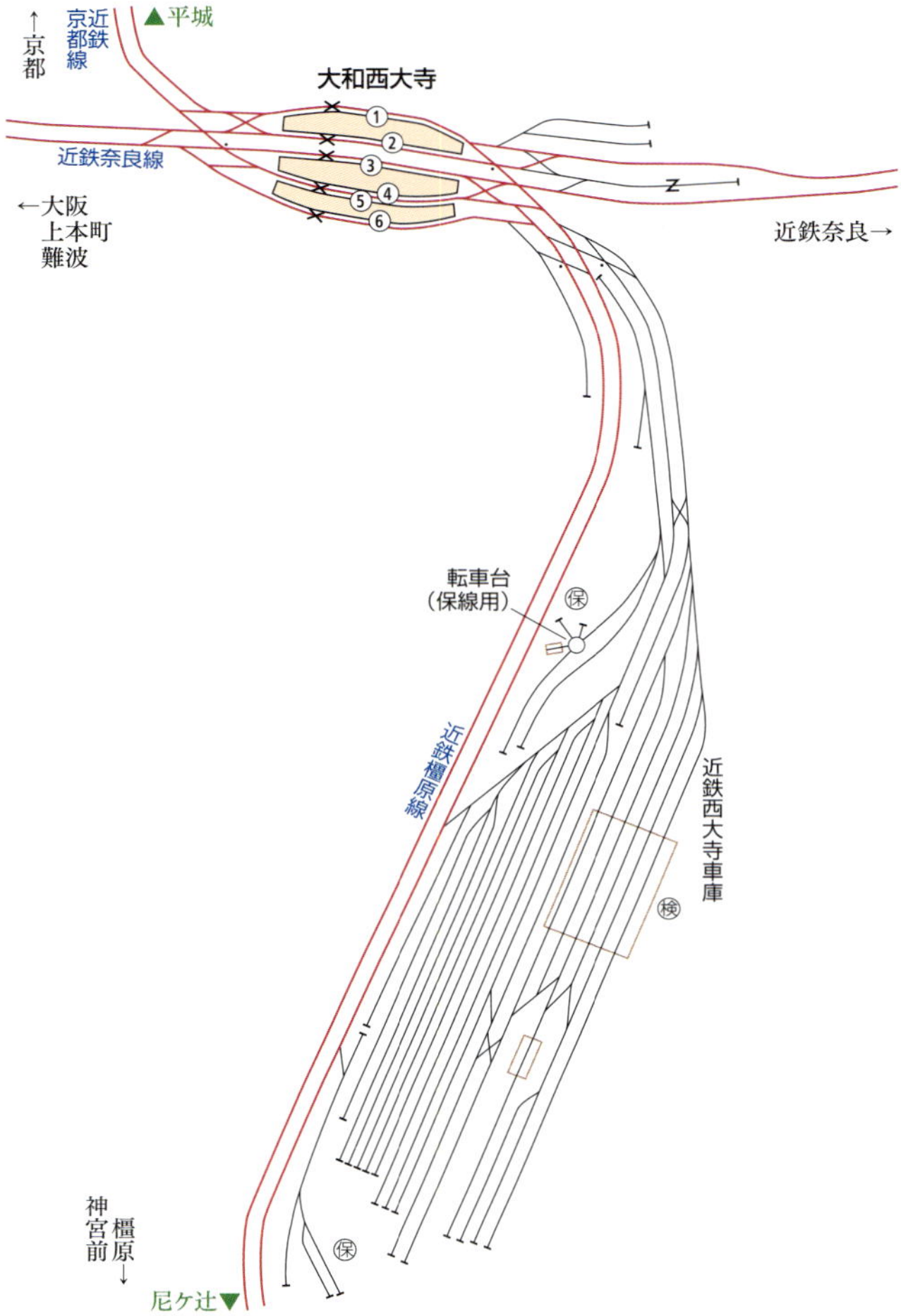

↑京都
近鉄京都線
▲平城
大和西大寺
1
2
3
4
5
6
近鉄奈良線
←大阪上本町難波
近鉄奈良→
N
転車台(保線用)
保
近鉄橿原線
近鉄西大寺車庫
検
保
神宮前 橿原↓
尼ケ辻▼

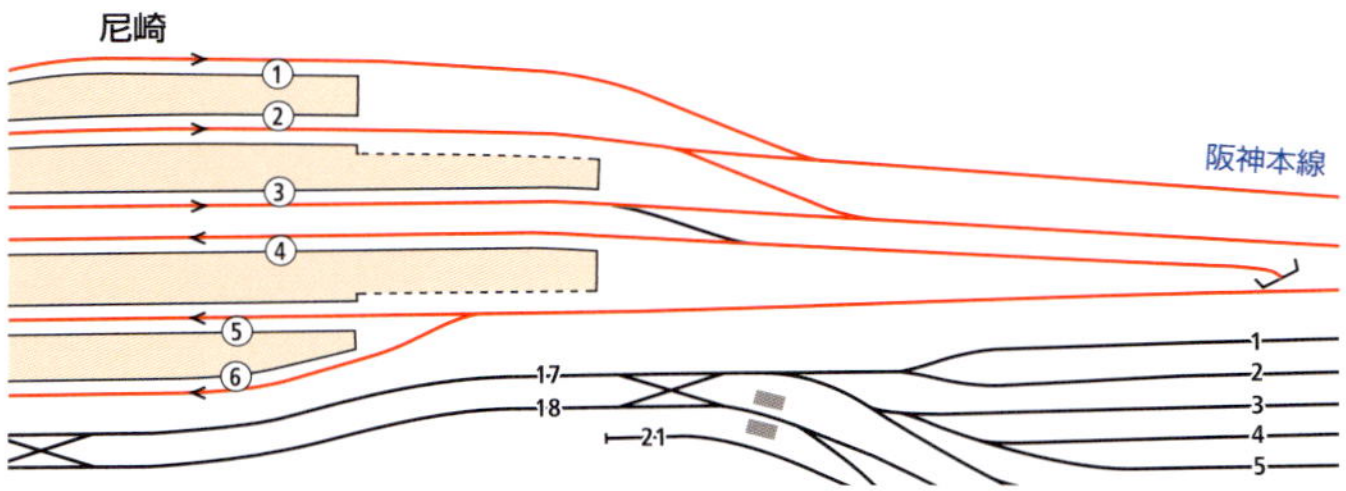

一目瞭然なだけでなく、配線のダイナミックさを堪能できるというものである（東海道ライン9巻22ページ）。

写真6は阪神電鉄の尼崎駅のホームから神戸方向を見たものである。やはりシングルとダブルのスリップクロッシングやダイヤモンドクロッシングを駆使しているが、右側のシングルスリップクロッシングは通常よりも交差角度がきついために分岐角度を緩める必要がある。そのためにトングレール部がはみ出している。これはアウトサイドスリップポイントと呼ばれるものである。さらに奥のポイントは3方向から合流する複分岐ポイントになっている。関西の私鉄は規格外のスリップポイントや複分岐ポイントを多用している（京阪神スペシャル62ページ）。

写真7は山陽本線新山口駅に隣接している転車台とそれを囲むように配置された留置線を見たものである。もともとは扇形車庫といって転車台を囲む扇形の建屋があったが撤去されて今の状態になった。右中央に転車台への通路線

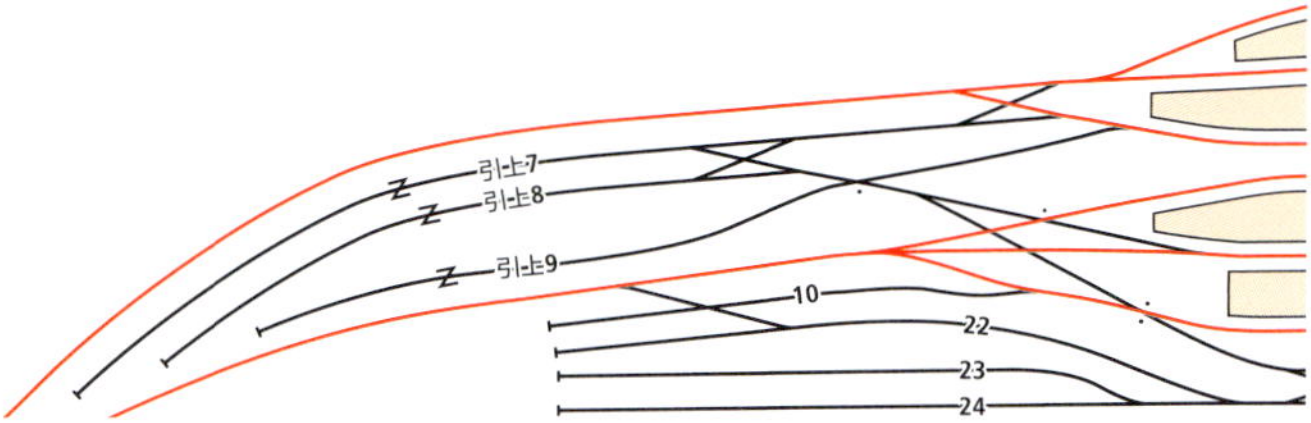

写真６●阪神尼崎駅

が分岐しているのがわかる。また、左下の幅が狭いホームは車両を手洗いする洗浄ホームである（山陽・山陰ライン8巻14、15ページ）。

地方交通線、俗にいうローカル線は単線が多く、あまり配線的面白みがないように思えるが、車庫やかつての貨物ヤードが残っていたりする。さらにスイッチバック駅の配線は面白い。

写真8は四国の土讃《どさん》線にあるスイッチバック駅の坪尻駅である。左の列車は坪尻駅を通過する下り阿波池田行である。この列車と行き違いをするために坪尻駅に停車している上り多度津行普通から撮ったもので、奥が阿波池田方向である。

奥に折返線が分岐し、この折返線とホームがある発着線はレベル（水平）になっており、通過している阿波池田行普通が走っている本線は25‰（パーミル＝25‰は水平方向に1000m進むと25m高度差が生じる勾配のこと）の下り勾配になっている。行き違い用のスイッチバック駅なので、停車線で行違列車をやり過ごす上下の普通しか停車しない（四国・九州ライン1巻44ページ）。

写真9は仙石線陸前山下駅からあおば通方向を見たものである。まっすぐ進んでいる線路があおば通駅に向かう。それとは別に左側に分かれる線路がある。通常の路線図などには載っていない日本製紙へ向かう貨物線である。海岸方向に日本製紙の工場があってその専用線に繋がっている。各地に地図に載っていない専用線があるのである（東北ライン7巻39ページ）。

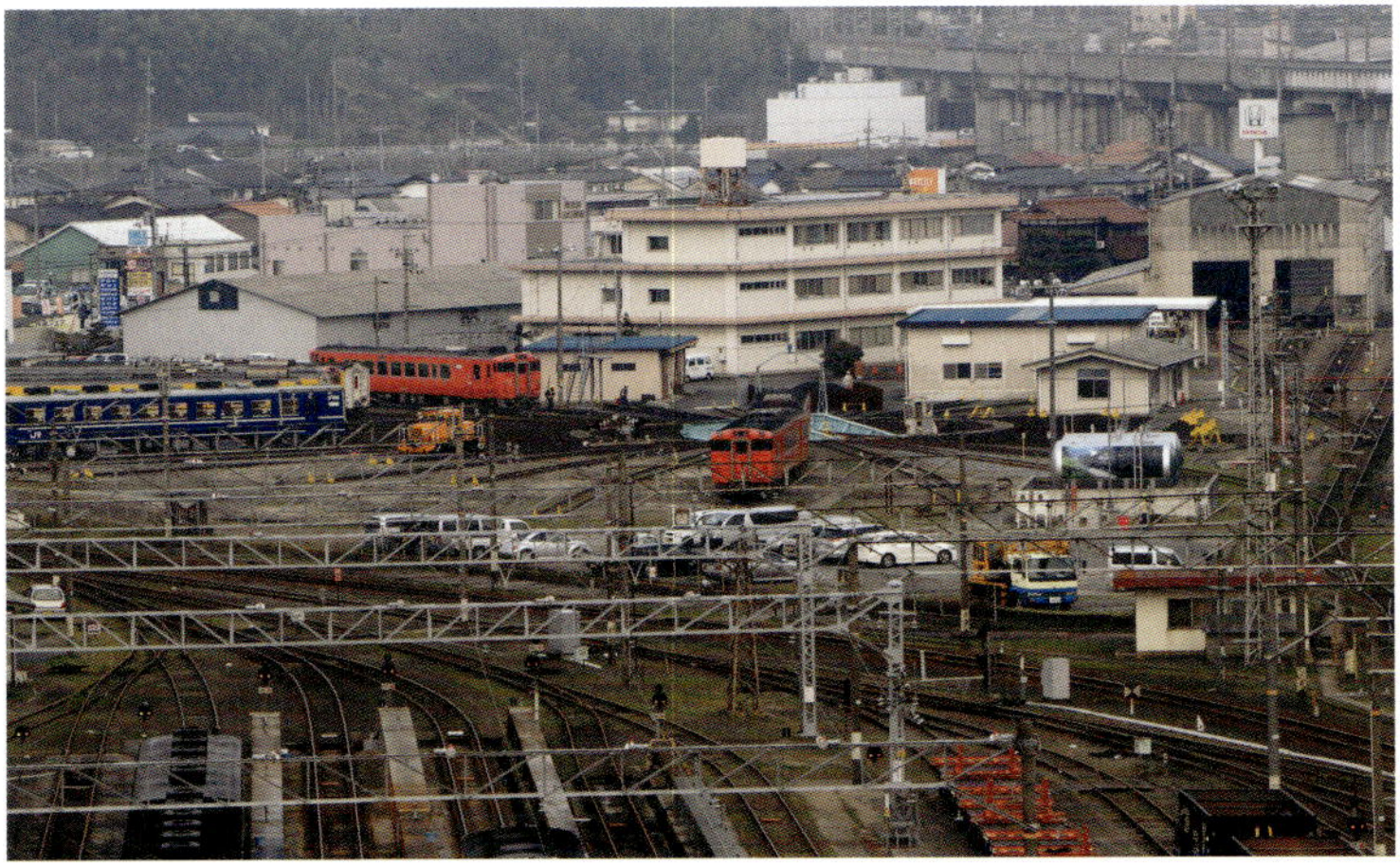

写真７●新山口駅の転車台

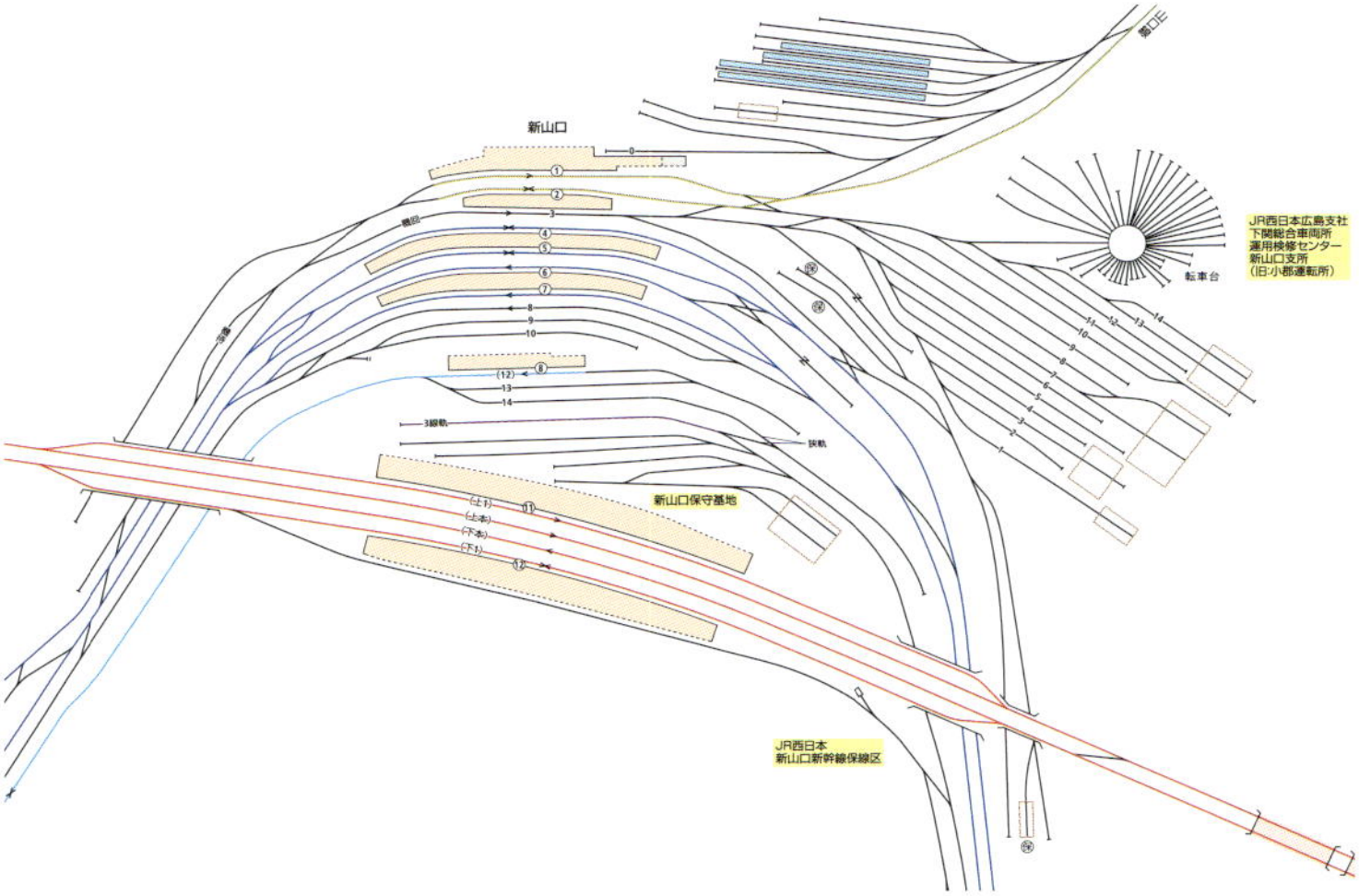

写真８●土讃線坪尻駅

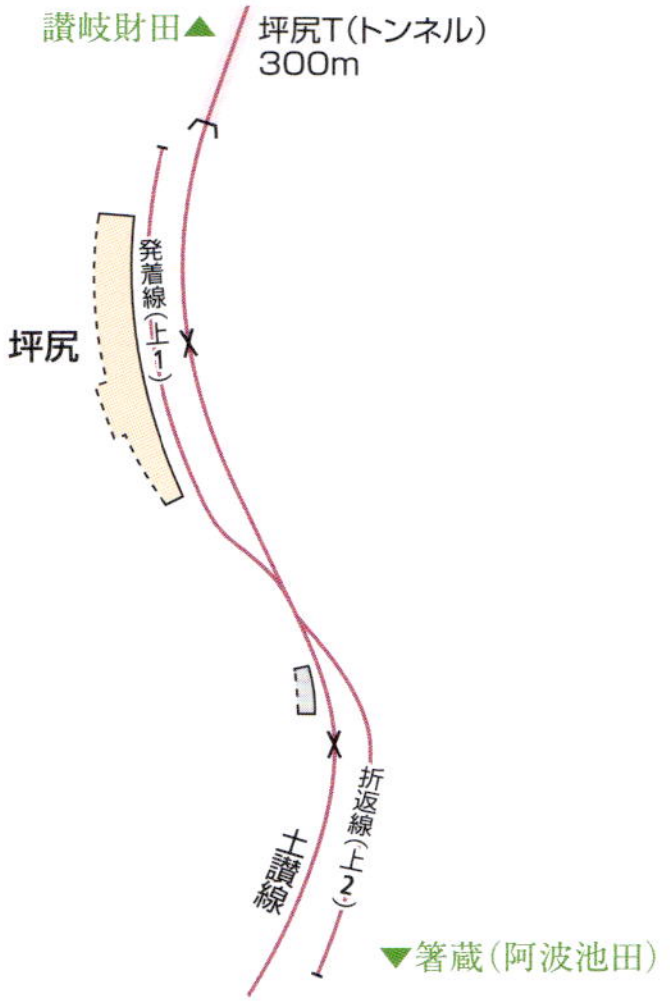

写真９●仙石線陸前山下駅

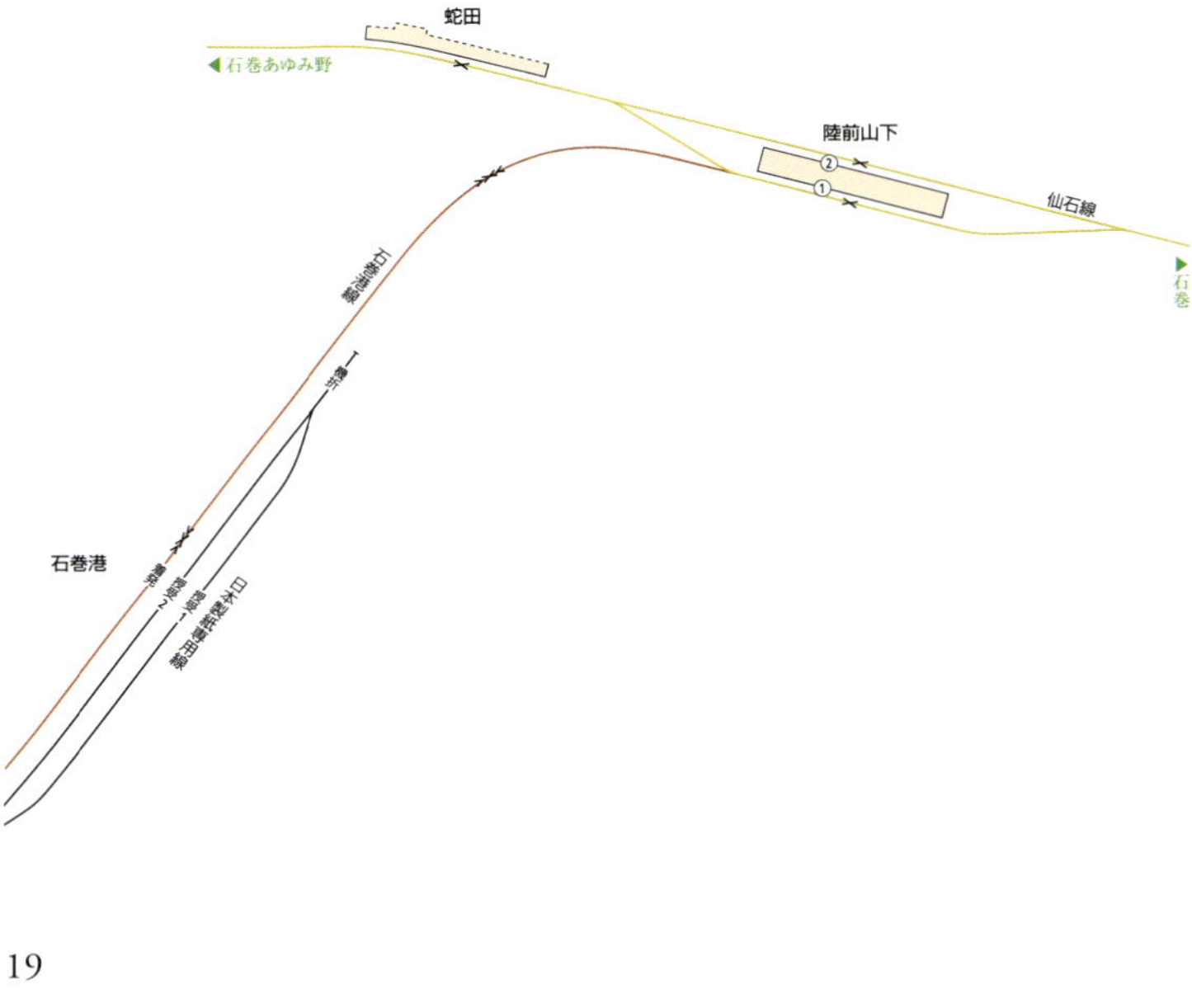

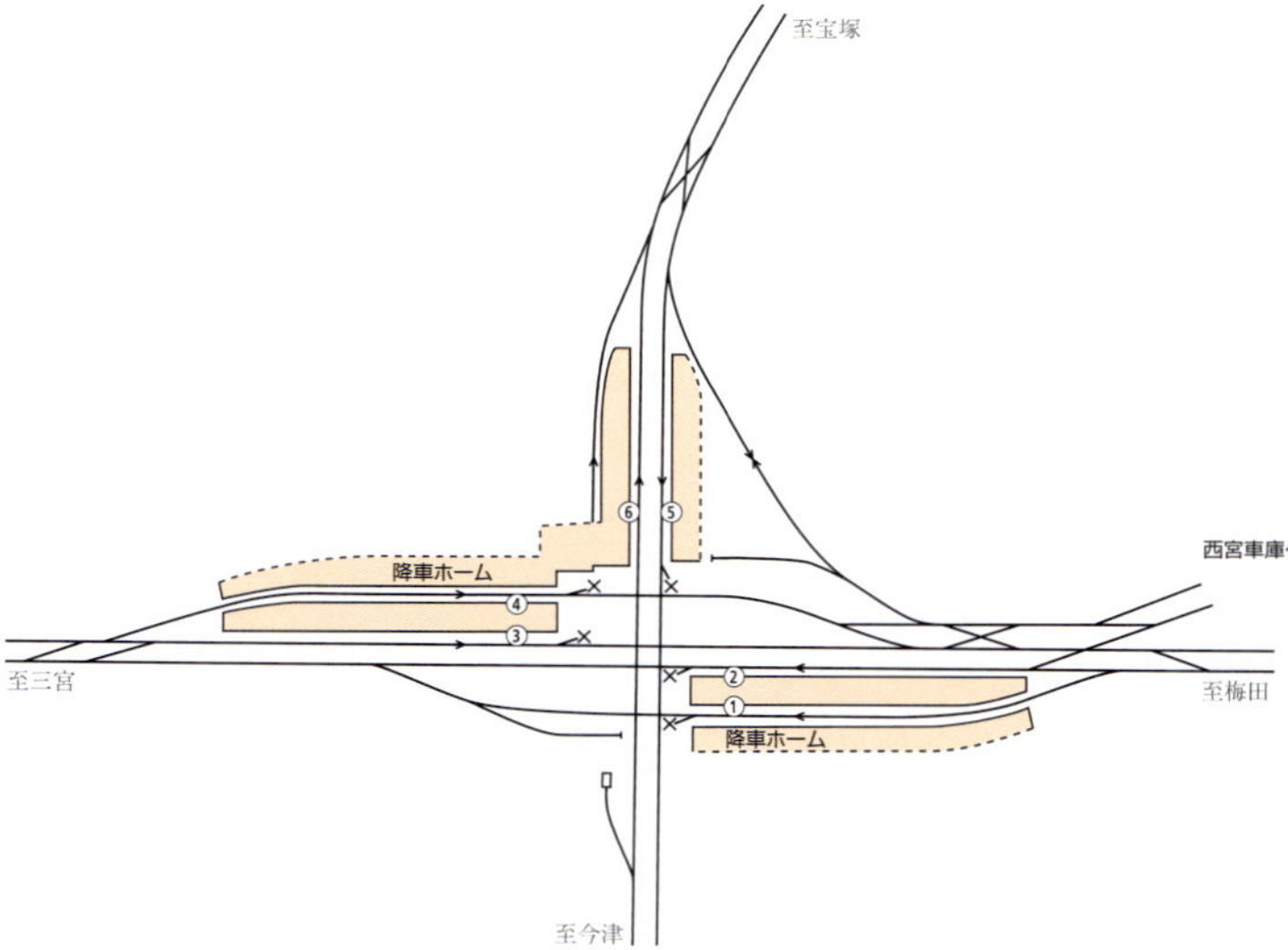

今はない、注目の配線

１９８４年までの阪急西宮北口駅は神戸線と今津線が路面電車のように平面交差をしていた。配線図にあるように神戸線の下りホームは梅田寄り、上りホームは三宮寄りにあり、上下線とも待避線があったために今津線は神戸線の４線の線路を横断していた。

写真10は神戸線上りホームから見た平面交差部である。奥が梅田方で、走っているのは今津線今津発宝塚行。神戸線のホームが途切れたところにあるのは脱線ポイントで、今津線の電車が走っているために脱線方向にポイントは向いている。

線路が３線しか見えないのは神戸線上り線の待避線が左手ホームの反対側

写真10●西宮北口駅。神戸線の上りホームからダイヤモンドクロッシングを見る

写真11●同今津線ホームから見る。すべてのホームは地下道で結ばれていた

写真12●西鉄と福岡市内線との平面交差

にあるためである。直角ダイヤモンドクロッシングを通過するときには独特のジョイント音がする。神戸線の電車は今津線の2つのダイヤモンドクロッシングを通過するので、その独特の響きはそれほどやかましく聞こえないが、今津線の電車は4つのダイヤモンドクロッシングを通過するから、非常に騒がしい響きになる。その音は今でも筆者の頭の中に焼き付いているほどである。

写真11は今津線の下りホームから今津方を見たものである。神戸線の4線が見え、普通が通過し終わりつつある。今津線の左の上り線にも脱線方向に向いた脱線ポイントが設置されている。

この独特の直角のダイヤモンドクロッシングの通過音は松山の伊予鉄道の軌道線(市内線)と鉄道線の高浜線が交差する大

手町駅（四国・九州ライン2巻18ページ）で聞くことができるが、片方が軌道線なので音は小さい。また、高知のとさでん交通（元土佐電鉄）のはりまや橋電停（四国・九州ライン2巻38ページ）でも聞こえるが、こちらは両方とも軌道線なのでさらに音は小さい。

鉄道線と軌道線との交差は大阪市電や京都市電と各鉄道の間などでも行われていたが、両市とも市電が消滅して、このような光景は松山で1ヵ所見ることができるだけである。写真12は西鉄の本線（天神大牟田線）と福岡市内線が交差していた天神付近で通過する西鉄本線を走る電車を撮ったもの。前後に通っているのが福岡市内線だ。

写真13●名鉄瀬戸線ガントレット区間

ガントレット区間があった名古屋鉄道瀬戸線

名鉄瀬戸線も名古屋市電と平面交差をしていたが、それだけではなくガントレット（狭窄線）区間があった。現在は栄町駅が起点だが、当初は堀川駅を起点にしていた。名古屋城の南側の空堀の外堀の中に線路が敷かれていた。お堀を渡る本町橋の下を通るが、景観上、本町橋の形を複線線路が通れるように崩すわけにはいかず、単線で通すことになった。

写真14●本町橋をくぐる準急瀬戸行

写真15●ガントレットを通り抜けして本町駅に停車している準急瀬戸行

しかし、信号場を設置するにしてもポイントを動かすのは面倒である。そこで写真13のように複線線路を少し空けるだけにして4線軌のようにしたガントレット区間にした。ガントレットの前後で通常の複線になるが、ノーズ部はあってもポイント部を省略するので転換する必要はない。これによって単線空間を複線で通り抜けたのである。

もちろん場内信号機によって正面衝突はしないようになっている。

このガントレットは名鉄瀬戸線の名物となった。写真14はガントレット区間にさしかかるモ760形（元瀬戸電ホ103形）による準急瀬戸行を撮影したものである。地下化によってガントレットがまもなくなくなるころなので、橋の上でも撮影したり見物したりしている人がいる。ともかく瀬戸線名物のガントレットも遠い昔のことになってしまった。

ＪＲ新宿駅を俯瞰する

東京駅の全景写真は有楽町側にあるビルのトイレの横の窓から撮影できる。大阪駅は福島駅近くのホテル阪神の部屋や東側のHEP FIVEの観覧車から撮影できる。しかし、新宿駅にはそのような自由に立ち入って撮影できるビルや観覧車などはなかった。

東口広場から北側を見てみると、どうやら西武新宿駅に直結する新宿プリンスホテルからだと撮影できそうに思えた。しかし、新宿駅を見渡せる側には非常階段はあっても窓はない。とはいえあの非常階段からなら見ごたえがある写真が撮れそうである。

詳しいことは述べられないが、西武グループには特別な伝手があり、今まで絶対にそれを利用しなかったが、今回だけはその伝手によって特別に非常階段への立ち入りを許可してもらった。その写真がこれである。

撮影した時間は午前９時１分で、写真のほぼ中央から特急「あずさ」９号が発車している。その左側の中央線上り快速ホームの８番線に快速東京行が進入中、７番線では同じ快速東京行が発車しようとしている。朝の快速東京行は乗降客が多く停車時間が長い。このため中央線上り快速ホームは２線を使って交互発着しているのである。さらに左側では埼京線の電車が発車中、一番左側の１番線には湘南新宿ラインの電車が停車している。

一方、「あずさ」の右側では次に発車する中央線下り快速電車が停車中。さらにその右側では外側が中央緩行線、内側が山手線となっている島式２面の方向別ホームの４線すべてに電車が発着している。これだけの電車の発着を見ることができるのは新宿駅ならではだ。

有楽町駅近くにある某ビジネスビル（一部フロアが解放されている）から東京駅を見る

ホテル阪神から見た大阪駅

観覧車から見た大阪駅

東海道・山陽新幹線を撮る

田町駅付近を走る東海道新幹線。その手前には縮小されて東京総合車両センター田町センターとなった旧田町電車区、左上奥には新幹線大井回送線と貨物線が見える。これらが一望できるビルは多数あるが、一般の人が立ち入って自由に撮影できる場所はなかなかない。そのなかで一見、社員食堂と間違えそうなサラリーマンが多く食事に来るレストランが国道15号とＪＲの線路との間にある某ビルの最上階にある。

ホテルアソシア豊橋から見た東海道新幹線。「こだま」号が豊橋駅に進入中。隣の在来線には左から引上線に停車している東海道本線電車と名古屋方面に向かう普通、そして豊橋駅に進入する名鉄特急が見える

東横イン岡山駅西口右から見た岡山駅。「こだま」新大阪行が発車している。在来線には東京駅から来て「サンライズ瀬戸」を切り離して発車を待つ寝台特急「サンライズ出雲」出雲市行と右奥に津山線普通津山行が停まっている

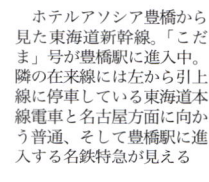

敷かれている線路のすべてに走っている列車を撮る

写真は南海電鉄今宮戎駅から難波に向かって撮ったものである。右から高野線特急「こうや」3号極楽橋行、準急難波行、特急「ラピートβ」29号関西空港行、空港急行難波行（表示は回送になっている）である。この４列車がぴったりと並ぶシーンは偶然に撮ったわけではなく、時刻表を見て難波－今宮戎間で10時１分に並ぶことがわかり、今宮戎駅で待ち構えて撮ったものである。

しかし、通常はこれほどぴったりと合うことはない。計算して待っていてもいずれかの電車が遅れたり、先行したりして、前後にずれてしまう。阪急では昼間時10分毎に梅田駅を京都線特急、宝塚線急行、神戸線特急が同時発車することになっているが、梅田－十三間でピタッと顔を揃えて走ることはほぼない。というよりも何度も挑戦したものの、ピタッと顔を揃えた写真を撮れたことがない。

一説によると梅田駅を出ると左にカーブしているのでインコースの神戸線が先に行き、京都線が遅れるというが、実際は神戸線が出遅れることが多い。結局は同時発車するといっても車掌のドア閉めのタイミング、運転士のノッチオン（加速すること）のタイミングが毎回微妙にずれて、顔を揃えての走行シーンが起こらないといえる。

なお、現在はダイヤ改正しており、南海今宮戎駅で10時１分に待ち構えていても顔を揃えて走ることはなくなっている。

HEP FIVEの観覧車から見た阪急梅田駅を同時発車する各電車。右の京都線特急と中央の宝塚線急行は顔を揃えて走っているのに、左の神戸線特急は出遅れている

近鉄今里駅から撮影した奈良線と大阪線の上下電車。少しずれているがすべての線路に電車が走っている。しかし、すべて同じような一般電車で面白みに欠ける

同じ場所から撮ったものだが、右側に特急と阪神乗入車が走っている。しかし、阪神乗入車が先行、特急は出遅れている。なかなかタイミングが合わない

山の上から列車を撮る

神戸鉢伏山から見たＪＲと山陽の須磨駅

神戸の西にある鉢伏山は神戸の人々にとって憩いの場所である。山頂からは眼下を走る山陽本線や山陽電鉄が見える。

写真は右に山陽本線、左に山陽電鉄のそれぞれの須磨駅を一度に見渡したものである。山陽電鉄の須磨駅は正式な駅名は山陽須磨だが、利用客も当の山陽電鉄も「山陽」を取って単に須磨駅と呼んでいる。

その山陽電鉄の須磨駅は島式ホーム２面４線の待避追越駅だが、現在の昼間時のダイヤでは特急が普通を追い越すことはない。その代わりに30分に１回、三宮（正確には神戸三宮）－須磨浦公園間各駅に停車する須磨浦公園折り返しの阪神の特急と須磨－姫路（同山陽姫路）間の普通が接続する。ただし須磨では折り返しが容易ではないので山陽普通は東須磨で折り返している。東須磨－須磨間は回送になる。

写真の山陽須磨駅には待避線に姫路行普通が停車し、これに接続する須磨浦公園行阪神特急が進入している。

右側のＪＲ須磨駅は左側に列車線、右側に電車線がある線路別複々線になっており、電車線は山陽須磨駅と同様に２面４線の待避追越ができる配線になっている。

ＪＲ須磨駅では快速姫路行が各停西明石行を追い越しており、上り線では同駅折り返しの各停京都行が待避線に停車している。列車線には特急「はまかぜ」浜坂行が走っている。

信夫山から見た福島駅

福島駅の北側にある信夫山には展望台があって福島駅を一望できる。写真は同駅を通過する「こまち・はやぶさ」秋田・新青森行、右には「つばさ」新庄行が発車している。「つばさ」は「やまびこ」仙台行と福島駅まで併結し、ここで切り離す。そして「つばさ」が先に発車するときに、「こまち・はやぶさ」に抜かれる。そのシーンを撮るには信夫山展望台が一番である。

丘から海をバックに走る列車を撮る

国府津駅の北側の丘から国府津駅を見下ろすことができる。珍しくやってきた伊豆急のリゾート21を使用した不定期特急「リゾート踊り子」号が停車している

歌川広重の「東海道五十三次」で有名な由比の海岸沿いを富士山をバックにして走る東海道本線普通電車

五能線深浦駅で行き違いをする「リゾートしらかみ」。停車時間がやや長いために列車から降りてホームの端から写真を撮っている人がかなりいる。しかし、17ミリの超広角レンズでも上下列車を入れ込むことはできない

東北・北海道新幹線を撮る

通常、新幹線を真正面から撮ることはできない。しかし、那須塩原駅は新幹線の最小曲線半径4000mのカーブ上にある。このためホームの中央で新青森方に向かって超望遠でシャッターを切ると迫力ある真正面からの写真が撮れる。奥の左右の線路は那須電留基地への入出庫線

木古内駅の新青森方にある北海道新幹線撮影用のお立ち台から撮る。北海道新幹線が開業して間もないころのもので、このお立ち台にはＪＲ北海道の保線区員もおり「はやぶさ」の通過を待っていた。そのとき木古内方面から見慣れない新幹線電車がやってきた。総合検測車「イーストアイ」である。通過後、思わず保線区員の人に「ＪＲ北海道もイーストアイを持っているんですか」と尋ねたが返事は「さぁー？」だった。調べてみるとＪＲ東日本のイーストアイを借りて軌道等の状態をチェックしていたのだ。幸運にも普段なかなかないツーショットを撮ることができた。なお、海峡線との共用区間なので狭軌併用の３線軌になっている

空撮する

スカイツリー周辺を飛ぶヘリコプターに乗る機会があった。写真はスカイツリーと東武伊勢崎線、京成押上線を見たものである

上空から見た亀戸駅。複々線の総武線の左に走っているのは東武亀戸線、右下から総武線と並行して、上側で総武線を斜めに乗り越えているのが越中島貨物線である

上空から見た東京メトロ有楽町線新木場車両基地

転車台と扇形車庫を撮る

転車台は各所にあるが、扇形車庫はさほど残存していない。現新山口駅に隣接している旧小郡機関区には規模が大きい扇形車庫があったが、建屋は撤去された。それでも転車台を囲んで多数の機関車留置線が気動車留置線として現存している。手前の洗浄線にはSL「やまぐち」号の客車が停まっている

ホテルから見た旧津山機関区。同機関区は転車台と扇形車庫とともに廃止された。しかし、津山まなびの鉄道館として保存展示されている

東横イン会津若松駅前から見た旧会津若松機関区の扇形車庫。ここでは気動車留置線として転車台とともに健在である

鉄道配線の基礎知識

ポイント

線路の数え方の単位は「線」である。そして1線を2線以上に分ける軌道構造を分岐器という。わかりやすい言葉ではポイントという。また2線が同一平面で交差する軌道構造をダイヤモンドクロッシングといい、ポイントとダイヤモンドクロッシングを総称して分岐器というが、一般的にはポイント類、または単にポイントという。

ポイントはポイント部分、リード部分、クロッシング部分の三つで構成される。

ポイント部分は可動式になっていて方向を変える。この部分のレールは徐々にナイフ状に幅狭《はばぜま》になっていて通常のレールにあて、車輪がそれに従うようにして方向を決める。このナイフ状のレールをトングレールという。ポイント部分は進行方向を変える要《かなめ》の部分であるために、分岐器のことを一般には単にポイントと呼ぶようになったのである。

ポイント部分

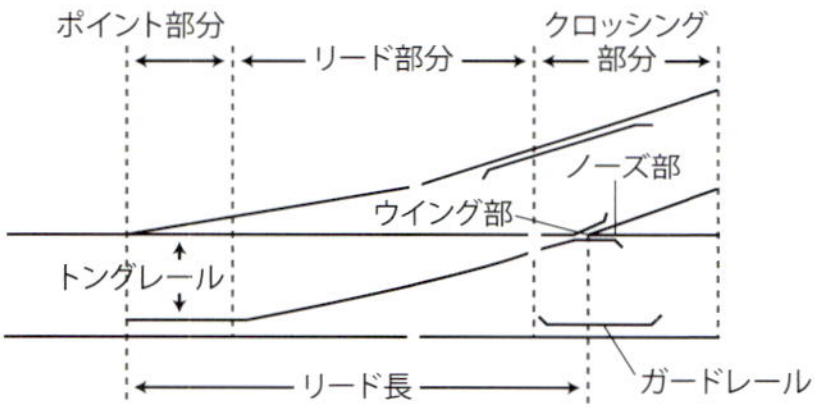

クロッシング部分にはノーズ部とウイング部がある。両部の間には基本的には空隙があって、それによっていずれの方向へ進んでも通過できるようになっている。万が一車輪が違う方向に進もうとしても、これを防ぎ、かつ脱線も防ぐためにガードレールも設置されている。

リード部分の分岐側はカーブしており、このカーブの半径が大きいほど、速度制限が緩和する。分岐側の線路と直線側の線路が1m離れるのに要するクロッシング部分の交点からの距離（リード長）を、メートル単位の整数にしたものを番数と呼ぶ。たとえば1m離すのに16mの距離が必要な場合は16番ポイントと呼ぶ。

日本で一番番数が大きいポイントは上越新幹線の下り線から北陸新幹線が分岐するポイントで、38番である。38番ポイントはここ以外に成田スカイアクセス線の成田湯川駅の成田空港方で複線から単線になる部分のポイントにも使われている。

分岐形態等で分けるポイントの分類

・片開きポイントと両開きポイント

標準的なポイントである。直線線路から片側に分岐するものを片

クロッシング部分

成田湯川駅の38番ポイント

芸備線矢神駅の片開きポイント

開きポイントといい、右側に分岐するものを右片開きポイントあるいは右片開き分岐器という。左も同じ言い方をする。以下、分岐器が正式だが、本書ではポイントという。

直線線路から左右両側に分岐するポイントを両開きポイントという。分岐形態からY字ポイントと呼ぶこともある。また、両側分岐でも左右対称に分岐せず、左右の分岐角度が異なっている両側分岐を振分分岐という。

基本的にポイントは直線部分にあるが、地形の関係などでどうしてもカーブ区間に置くしかない場合もある。両方とも同じカーブの内側方向でカーブの半径をずらして分岐するポイントを内方分岐ポイント、片方がカーブの外側に分岐するポイントを外方分岐ポイントといい、いずれも左カーブでの分岐ならば左内方分岐ポイントなどという。

・三枝分岐ポイント

直線と左片側、右片側の3方向に分岐するポイントを三枝分岐ポイントと呼ぶ。かつて貨物列車の編成を解体して新たな編成に組み直す貨物操車場の引上線などから多数の線路が並ぶ仕訳線（再編成

秋田内陸縦貫鉄道上桧木内駅の両開きポイント

山陽本線糸崎駅構内の左内方分岐ポイント

阪急塚口駅の複分岐ポイント

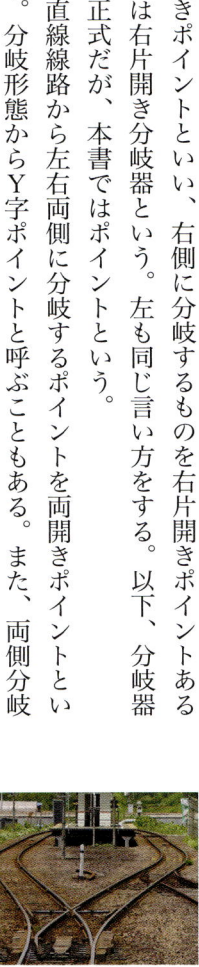

用線路）で多用されていた。しかし、貨物輸送の合理化で貨物操車場は廃止され、三枝分岐ポイントはすべてなくなってしまった。

ただし、プロローグでも紹介した阪神電鉄の尼崎駅をはじめ、阪急電鉄宝塚線の庄内駅や宝塚駅、神戸線の塚口駅など関西私鉄のなかには、一見、三枝分岐に見えるポイントがある。これは左右いずれかのポイントをやや前後にずらして3方向に分岐できるようにしているものである。このようなポイントを複分岐ポイントと呼ぶ。これに対して三枝分岐ポイントの左右に分岐する部分は完全に左右対称になっている。

・スリップポイント

2線の線路が交差するのをダイヤモンドクロッシングという。その交差部分で別の方向に転線して進めるようにしたポイントをスリップポイント、正確にはスリップスイッチという。片側だけ転線できるようにしたのがシングルスリップスイッチ、またはシングルスリップ、両側ともできるようにしたものをダブルスリップという。

フランスのパリ北駅はダブルスリップのオンパレードになっている。これだけあると進路設定や衝突防止の信号保安をどうやって行

阪急西宮北口駅のシングルスリップ

パリ北駅のダブルスリップ群

京阪中書島駅のアウトサイドスリップ

っているのか興味深いところである。

スリップポイントは狭軌線では脱線しやすいことから、国鉄時代末期にシングルスリップもダブルスリップも新たに設置することをやめ、ＪＲになってもこれは引き継がれている。

そして阪神尼崎駅にあるような交差角度がきついところで、トングレール部分がダイヤモンドクロスの中からはみ出しているものをアウトサイドスリップという。

・高速用ポイント

新幹線のような高速で走る路線のポイントでは、ノーズ部に空隙ができると脱線しかねない。そこでノーズ部をリード部分の先にあるウイング部に密着させるようにしている。これがノーズ可動式ポイントである。

空隙がないということはノーズ通過時の騒音も小さくすることができる。閑静な住宅地にある東急田園都市線あざみ野駅や京王線飛《と》田給《び きゅう》駅のポイントにもノーズ可動式が使用されている。

高速通過用のポイントには弾性ポイントというものもある。ポイント部分とリード部分を1本のレールにし、レールをたわませるこ

山陽新幹線新下関駅のノーズ可動式ポイント。分岐側に向いている

京王飛田給駅のノーズ可動式ポイント

楓信号場の弾性ポイント

とでポイントの切り替えを行っている。新幹線は当然採用しているが、高速運転をする在来線にも採用されている。たとえば石勝線の楓信号場の両開き20番ポイントに採用されている。

用途、組み合わせによるポイント

・渡り線

一般的に複線区間で二組のポイントを組み合わせて上下線二つの線路間を行き来できるようにしたものを渡り線（正確には亘線）といい、もう一つの線路に移ることを転線という。日本の多くの鉄道では左側通行をしている。左側通行でそのまま転線できるようにしたものを正方向の渡り線、後進して転線できるようにしたものを逆方向の渡り線という。

・シーサスクロッシングポイント（両渡り線）

正逆二つの渡り線をクロスさせてまとめたものをシーサスクロッシングポイント、略してシーサスポイントという。多くは終端駅など折返列車が多数設定されている駅に設置されている。

クロッシング部分に空隙があり、騒音が大きく乗り心地も悪いた

京急横浜駅の逆方向の渡り線

中央本線東京駅のシーサスポイント。ホーム寄りはショックをやわらげるように渡り線側からを直線にしたりしている

めに初期の新幹線では避けていたが、弾性ポイントと組み合わせることで、これらを軽減できるようになって最近開通した新幹線でも採用されている。

シーサスクロッシングのメリットは正逆二つの渡り線を設置する場合に比べて場所を取らないことである。ダブルスリップクロッシングにするとさらに場所を少なくできるが、これだと上下列車が競合してしまい、すれ違いができなくなってしまう。

・安全側線

列車が滑走して別の列車が走行する線路に入ってしまうと衝突や追突をしてしまう。そこで滑走しても、まったく違う方向に列車を進入させ、衝突などの危険を避けるための線路を安全側線という。大半は行違駅の端部に置かれている。

・脱線ポイント

安全側線を設置するスペースがない個所では、滑走すると脱線するようにして、少なくとも衝突などを避けるようにしたポイント。神戸電鉄に多く採用されている。

京急南太田駅にある安全側線

神戸電鉄志染駅の脱線ポイント

ポイントが乗上式になっている安全側線。高徳線栗林駅

・乗上式ポイント

ポイントを通過するとき、ノーズ部の空隙や継ぎ目のところで大きな音が出るとともに振動も起こり、乗り心地が悪くなる。保守用車両だけが走る渡り線や片開き分岐ポイントでは直線側の線路の上に乗上用レールを手動で載せて分岐側に行けるようにしている。これを乗上式ポイントまたは乗越ポイントという。

安全側線のトングレール部分を乗上式にしているところもある。さらに分岐側線路と本線線路の間になにもレールを置かず、必要なときに乗上用レールとともに分岐用レールを置くようにしているところもある。これらも広義の乗上式ポイントである。

ポイント転換装置

・ダルマ転轍器

ポイント部分を転換させる装置のことで正式には転轍器という。一番原始的なものは手動式である。そのなかでもっともポピュラーなものにハンドルを手で持ち上げて、反対側に少しだけ倒すとハンドル自体の重さで転換する、通称ダルマ転轍器がある。

山手線高田馬場駅の乗上式ポイント

秋田内陸縦貫鉄道八津駅の乗上式ポイントは必要なときにレールを設置する

右側が京葉臨海鉄道千葉貨物駅の転轍器

テコの原理を応用してさほど力を入れなくても転換できるテコ式や、これにワイヤーによって遠隔操作ができ、しかも数基のポイントを1ヵ所で操作できるようにしている集約式もある。

・電気式転轍器

手動ではなく、これを電気モーターあるいは油圧シリンダー、空気シリンダーで動かし、電気指令で数基のポイントを1ヵ所で操作できるようにしたものを電気式転轍器という。

・スプリングポイント

単線路線の行違駅では単線から複線にするためにポイントが置かれている。一般に行き違いは左側通行にしている。このときポイントを常に左側通行できるように固定しておき、反対側から来る対向列車はトングレールを車輪で押し分けて進めるようにし、通過後に、トングレールをスプリングで元に戻すようにしたものをスプリングポイントという。

スプリングによって急激に戻ってしまうと次に通る車輪もまた押し分けなくてはならないので、油圧緩衝器によって元に戻るのを遅

明知鉄道明智駅のテコ式転轍器

同・集約式転轍器

東急長津田駅のもっともポピュラーな電気式転轍器

らせている。また、どうしても右側通行する必要がある場合はスクリュー式のハンドルを回して手動で転換できるようにしている。

信号機

配線と信号機は密接な関係がある。

通常の場合、ポイントは信号機と連動している。鉄道信号機には様々な種類がある。

・閉塞信号機

まず一般的な閉塞信号機の表示（これを現示《げんじ》という）について説明する。閉塞信号機の基本は赤、黄、緑の3現示式になっている。赤は停まれ（停止現示）、黄は注意（注意現示）、緑は進め（進行現示）と、通常の交通信号と変わらない。

閉塞信号機とは駅と駅の間に置かれている信号機のことである。閉塞とはある一定の区間を定め、そこには1列車だけしか走ることができないようにすることをいう。閉塞区間の入り口に閉塞信号機が置かれ、閉塞区間内に列車があると、入り口の信号機には停止信

久留里線横田駅のスプリングポイント

東日本大震災後、三陸鉄道の久慈—陸中野田間のみが復旧していたときは、手動で右にポイントを転換させていた

号が現示される。

その手前の閉塞区間の入り口には注意信号が現示され、その次の区間に進行信号が現示される。後続列車の運転士はこれを見ながら進行現示であれば、そのまま進み、注意現示になれば少し先に列車があるとして速度を落とす。停止現示では信号機の手前で停車する。

一番原始的なものとして停止と進行の2現示方式があるが、これだけだといきなり進行現示から停止現示になり、運転士にとって情報量が少ない。2現示方式の閉塞信号機がないとはいえないが、ほとんど採用されていない。

過密運転をする線区では4現示、5現示といった多数の信号現示がなされている。頻繁にそして高速に列車を走らせるには停止、注意、進行の3現示だけでは無理がある。そこで4現示では注意と進行の間に減速という現示を入れるようにしている。

減速現示は黄色（Y）と緑（G）の2灯を点灯する。しかも2灯の間は2灯分開ける約束になっている。このため4現示式の信号機は上からY、R（赤）、Y、Gの信号灯を並べている。停止現示はR、注意現示は下側のY（一般に45～50㎞／h制限）、減速現示は上側のYとG（一般に65～70㎞／h制限）、進行現示はGが点灯す

3現示式閉塞信号器。青点灯の進行現示

5現示式の停止現示

同・警戒現示

る。５現示式ではこれに警戒が加わる。

最高速度１６０km／hの高速運転をしていた北越急行ほくほく線では１６０km／hから停止するための距離が長くなる。停止、注意、減速、進行だけでは安全に列車間隔を短くできない。そこで１３０km／hを超える速度を出していい信号現示として高速進行現示が加えられた。三つの灯を挟んで二つの緑灯を点灯することからGG信号ともいう。高速進行現示は警戒と減速の二つの現示もできる６現示式で上からG、Y、Y、R、Y、Gの６灯式になっている。

ほくほく線で１６０km／hで走っていたのは越後湯沢―金沢間の特急「はくたか」だったが、北陸新幹線の金沢延長開通で廃止になって、現行列車の最高速度は１１０km／hとなり、GG信号は廃止になった。現在では成田スカイアクセス線で１６０km／h運転をしている京成スカイライナーのために使用されている。しかも抑速信号とともにである。この抑速信号は京浜急行が１２０km／h運転を始めるときに設けられた信号現示だ。それまでの１０５km／hのときには４現示ですんでいたが、閉塞区間の距離が短い京浜急行で１２０km／h運転をした場合、前方列車との間隔を４閉塞開けるだけでは距離が足らない。そこで１０５km／h以上で走ってはいけない

同・進行現示

同・減速現示

同・注意現示

という抑速現示を設定したのである。京急の減速現示は75km／h制限（ATSは76km／hで速度照査）。

減速現示のYGを1分間に80回点滅させた現示を抑速現示とした。このためYGF（FはFlashの略）信号ともいわれる。京浜急行のほかに前述の成田スカイアクセス線にも取り入れられている。

・場内信号機

閉塞信号機は駅間にある。これに対して場内信号機は駅の手前にある。といっても、ポイントがなくただ停まるだけの駅にはあまりなく、簡単にいえば、ポイントがある駅で進入していいか駄目か、あるいは停止すべきか通過すべきかをわかるようにしたのが場内信号機である。

一般的に場内信号機は駅の手前に2ヵ所設置され、閉塞信号機と同様に停止、注意、進行の3現示になっている。手前に第1場内信号機、その奥に第2場内信号機が並んでいる。そして駅に停車すべき列車に対しては第1場内信号機には減速、第2場内信号機には注意が現示される。通過してもいい列車に対してはすべて進行現示になる。

6現示式の高速進行現示（成田スカイアクセス線）

阪神御影駅を三宮寄りから見る。左手前の第1場内信号機は減速現示、奥の1番線第2場内信号機は注意現示になっている

場内信号機も閉塞信号機と同様に閉塞区間ごとに設置されている。違うのは閉塞区間が短いことである。そして高密度、高速運転をする路線では閉塞区間をもっと短くして第3場内信号機を設けて、警戒という現示をする。

警戒現示は一般に制限速度を25km／hにしている。このときの信号機は4灯式で、上からY、R、G、Yと並べ、警戒現示は上と下の二つのYが点灯する。

なかには減速現示が必要になることもあり、この場合は5灯式とし、上からY、Y、R、Y、Gと並んでおり、警戒現示は一番上と一番下のY、減速現示は上から2番目のYとGが点灯する。

列車編成の長さよりも閉塞区間を短くしているところもある。そんな場合にはホーム上に第3場内信号機があったりする。

・出発信号機

そしてホーム進行方向の一番前方にあるのが、駅を出発していいかどうかを示す出発信号機である。これも灯の数はいろいろある。一番簡単なのは2灯式、つまり停止Rと進行Gだけの現示である。通過列車に対しては出発信号機は進行現示のままになり、その後

2現示出発信号機

閉塞区間が短いところでは停止や減速を2重に現示して安全を保っている

進行現示を出した出発信号機

方の場内信号機も進行現示になっている。

前方の列車の状況がわかるように、閉塞信号機と同様に、注意、減速、進行、京急などでは抑速、高速進行が現示される。出発信号機なので、その前方の信号機は閉塞信号機であり閉塞区間は長いのが当たり前なので警戒はないのが普通だが、阪神電鉄は各待避線の出発信号機には警戒現示を出している。

これは特急などが通過してもすみやかに待避列車が出発できるようにするために前方閉塞信号機との距離を短くしているのである。もっとも通過しているとき待避列車の運転士はホームに立って乗客に危険がないかを確かめている。そして通過してすぐに運転席に戻るが、そのときには警戒から注意に変わっていて、注意現示で出発する。それでも通過列車の30秒後には出発している。多くの鉄道では進行現示にならないと待避列車は出発しない。このため通常は1分、長い路線では2分たたないと出発しない。

・入換信号機

回送列車など営業していない列車の転線、分割のための進路および発車あるいは停止を指示する信号機を入換信号機という。

色灯式入換信号機

灯列式入換信号機

出発信号機に警戒現示を出すのは阪神しかない

出発進行は出発の合図ではない

運転士が「出発進行」と喚呼《かんこ》して発車している。これを出発の合図と思っている人も多いが、それは間違いである。「出発進行」の出発は出発信号機のこと。この出発信号機が「進行信号」を現示しているのを確認したということで「出発進行」というのである。

だから注意現示では「出発注意」と喚呼するし、駅を通過する列車の運転士が出発信号機の現示を確認すれば、発車でもないのに「出発進行」と喚呼する。同様に場内信号機の現示を確認するときには「場内注意」などと喚呼する。

また、信号機というものが基本的にない路面電車では信号確認をしない。以前、どこかの番組で阪急電鉄の創始者である小林一三《いちぞう》翁の伝記のドラマの中で、阪急電鉄宝塚線の前身、箕面《みのお》有馬《ありま》電気軌道の開通式のとき、小林翁が「出発進行」と叫んだ場面があったが、そんなことを言うはずがないのである。箕面有馬電気軌道はその名の通り軌道、つまり路面電車なので出発信号機そのものがないし、そもそも当時の鉄道には自動閉塞による信号機はなかった。「出発進行」は信号機の確認喚呼であるとご承知いただきたい。

・誘導信号機

２本の営業列車を連結して1本の列車にまとめるときなどの場合、すでに列車が停まっている線路にあえてもう1本の列車を進入させなくてはならない。その進入可否を示す信号機のことを誘導信号機という。場内信号機か入換信号機の下に設置されている。

まれに1線のホームに２本以上の列車を停車させるところにも設置されている。

・中継信号機

カーブしていたり勾配になっていたりして閉塞信号機や場内信号機が見えない個所に置かれて、この先にある信号機の現示状態を示す信号機を従属信号機という。そのなかでもっともポピュラーなのが中継信号機である。

・出発反応標識

車掌が「反応進行」と喚呼していることがあるが、これは出発反応標識を確認している。車両後方にいる車掌やホームの中ほどにいる駅務員から出発信号機が見えにくい場合に、警戒現示以上になっ

場内信号機の下部に斜めに配置された２灯が誘導信号機。点灯すると前方に列車があっても進入できる

国分寺駅八王子寄りにある中継信号機。左は西武国分寺線のもので進行現示。右は中央本線のもので停止現示になっている。斜めに灯列が並ぶときは注意現示である

信号機は軌道回路で制御されている

基本的にこれらの信号機は軌道回路というもので制御されている。軌道回路というのは閉塞区間ごとに左右のレールに電流を流し、列車が進入すると車輪によって左右のレールを短絡して電圧をゼロにすることによって、この閉塞区間に列車が走っていることを検知する。

そして後方の信号機を停止、注意、進行といったようにリレーによって現示させて追突事故を防ぐ。単線の場合は前方の行違駅の対向列車が確認する信号機を停止現示させる。

レールが破断したり、信号電流が故障によって流れなくなったりしても、停止信号になるので、いわゆるフェイルセーフ機構になっている。

また、ポイントの開通していないほうの線路の軌道回路もトングレールによって左右のレールを短絡するから、非開通方向から進入する列車に対して停止現示になるので、これも安全性が保てるのである。

たときに知らせる鉄道標識で、信号に連動している。運転士のためのものではないので標識としているが、出発信号機と連動して点灯・消灯しており、通常の標識とは異なり、「信号」といえるものである。ホームの中ほどなどに設置されている。

・絶対信号

閉塞信号機は追突を防ぐために軌道回路とリレー等で構成され、人が介在しての信号現示の変更はできない。しかし、場内信号機は「駅の何番線かに進入して停めるために、ポイントを操作して進路をあらかじめ設定する」という人の意思が入る。出発信号機も前方のポイントを操作してどの本線に入るか設定しなければならない。このような信号機を絶対信号という。

所定の番線に列車を停車させるためには多数のポイントを通過していかなければならない。場内信号機にはそのために進路表示機がある。発車するときの出発信号機も同様である。信号現示によって、ポイントが所定の場所へ行けるように開通していることを示しているのである。

何番線に入るかを示すために数字で表示されたもの、何々線の本線あるいは上1線に入るといった文字で示したもの、縦横9灯等の

中央本線四方津駅の出発反応標識（左上）。⬇印の出発信号機の進行現示に連動

第1場内信号機（減速現示）の下の2つの灯のうち左が点灯。左側の線路が開通したことを示す。奥の第2場内信号機は注意現示となっている

点灯で左、中央、右の3方向のどこにポイントが開通しているかを示す灯列式がある。

ホームの種類

線路1線に面したホームを片面ホームという。単式ホームという言い方があるが、これは国鉄の用語であり、わかりにくい。

複線で両側に片面ホームがあるものを相対式ホームといい、上下線に挟まれてホームがあるものを島式ホームという。

島式ホームや片面ホームの端部、あるいは片面ホームの背面を切り欠いて短い別の発着線を設置したものを切り欠きホームという。

起終点駅などで車止めがある場合を頭端といい、ホームが島式になっているものを頭端島式ホームという。同様に片面ホームなら頭端片面ホームという。その中で私鉄によくある両側にホームを設置して頭端側もホームと同一面にしているものを櫛形ホームという。

警戒現示の第2場内信号機の下の「5」は5番線が開通していることを示している

場内信号機の上3線が注意現示。その下に灯列進路表示機があり左に折れることを表示

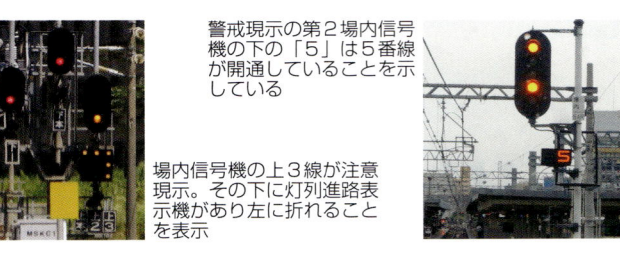

線路

すべての線路には番号あるいは線路名が付いている。

線路といっても、列車が発着する線路、車両を留置する線路など、各種の使用目的で設置されている。このため線路番号か線路名が必ず付けられている。

・本線

ここでいう本線は東海道本線といった路線区分けのことではなく、旅客か貨物を乗せて営業している列車、これを営業列車というが、営業列車が走る線路のことを本線という。

本線には主本線と副本線があるが、主本線を単に本線と呼ぶことが多い。副本線と聞くと本線ではないように思われるが、れっきとした本線である。違うのは常用している本線を（主）本線、それに対してたとえば普通列車が特急列車を待避する本線などを副本線という。

相対式ホームの東急あざみ野駅。手前の渡り線はノーズ可動式になっている

横須賀線武蔵小杉駅の島式ホーム

富山駅のＪＲ高山線用切り欠きホーム

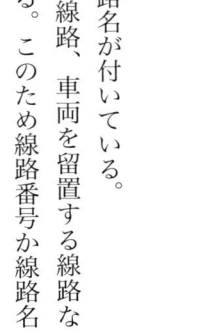

・ＪＲ形配線

複線区間では上下列車用にそれぞれ本線があるので、上り本線と下り本線がある。国鉄、そしてＪＲは待避や折返用の副本線を中央に設置して、これを中線《なかせん》と呼び、その中線の両側に上り本線と下り本線を置いて、上り本線（または下り本線）に面して片面ホーム、中線と下り本線（または上り本線）との間に島式ホームを置いた配線になっている駅が多い。

これらは国鉄形配線といわれていたが、国鉄がなくなったことからこれを受け継いでいるＪＲに置き換えて、本書ではＪＲ形配線とする。

中線にはたとえば上りか下りのいずれかの普通列車が停車して特急列車などを待避したり、ここで折り返したりする。ダイヤが乱れても、ＪＲ形配線の駅が多ければ臨機応変に待避や折り返しが簡単にできて便利だが、上下の特急と普通が同時に待避追越ができないなどの欠点がある。

ＪＲ形配線の変形として、ホームの内側にある中線を上り本線あるいは下り本線とし、外側を待避、折り返しができるようにした配線もある。

中央本線四方津駅のＪＲ形配線。特急が走っているのが上り本線、普通が中線で待避している

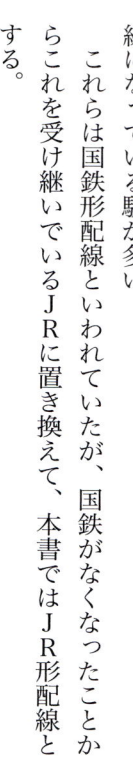

島式ホームの内側の線路を上り本線とした場合の外側の副本線は上り1番副本線、略して上1線という。下りの場合は下1線である。

・線路名称と線路番号

複数の路線が集まる駅では上り本線といっても、二つ以上あることになる。たとえば秋田駅では奥羽本線と羽越本線、それに秋田新幹線の3路線が集まる。秋田新幹線は正式には奥羽本線だが、線路は標準軌になっている。ここでいう奥羽本線は普通列車用の狭軌の線路のことである。

このために羽越上り本線とか奥羽2番副本線、秋田新幹線上り本線とかの線路名称になっている。略して順に羽越上本、奥羽2、幹上となっている。しかし、これだけでは線路がどう並んでいるかわかりにくい。

このために西端の羽越下り本線を1番線とした線路番号も付いている。奥羽2線は8番線、幹上線は別格なので線路番号はない。

しかし、さらに旅客案内用の発着線番号もあるからややこしい。旅客案内用番線は切り欠きホームの表2線が①番線、羽越下本線が②番線、奥羽2線が⑦番線、幹上線が新幹線ということで10番台の

秋田駅の青森寄りの場内信号機。表1線が注意現示となっている

秋田駅の大曲寄りの場内信号機。右が秋田新幹線（注意）、灯列式の進路表示は幹下への左折。左は在来線で奥羽下本に注意

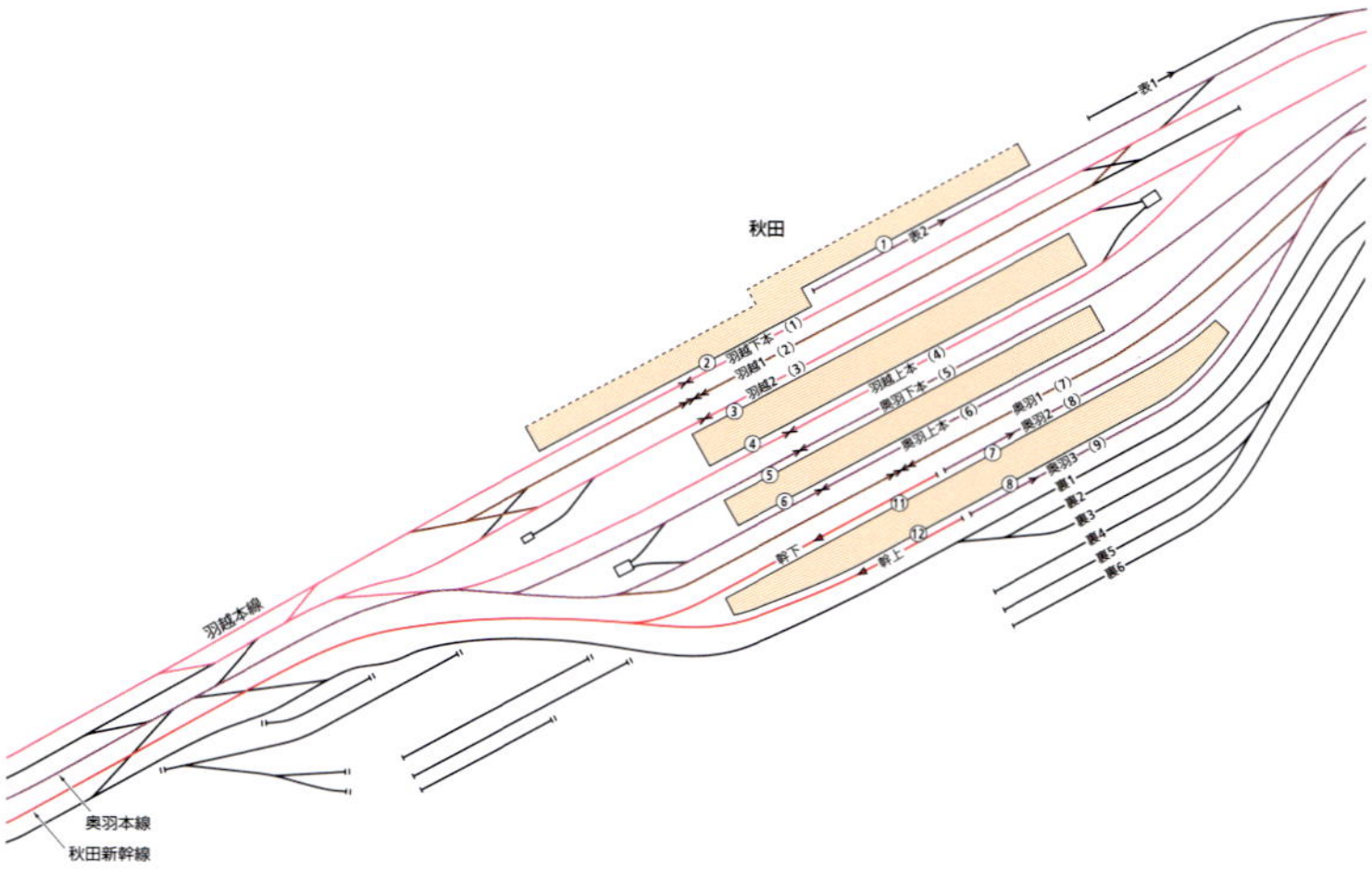
秋田
羽越本線
奥羽本線
秋田新幹線
表1
表2
羽越下本
羽越1
羽越2
羽越上本
奥羽下本
奥羽上本
奥羽1
奥羽2
奥羽3
裏1
裏2
裏3
裏4
裏5
裏6
幹下
幹上

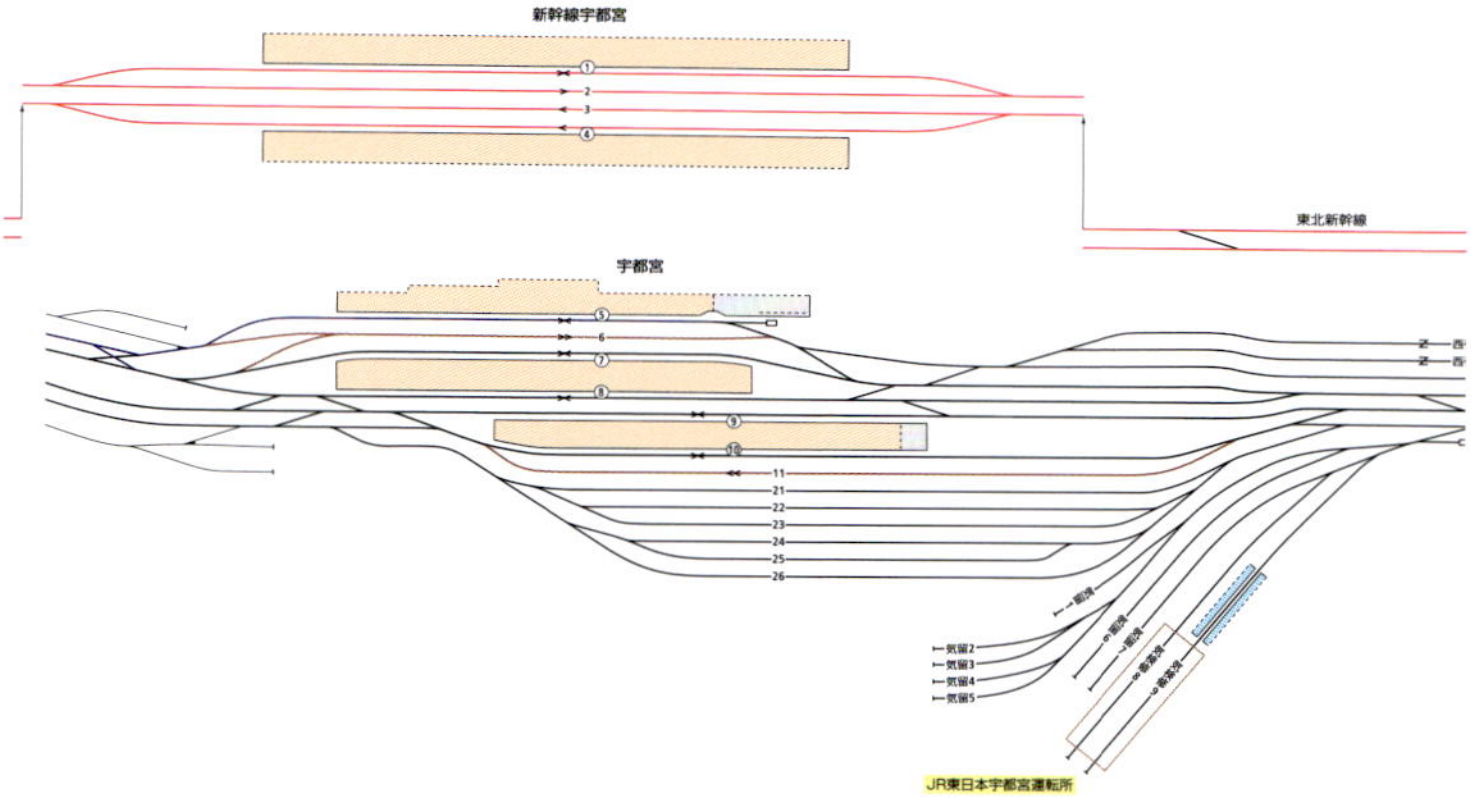
新幹線宇都宮
東北新幹線
宇都宮
気留2
気留3
気留4
気留5
JR東日本宇都宮運転所

⑫番線となっている（東北ライン9巻38、39ページ）。

これでは乗客に間違った案内をしかねないということで、線路番号と旅客案内用番号を統一している駅もある。

宇都宮駅では新幹線も含めて本線線路を1～11番まで付番している。これをそのまま旅客案内用番号にしているため、新幹線の上りホームは④番線で在来線は⑤番線（ホーム）から始まるものの、⑥番線（ホーム）がない。また11番線はホームに面していない貨物列車の着発線（通過線）になっている。

21～26番線は側線で線路名称は下2から始まる（東北ライン4巻24、25ページ）。

・側線

国鉄は（主）本線の外側に線路を並べた場合、上り側では上1、上2……、下り側では下1、下2……と線路に線路名を付けていく。しかし、必ずしも上1線が副本線でない場合もある。要するに営業列車が発着しない側線でもこの線路名を付番していることが多い。

上1といった線路名ではなく、裏1といった線路名称を採用して

東能代駅の裏１・２線の出発信号機

いるところもある。国鉄の駅の多くは片側にしか改札口がなく、その改札口側に駅長室がある駅本屋を置く。そしてその反対側、つまり裏側の側線を裏1、裏2……と付けていく。表側にあれば表1と付ける。また方角で付けることもある。たとえば駅の東側にあれば東1である。

多くは貨物側線だったために、貨物取り扱いがなくなっても裏貨1といった言い方をする。

・機回線

かつては機関車が列車を牽引する機関車列車が多かった。基本的に機関車は列車の先頭に置かれている。折り返しをするときには機関車をそれまで後方だった車両まで回送して連結する必要がある。

この機関車を回送させる線路を機回線というが、担当部署で読み方が異なる。運転担当部署では機関車を回すということから「きまわし」線、線路担当部署では機関車が回る線路ということから「きまわり」線という。

JR形配線では中線等の副本線が機回線として使用されている。JR形配線は機関車列車時代では非常に重宝する中間駅の配線だっ

弘前駅の秋田寄りの11R入換信号機の進路確認板。8番が「機廻り線」となっている

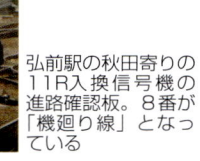

たのである。

・「機」にまつわる線路

機回線のように「機」は機関車の略である。機回線のほかに機折線、機待線、機留線などの線路がある。機折線は機関車用折返線、機待線は牽引すべき列車が来るまで待機する線路、機留線は機関車用留置線である。

同様に宇都宮駅に隣接する宇都宮運転所は「機」ではなく「気」が付いている。これは気動車、すなわちディーゼルカーのことで、宇都宮運転所では機関区跡を気動車用にしたため気留線（気動車留置線）、気検修線（気動車の検査と修理を行う）にした。同様に「電」があれば電車のことで電車留置線は電留線、「客」は客車のことで客留線があり、貨車に対しては「貨」を付ける。

車種を選ばないときはなにも付けない。たとえば単に留置線となっている線路は電車でも客車でも留置できる。さらに当初は客留線だったが現在は気留線になっていても、ずっと名称を変更していない線路もある。

なお、電車も客車じゃないかと思われようが、動力に対しての車種分けでは、機関車に引っ張られて走る車両として客車と貨車に分類される。機関車にしても動力は蒸気と電気、内燃（主としてディーゼル）機関に分かれる。

蒸気機関車のことをＳＬというが、これはSteam Locomotiveの略である。だから電気機関車はＥＬ、ディーゼル機関車はＤＬという。同様に電車はＥＣ（ＣはCar）、気動車ディーゼルカーはＤＣ、客車はＰＣ（ＰはPassenger）、貨車はＦＣ（ＦはFreight）という略称が付けられている。また、ＭＣはモーターカーの略で保守用牽引機関車のことである。

・引上線

駅の端部に設置され、本線などを走る列車をこの線路に引き上げて折り返しをして別の本線に転線するための線路を引上線という。

・引込線

専用線のことをよく引込線というが、営業許可されている鉄道会社の線路から私企業が占有して貨車に積み卸しをする線路が専用線である。その専用線から、さらに別の私企業の工場等へ引き込んだものを引込線という。専用線までは国の許可が必要だが、引込線に関しては許可は不要である。引込線内だけを走る車両は基準を満たしていなくてもいいが、専用線に乗り入れる車両は一定の基準を満たす必要がある。著者の知る限り引込線が残っているのは美濃赤坂駅（東海道ライン5巻21ページ）の西濃鉄道から分岐するヤバシ石材工事への引込線くらいしかない。

転車台と扇形車庫

転車台は蒸気機関車の進行方向を変えるものと思われている。蒸気機関車を動態保存して走らせている路線にある転車台はたしかにそうだが、日常的に使用されている転車台は気動車の方向転換と留置のためである。このためＪＲ四国の高知運転所では移設したときに新規に転車台を設置している。

気動車を同一方向でずっと走らせていると、その構造上、車輪のすり減り具合が片方の車輪に偏ったりする。車輪転削機で調整する方法もあるが、転車台で方向転換するほうがずっと簡単である。また、三角線状に路線網があるところでは容易に方向転換できる。

旧梅小路機関区の転車台と扇形車庫

ヤバシ石材工事の引込線。錆びついていて使用されていない

蒸気機関車時代には転車台を囲むようにした扇形の機関庫が置かれていた。これを扇形車庫という。蒸気機関車がなくなると、この扇形車庫は気動車の車庫に転用された。しかし、多くは上屋を撤去して露天の線路にしてしまっている。

・三角線

ＪＲ九州の宇土《うと》―三角《みすみ》間の三角《みすみ》線ではなく、三角形状に線路を配置したものを三角線《さんかく》（あるいはデルタ線）という。３方向のいずれにもスイッチバックなしでスルーで行けるのが特徴で、典型的な三角線は本四備讃《ほんしびさん》線の四国側陸上部にある。本州側の児島方面から坂出方面と宇多津《うたづ》方面の２方向に直通でき、さらに坂出方面と宇多津方面からとも直通できるのである（四国・九州ライン１巻17ページ）。

三角線は新大阪駅付近の東海道本線と北方貨物線と宮原回送線（東）との間や、同様に塚本駅付

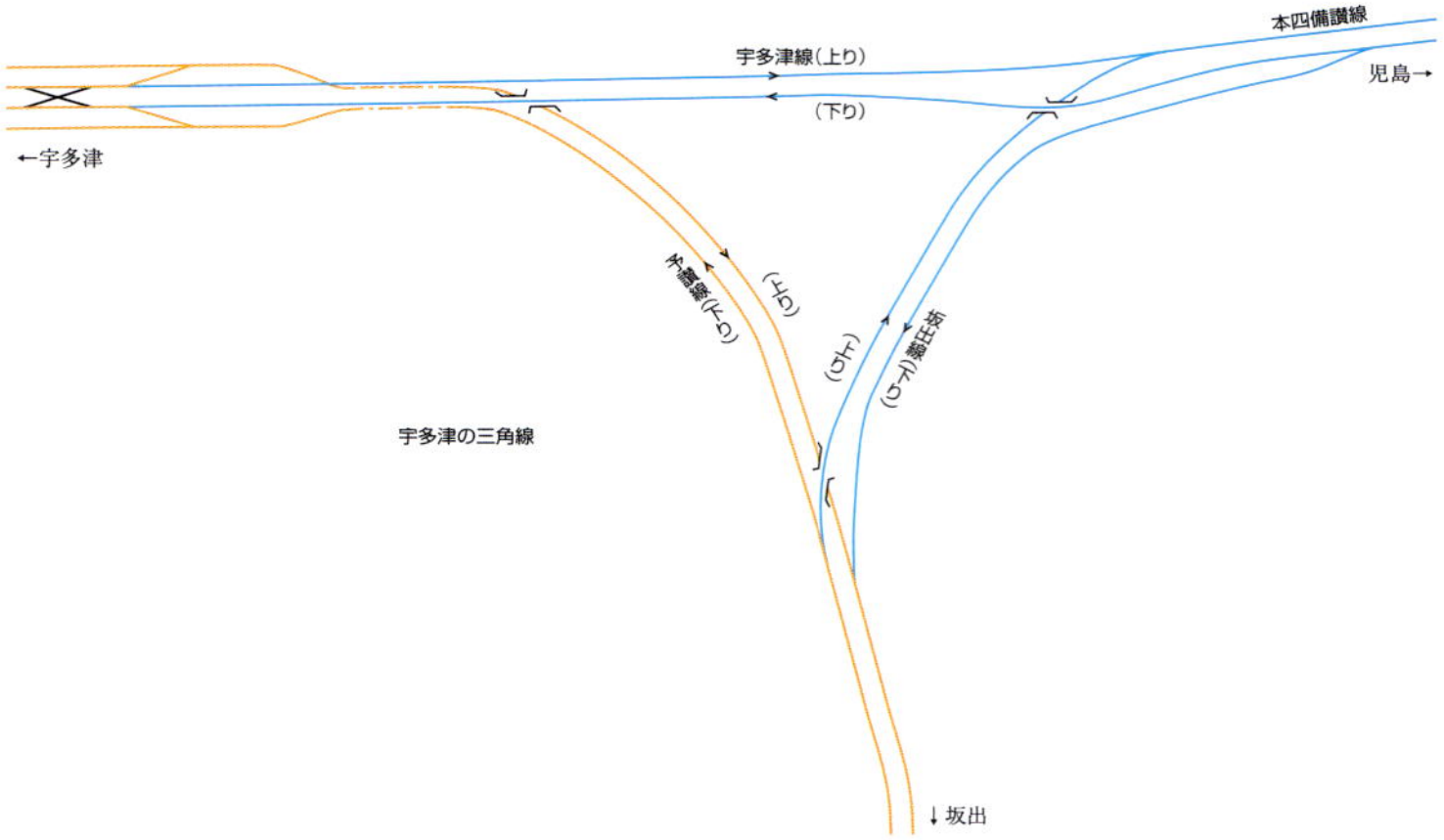

宇多津の三角線

近の北方貨物線と宮原回送線（西）と東海道本線の間、武蔵野線の武蔵浦和駅付近での同線と支線の西浦和支線と大宮支線との間、西日暮里駅付近の山手貨物線と常磐貨物線、常磐線の間などにもある。

3方向のいずれにもスルーできるだけではなく、ここで列車全体の方向転換もできる。かつて特急列車の「つばめ」などは先頭に機関車、後方に1等展望車がある編成で走っていた。折り返すときも同じ編成で走らせる必要がある。これを可能にするのが三角線である。

三角線の一つの辺を通り抜け、折り返して別の辺に移って通り抜け、さらに折り返して最初に進入した線路に入れば編成ごと方向転換ができる。「つばめ」は東京では旧目黒川信号場で山手貨物線から品鶴貨物線に移り、旧蛇窪信号場で大崎支線にバックして転線、そして大崎駅で再びバックして山手貨物線に戻った（東海道ライン1巻22、23ページ）。大阪では北方貨物線の宮原回送線、東海道本線による三角線で列車の方向転換を行っていた（京阪神スペシャル60、61ページ）。

編成ごと方向転換する列車はなくなったはずだったが、JR九州

瀬戸大橋線四国側の三角線

の豪華クルーズトレイン「ななつ星in九州」はそれが必要になってしまった。

同列車は博多駅を南下して九州を1周し北上して博多駅に戻ってくる。先頭機関車は南向きで出発して北向きで到着する。編成全体が方向転換してしまうのである。

そこで北向きで到着後、回送で門司駅に向かう。門司駅では機関車を後方に付け替えてスイッチバックして日豊本線で大分駅に向かい、ここから久大本線に入って博多駅に向かい機関車を前後で付け替えれば、博多駅では編成ごと南向きになる。壮大な三角線を回送で走るのである。

肥前山口駅には機関車方向転換用三角線があった。軟弱な地盤のために転車台を置くわけにいかなかったので、小規模な三角線を設置して機関車の方向を変えていた。今は転車台が新設されている。

配線図にもいろいろなものがある

一口に配線図といってもいろいろなものがある。鉄道業務用としていろいろな記号や信号機の配置などをいれたもの、これらをある程度省略した業務用のもので、一般に配線略図といわれるもの、そ

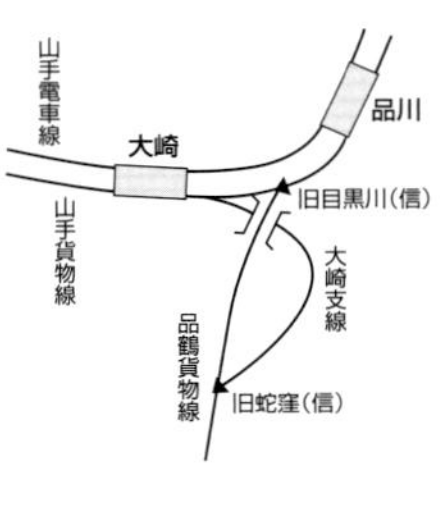

東京駅構内配線略図

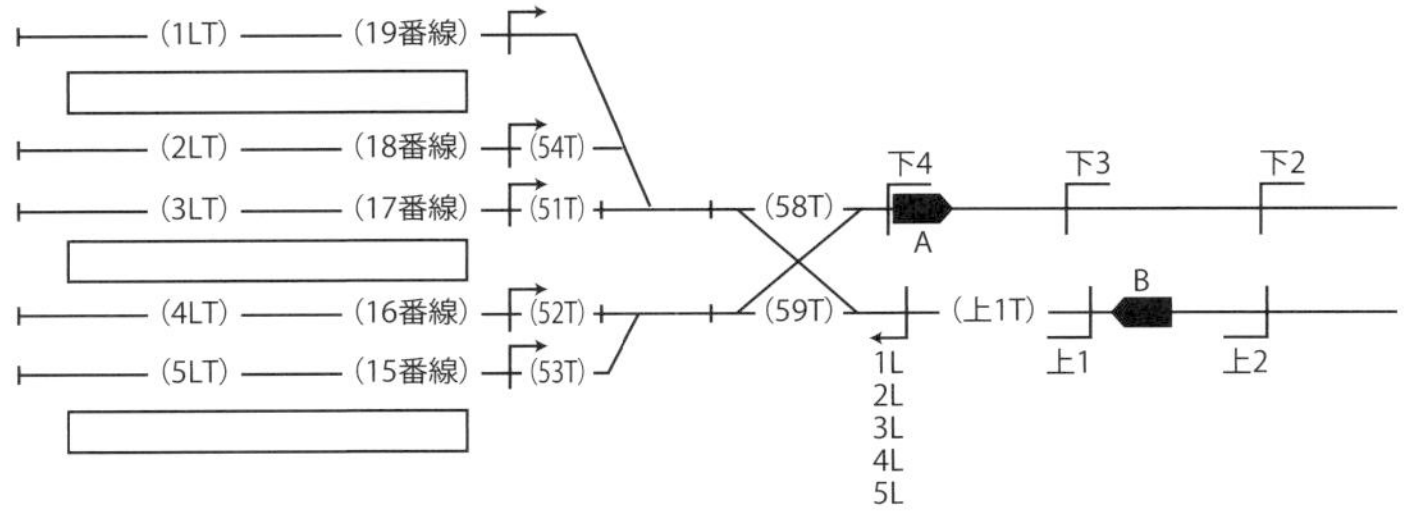

東海道新幹線配線略図

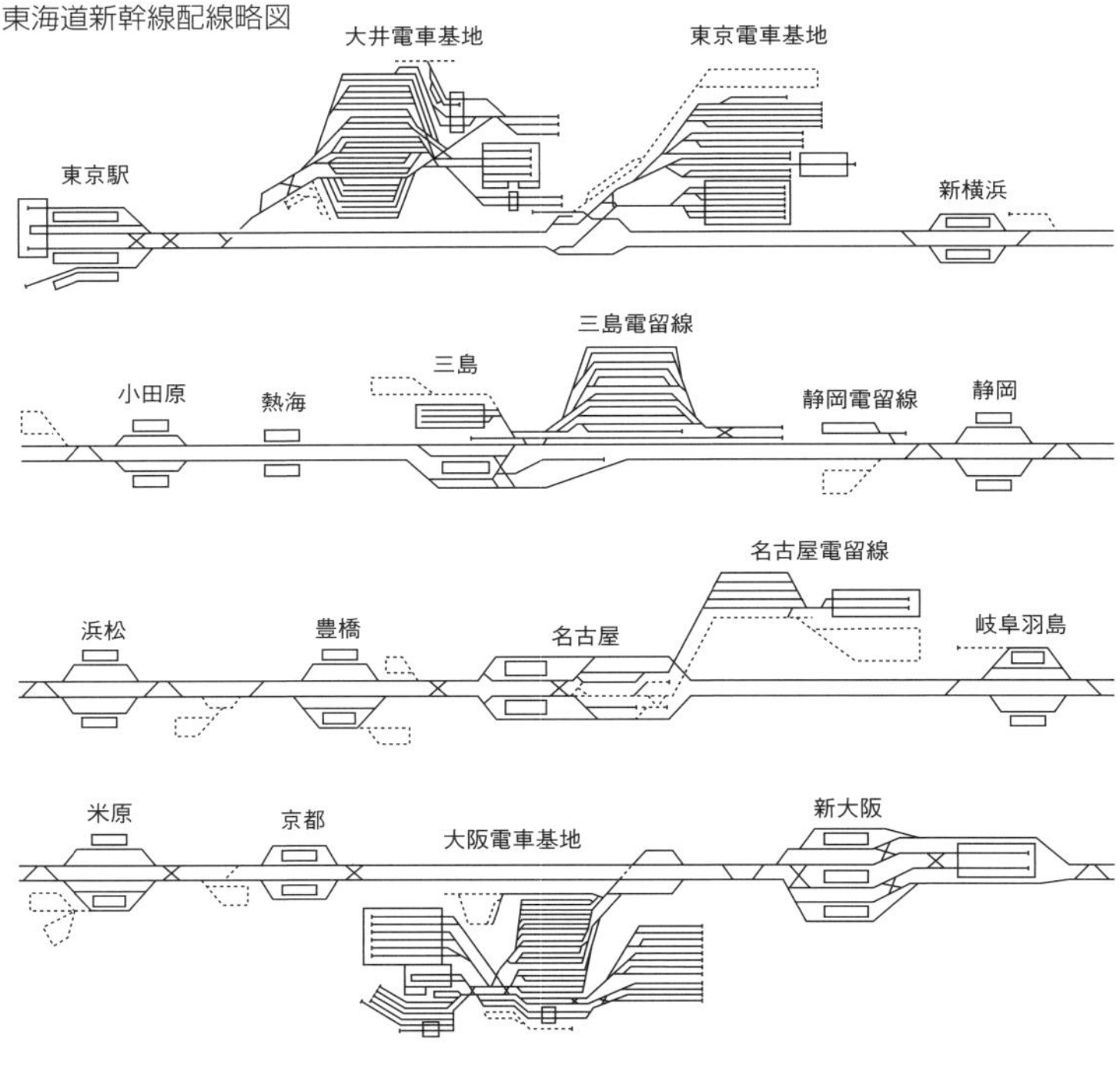

両図とも日本国有鉄道新幹線総局配布資料（昭和52年）

れをもっと簡略化したものなど多岐にわたった描き方がある。

本線を主体にした配線略図が一般に普及しているが、鉄道ファンの多くの人に理解できる配線図はやはり鉄道ファンが描いたものだ。筆者が描いた配線図がこれにあたる。

通常の配線図に描かれているホームは細長い長方形をしているが、これではよくわからない。というのは2本の線路の間に置かれている島式ホームでも、両側の線路を通る列車に乗り降りができる場合は、この描き方でいいとしても、片方の線路側に柵があったりして乗り降りができない場合もある。こんなときただ長方形にするのではなく、乗れない線路に面しているほうを破線にして、これがある場合は乗り降りできないと決めれば、それでホームの構造がわかる。

また、ホームはまっすぐになっていることは少なく、多くは曲がっている。線路もそうである。できるだけ現実に合わせたほうが駅の構造を知るのにいい。しかし、完全にスケール通りに描くと駅が非常に細長くなって、いくら紙面があっても足りない。そこで前後に圧縮、つまり曲がり具合を強調して描いている。いずれにしても、できるだけ駅の構造が把握できるようにしたほうがいい。

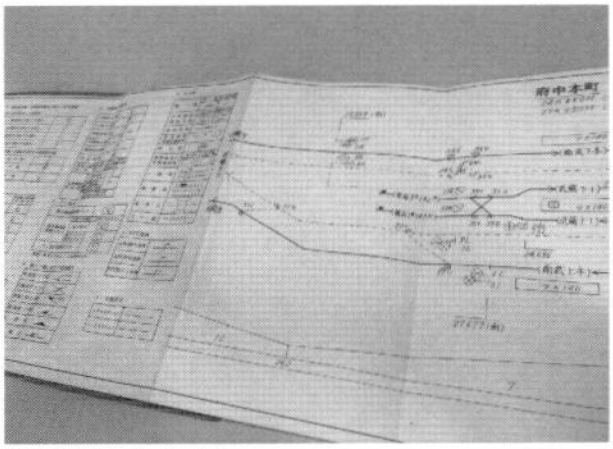

昭和48年の武蔵野線の線路図（配線略図）。東京北・西鉄道管理局運転部のもの

第一章　ターミナル駅の配線

ターミナル駅といっても正式な定義はない。しいて定義するならば要《かなめ》になる駅、乗降客が多い駅ということになろうが、配線上から定義すると路線あるいは主要列車の起終点駅で、多数の発着線を持つ駅ということであろう。

一番のターミナル駅は東京駅である。東京駅を起点とする路線には東海道新幹線、東北新幹線、東海道本線、東北本線、中央本線、総武本線、京葉線がある。

このうちすべての列車が折り返さなければならないのは東海道新幹線、東北新幹線、中央本線、京葉線である。これらは終端に車止めが置かれていることから頭端行止式という。

東海道本線と東北本線は相互に直通運転をしているために車止めはない。こういった起点駅を通り抜け式という。東海道・東北の両線の電車線である山手線と京浜東北線も通り抜け式になっている。地下を走る総武本線は横須賀線（正式には東海道本線の別線）と直通運転をしているからやはり通り抜け式である。

東京メトロ丸ノ内線の東京駅は単なる中間駅にすぎない。

東京駅は頭端行止式と通り抜け式がまざった大ターミナル駅である。東海道本線は寝台特急「サンライズ瀬戸・出雲」や「湘南ライナー」が折り返す。総武快速・横須賀線も同様に個々に東京駅で折り返す電車があるため、両方ともポイントがあって配線としては見るべきものがある。

しかし、山手線、京浜東北線は保守用の側線はあるものの、スルーするだけの棒線になっているので、配線は単純で面白くない（全国新幹線ライン43ページ）。

有楽町寄りから見た東京駅

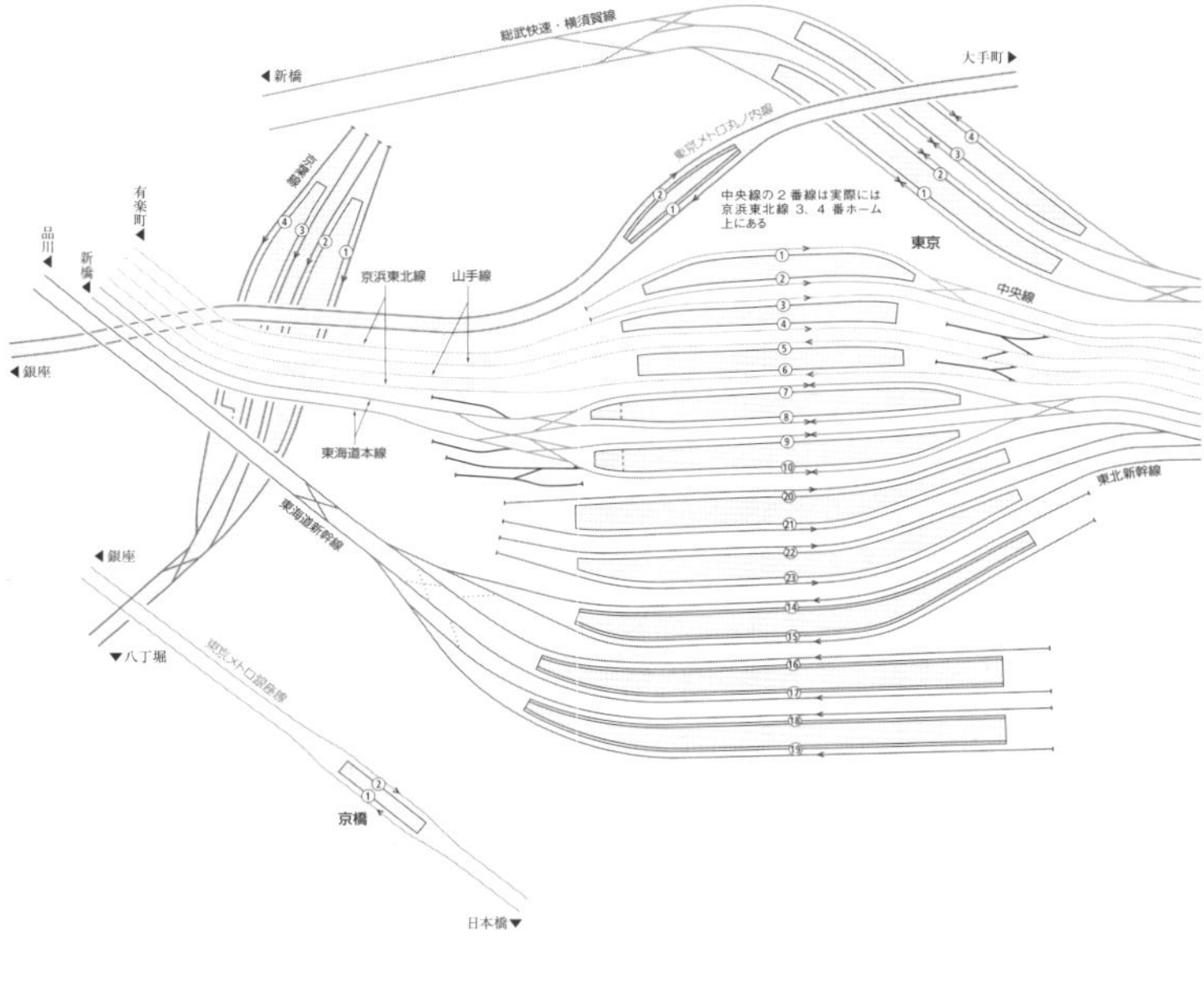

東京駅の頭端行止線はどうなっているか

東海道新幹線

島式ホーム3面6線となっている。折返用のシーサスポイントは各発着線が集まって複線になったところに1組だけ設置されている。このため進入する電車と出発する電車が同時発着できる比率は30%でしかない。しかし、点線のようにもう一組のシーサスポイントを内方に入れると同時発着できる機会が43%、さらにこのシーサスから15、18番線への渡り線を入れると50%に増える。

東海道新幹線の発着線が3線から4線になった1967年にはシーサスポイントを内方に入れて同時発着比を33%から42%に増やした。しかし、1976年の6線使用時に内方のシーサスポイントを撤去してしまった。

東北新幹線が開通したとき新幹線の発着線を10線にして直通電車も多数設定することを前提にシーサスポイントの位置をずらす予定だったためである。しかし、直通は実現せず、1組のシーサスポイントだけで発着している。

東北新幹線

東北新幹線は島式ホーム2面4線だが、20、21番線は一度集まって22番線と合流、その先にシーサスポイントがある。このため同時発着比は25%にとどまっている。やはり内方に渡り線

●東京駅東海道新幹線の同時発着競合

ある発着線に電車が進入するとき、衝突せずに同時に発車できる他の番線を○、できない番線を×にしたものである。上部横並びの番線が到着時、左側縦並びの番線が出発を表している。たとえば14番線に進入するとき、同時に発車が可能なのは17、18、19番線の3線、15番線と16番線に進入するときも同様である。しかし、17、18、19番線に進入する場合はまったく同時発車はできないことがわかる。

	出発＼到着	14	15	16	17	18	19
番線	14		×	×	×	×	×
	15	×		×	×	×	×
	16	×	×		×	×	×
	17	○	○	○		×	×
	18	○	○	○	×		×
	19	○	○	○	×	×	

同シーサスを追加

	出発＼到着	14	15	16	17	18	19
番線	14		×	×	×	×	×
	15	△		×	×	×	×
	16	○	○		×	×	×
	17	○	○	○		×	×
	18	○	○	○	○		×
	19	○	○	○	○	△	

△はさらに渡り線を入れた場合

を入れると42％に向上する。

東海道本線

東海道本線の横浜寄りは複線から複々線に分岐して、それぞれにシーサスポイントを入れている。これによって同時発着比は50％になっている、優れた配線である。

また、機関車列車のために機待線が2線用意されている。発着線のいずれかを機回しして上野方にあるシーサスポイントで転線して機待線に入ったりしていた。

●東京駅東北新幹線の同時発着競合

	出発＼到着	20	21	22	23
番線	20		×	△	○
番線	21	×		△	○
番線	22	×	×		○
番線	23	×	×	×	

●東京駅東海道本線の同時発着競合

横浜方面折返

	出発＼到着	7	8	9	10
番線	7		×	×	×
番線	8	○		×	×
番線	9	○	○		×
番線	10	○	○	○	

●東京駅中央本線の同時発着競合

	出発＼到着	1	2
番線	1		○
番線	2	×	

東北本線の東京駅再乗り入れ、すなわち上野東京ラインの開通で折返電車が少なくなった現在は、この優れた配線はあまり必要なくなっている。また、機関車列車もほとんど走らなくなったために機待線もあまり使われなくなった。

中央本線

島式ホーム1面2線で新宿方にシーサスポイントがある単純な配線である。このため同時発着比は50％である。

特筆すべきはホームの先にある車止めまでの線路が長いことである。ホームの在線時

●東京駅総武快速・横須賀線の同時発着競合

横浜方面折返

	出発＼到着	1	2	3	4
番線	1		×	○	○
	2	×		○	○
	3	×	×		○
	4	×	×	×	

千葉方面折返

	出発＼到着	1	2	3	4
番線	1		×	×	×
	2	○		×	×
	3	○	○		×
	4	○	○	×	

●東京駅京葉線の同時発着競合

	出発＼到着	1	2	3	4
番線	1		×	×	×
	2	×		×	×
	3	○	○		×
	4	○	○	×	

間をできるだけ長くするために高速進入できるようにしている。とくにラッシュ時の運転間隔は2分だから、高速進入してホーム在線時間を3分以上にしている。このとき、滑走してホームを通り越しても車止めまでの距離を長くとっておけば、車止めに激突しにくくなるからである。

1番線に進入するとき、シーサスポイントを通過しても直線になるようにして比較的進入速度を速めている。

総武快速・横須賀線

同時発着の比率は両方向とも42％と高い。これに合わせて渡り線やシーサスポイントを渡って転線してもショックを和らげ、進入進出速度が低下しないようにできるだけ直線にしている。

京葉線

同時発着の比率は33％と並である。こちらも転線したりするとき、できるだけ直線にしてショックを和らげ、進入進出速度の低下を避けている。

ＪＲのターミナル駅は通り抜け式が多く、私鉄は頭端行止式が多い

かつて長距離を走るのは機関車列車であることが当たり前だった。そういった時代の首都圏のターミナル駅は頭端行止式を採用し、短距離を走る電車とその専用の線路を通り抜け式にして各ターミナル駅を結んでいた。

長距離列車は車内清掃をして車庫からターミナル駅にやってきて、長い時間停車して乗客を乗せていた。

横須賀線を含む東海道本線は当初起点が新橋駅、常磐線を含む東北本線は上野駅、中央本線は飯田町駅（現飯田橋駅の東京寄り）、総武本線は両国駅だった。

東京駅の長距離列車線は頭端行止式ではなく高架で上野駅まで延びていたが、長距離列車は東京駅と上野駅でそれぞれ折り返しており、上野―東京間は留置線代わりに使われていて直通列車はあまりなかった。

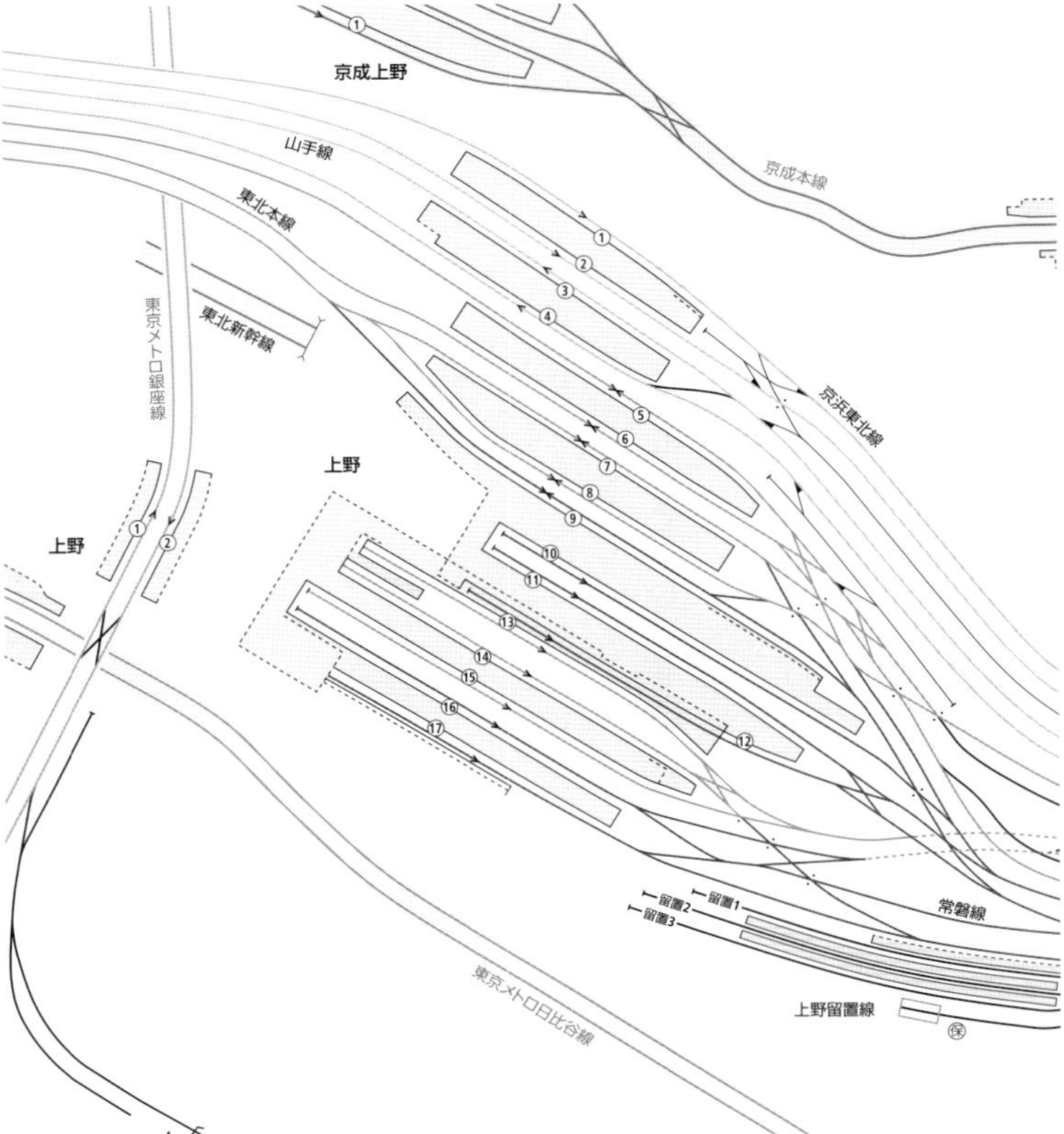
京成上野
①
山手線
京成本線
東北本線
①
②
③
④
東京メトロ銀座線
東北新幹線
京浜東北線
⑤
⑥
⑦
上野
⑧
⑨
⑩
⑪
上野
①
②
⑬
⑭
⑮
⑯
⑰
⑫
留置1
留置2
留置3
常磐線
東京メトロ日比谷線
上野留置線
㊦

配線図からもわかるように、理論的には東北本線関係の車両は品川基地で、東海道線関係の車両は尾久《おく》基地で整備したほうが折り返しによる機関車の付け換えなどをしなくて効率がいい。しかし、東海道本線と東北本線の間で縄張り意識があって実現しなかった。そして東北新幹線の東京乗り入れで在来線の東京―上野間の線路は神田―秋葉原間で分断されてしまった。

現在はJRとなり、上野東京ラインの開通で車両の交流は盛んになっている。しかし、東海道本線の車両を尾久で、東北本線関係の車両を品川で整備するところまではいっていない。行っているのは常磐線の特急車両を品川で整備する程度である。100年以上たって実現したのはごくわずかだ。

ともあれ、頭端行止式の飯田町駅の機能は新宿駅に譲り、一部の長距離列車だけが東京駅まで乗り入れていた。飯田町駅は貨物駅として残ったものの、結局廃止となった。その線路跡の一部は保守基地とJR貨物のビルになっている。

両国駅（東海道ライン11巻9ページ）は、総武快速線の開通で長距離列車は東京駅から出るようになって、地上にある頭端行止式のホームはほとんど使われなくなった。それでも新聞輸送の列車が地上ホームから発着していたがこれも廃止になり、現在はここで発着する列車はまずない。頭端側にある旧駅舎は「－両国－江戸NOREN」という飲食施設になっている。

上野駅はまさに頭端行止式のモデルのような駅だったが、山手線電車が高架で乗り入れるようになり、そして東京駅の完成で高架の長距離列車発着線も設けられた。やがて常磐線の一部の電車用の発着線も高架に増設され、そして東北新幹線の開通で地上にある頭端行止線は徐々に縮小された。

最盛期には11番線から20番線までの8線の発着線があったが、現在地上にある頭端行止線は13番線から17番線の5線に縮小している（首都近郊スペシャル16、17ページ）。

一方、大阪地区では国鉄時代に頭端行止式になっていたターミナル駅は関西本線の湊町《みなとまち》駅、山陰本線の京都駅、阪和線の天王寺駅、片町線の片町駅くらいだった。

このうち湊町駅は地下化してＪＲ難波駅となった。このとき計画されていたＪＲ難波駅から新大阪駅までのなにわ筋線と直通する前提で、島式ホーム２面４線の通り抜け式になるように変更された（東海道ライン10巻７ページ）。また、シーサスポイントは内方と外方の２組が配

●JR難波駅の同時発着競合

出発＼到着	1	2	3	4
番線 1		○	○	○
番線 2	×		○	○
番線 3	×	×		○
番線 4	×	×	×	

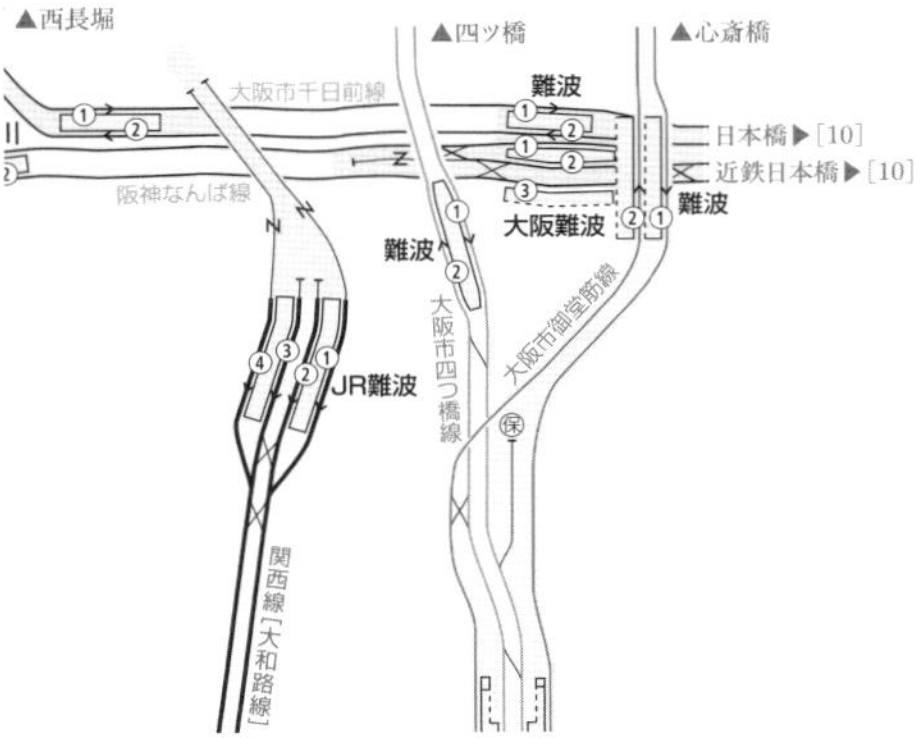

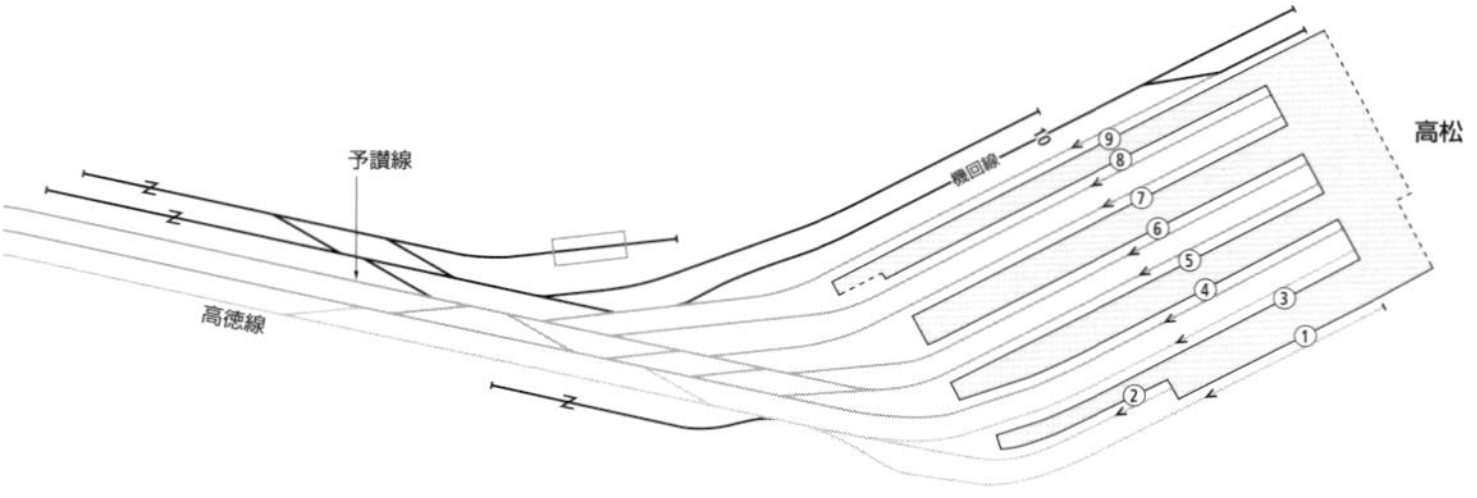

置され同時発着比は50％になっている。

片町線片町駅はＪＲ東西線の開通で廃止され、阪和線天王寺駅はそのまま残っているが、主たる列車の特急「くろしお」「はるか」と関空・紀州路快速は天王寺駅の手前に関西本線への短絡線が設置されて関西本線のホームで発着するようになった。このため頭端行止式というより、櫛形ホームで発着する電車は普通だけしかなくなって閑散としている（東海道ライン10巻9、10ページ）。

この櫛形ホームは阪和線がもともとは私鉄の阪和電鉄だったために採用されたものである。多数の私鉄で多く見られるタイプである。

このほかＪＲで頭端行止式のターミナル駅は函館駅（北海道ライン1巻20、21ページ）、青森駅（東北ライン8巻39ページ）、高松駅（四国・九州ライン1巻20、21ページ）、宇和島駅（四国・九州ライン2巻32ページ）、門司港《もじこう》駅（四国・九州ライン3巻11ページ）、長崎駅（四国・九州ライン5巻46ページ）くらいである。宇和島駅と長崎駅を除いて連絡船と接続していた駅である。

ＪＲの駅に通り抜け式が多いのは機関車列車をスムーズに運用

できるからである。機関車列車は例外を除いて常に先頭に機関車があって客車を引っ張っていく。頭端行止式だと折り返しのときに機関車を付け換えなくてはならない。この面倒さに加えて機回線が必要になって、線路の数も増える。

駅に隣接して車庫を設置して、機関庫から別の機関車を折返列車に連結、それまでの機関車を頭端側に置き去りにして出発する方法もある。あるいは推進して車庫に入庫させ、別の列車を車庫から推進してホームに滑り込ませる方法もある。

上野駅の頭端行止式の車庫には駅に隣接している引上線と洗浄線はあるけれども、列車の整備・清掃を行うのは尾久駅に隣接している尾久車両センターである。かつての「北斗星」や「カシオペア」などは札幌駅から到着すると、バックする推進運転で尾久に向かう。夕方にはやはり推進運転で上野駅の地上ホームに入る。いずれにしても面倒だった。

東京駅では駅で機関車を付け換えて、牽引運転で品川にある田町車両センターに行き来していた。上野駅の高架駅と東京駅は通り抜け式なので、北からの列車は田町で、西からの列車は尾久を基地にすればスムーズだったが、前述した理由で機関車列車に関してはついに実現しなかった。

よく考えられている通り抜け式の大阪駅

大阪駅は通り抜け式になっている。明治のはじめに京都―大阪―神戸間の鉄道を計画したとき、大阪駅は当時の市街地の北側の堂島付近とし、頭端行止式で考えられていた。そして大阪

南側から見た新大阪駅。下側の線路が宮原回送線

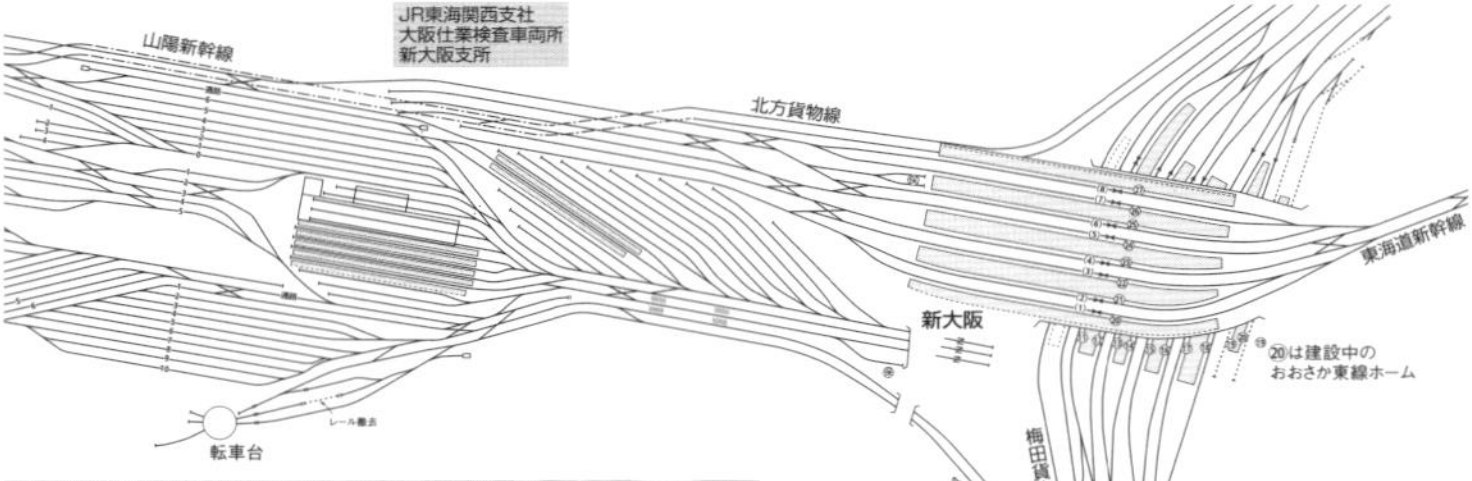

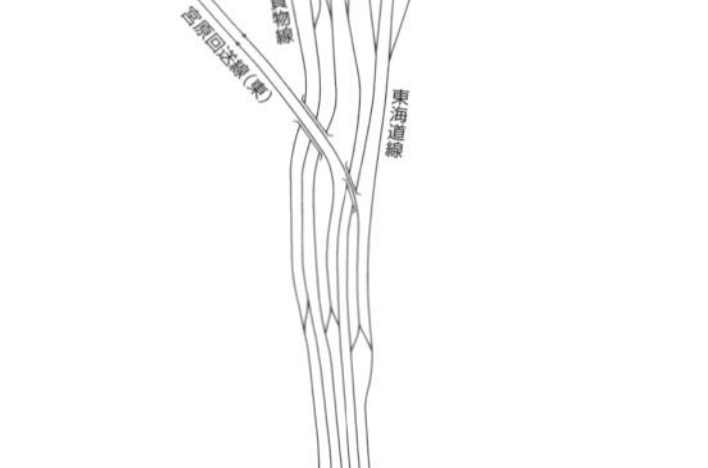

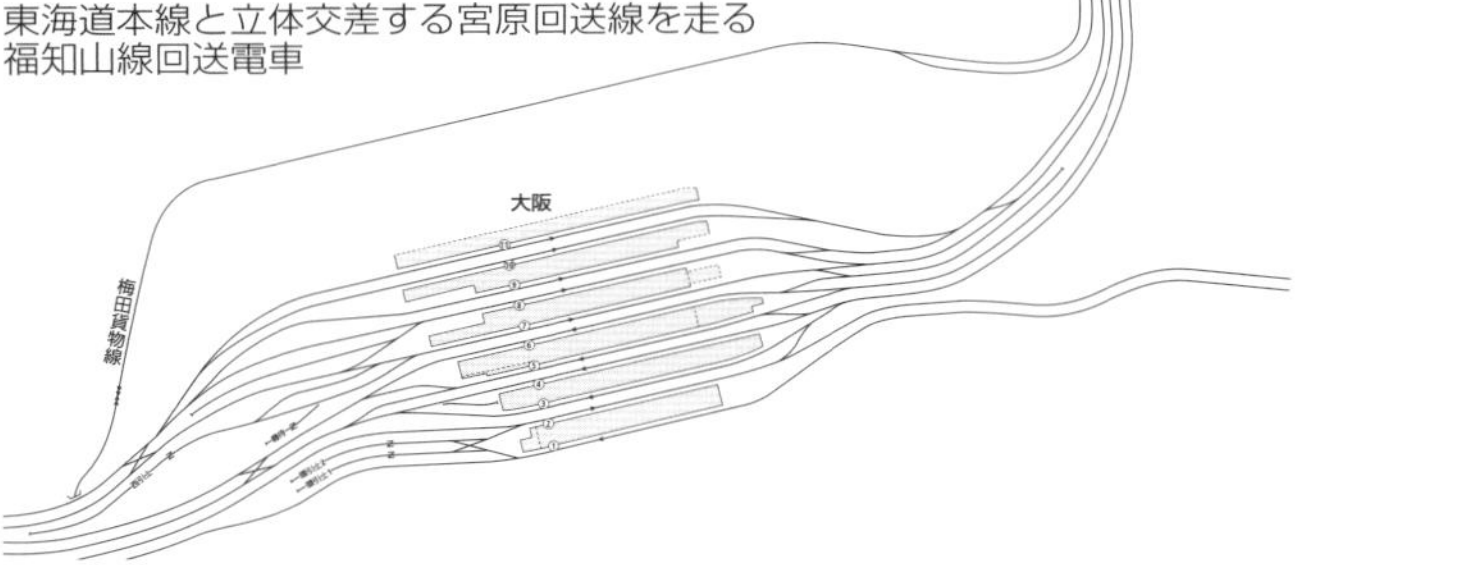

東海道本線と立体交差する宮原回送線を走る
福知山線回送電車

右に大阪駅、その左は梅田貨物駅があったところ。ヤードは撤去された。その左で東海道線をくぐっている線路は西九条への梅田貨物線

宮原操車場（現網干総合車両所宮原支区）を出発、宮原回送線(西)に入って大阪駅へ向かう寝台特急「トワイライトエクスプレス」の回送列車

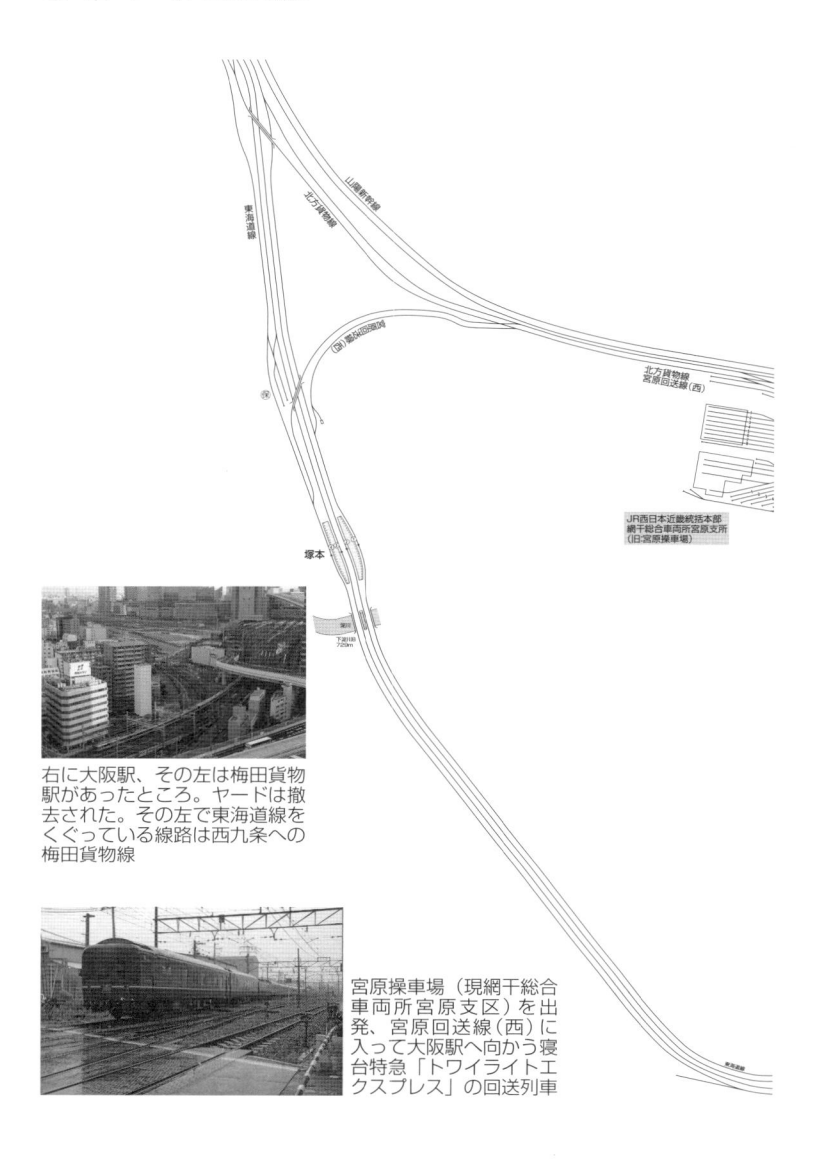

駅に寄らない吹田―神崎《かんざき》（現尼崎）間に短絡線を設置するという案が大勢を占めていた。

これではいろいろと不都合だということで、大阪駅の位置を梅田とした。当時は埋田の文字を使用していた。つまり水田を埋めた土地であり、市街地の外れのさらに北側の荒れ地だった。ここに大阪駅を設置すれば京都―神戸間の列車は通り抜けで走らせることができる。面倒な機関車付け換えは不要になるのである。

しかし、東海道線が全通して多くの東京発の列車は大阪折返になる。神戸駅までが東海道本線だが、神戸―下関間の山陽鉄道を国有化して山陽本線となり、山陽本線の列車も大阪折返が多くなる。当初は大阪駅止まりの列車のために大阪駅に車庫が置かれたが手狭になってきた。

そこで考えられたのが宮原操車場の設置と北方《ほっぽう》貨物線・宮原回送線の新設である。大阪駅の神戸・京都の両方向から宮原操車場に入線できるように宮原回送線を設置、大阪駅を通過する貨物列車は北方貨物線を抜けて大阪駅に寄らないようにした。大阪通過の貨物列車用に吹田操車場を設置、大阪駅に発着する貨物列車用に梅田貨物線と梅田貨物駅を設置した。

現在、機関車牽引の客車はなくなり、梅田貨物駅は吹田操車場を縮小効率化した新設の吹田貨物ターミナル駅に機能が移ってなくなり、大阪折返の列車が少なくなったが、それでも通り抜け式の利点を生かしている。

北陸方面の「サンダーバード」金沢行は宮原回送線を通って大阪駅⑪番線に入線、③（一部④）番線に到着した金沢発も宮原回送線で宮原操車場に入線する（京阪神スペシャル44～49、60、61ページ）。

大手私鉄の頭端行止式の各ターミナルを考察する

京成上野駅

京成上野駅は半頭端島式ホーム2面4線となっている。半と付けたのは1、2番ホームと3、4番ホームの頭端側が行き来できるようになっているからである。ただし現在はロープで仕切られて行き来できない。

各発着線の車止めはホームの手前にあるために、これに激突しないようにATSによって速度チェック（速度照査、略して速照）をする。

複線になった先にシーサスポイントがあるため同時発着の比率は33％と並である（首都近郊スペシャル16ページ）。

東武浅草駅

東武浅草駅は半櫛形ホーム3面4線になっている。①番線は8両編成が停車できるが、先頭側のホーム幅が狭いために①番線に面して2両分は柵がしてあり、電車のドアも開かない。現在、10両編成は曳舟《ひきふね》駅で東京メトロ半蔵門線に直通するため、浅草駅には6両編成しか発着しない。4番線はホームが乗車用と降車用に分けられている（これを乗降分離という）。

駅を出ると半径98mの急カーブで右に曲がる。このためホームの先端部分から緩和曲線が始まっているので右に曲がっている。とくに③番線と④・⑤番ホームは頭端部が北千住寄りにあ

●京成上野駅の同時発着競合

	出発＼到着	1	2	3	4
番線	1		×	×	×
	2	×		×	×
	3	○	○		×
	4	○	○	×	

（到着：番線）

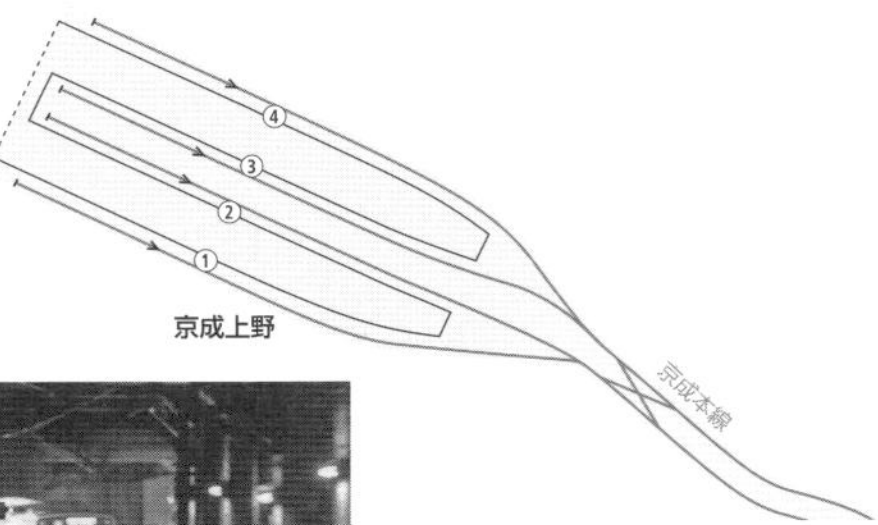

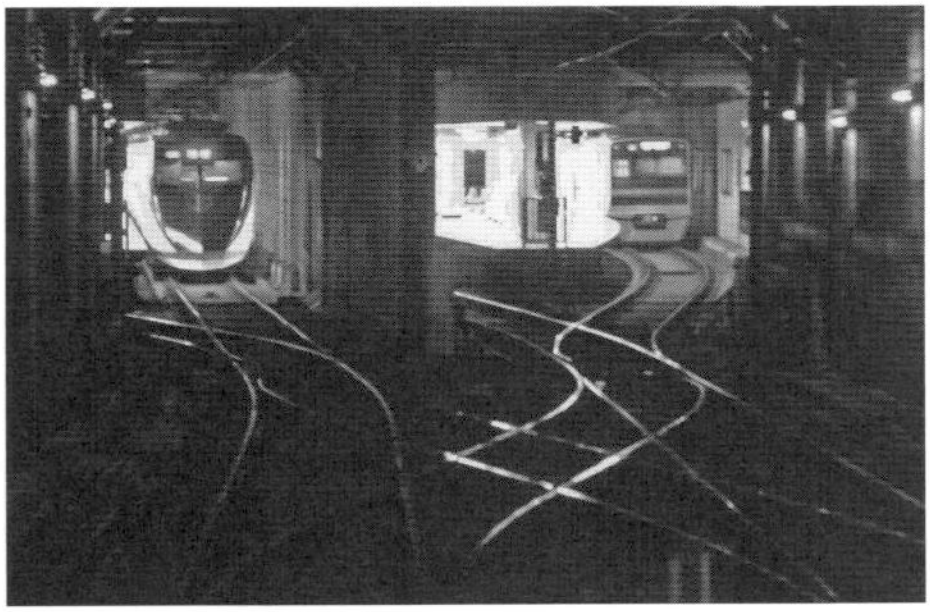

日暮里寄りから見た京成上野駅

内側の線路の頭端の奥で両ホームを行き来できるようになっているが、立ち入り禁止になっている。目当ての電車が停まっているホームを間違えても平面移動で行けるのに、階段でコンコースに出るしかない

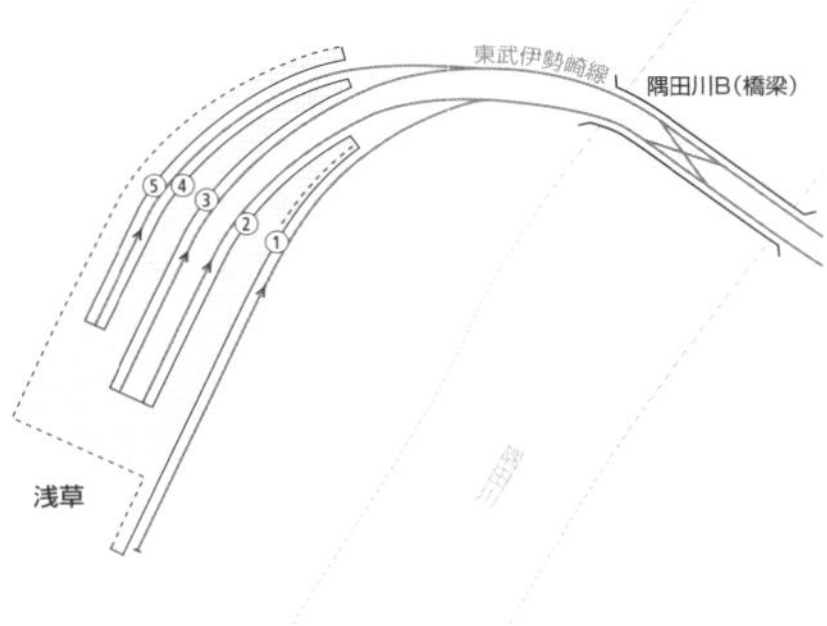

東武浅草駅のシーサスポイントは隅田川橋梁上にある

東武浅草駅③～⑤番ホームと車両との間は大きく隙間ができるので乗降時は渡り板が置かれる。またホームの先端部の幅は非常に狭い

るために、ホーム先端部分の曲線半径はきつくなっており、ここに停車する特急、快速などはホームとの間に大きく隙間ができてしまう。そのため乗降用扉の部分に渡り板が置かれる。

曲がりきって隅田川橋梁上にシーサスポイントがある。同時発着比は京成上野駅と同じ33％でもシーサスポイントまでが遠いために競合が起こる時間が長くなってしまう。もっともラッシュ時でもさほど過密ダイヤになっていないので、このような問題があってもほとんど支障はない（首都近郊スペシャル38ページ）。

東武池袋駅

櫛形ホーム3面3線で2番線は変形Y字線の行止線になっていて、その外方にシーサスポイントがある。このため同時発着比は50％になっている。

各ホームの頭端側はスロープで下がっている。1番線は乗降分離されていない（首都近郊スペシャル22ページ）。

西武池袋駅

櫛形ホーム4面4線で、2組のシーサスポイントとシングルスリップクロッシングを組み合わせて、同時発着比は50％になっている。

3、4番線から進入できる引上線が所沢寄りにある。また、⑦番ホームの奥に特急用ホームがあって直列に停車できるようになっているだけでなく特急ホームの所沢寄りに特急車用引上

●東武池袋駅の同時発着競合

出発＼到着		番線 1	番線 2	番線 3
番線	1		×	×
	2	○		×
	3	○	○	

西武池袋駅７番ホームを通過するレッドアロー。特急ホーム手前に2灯（停止と注意）式の第３場内と特急用の出発信号機がある

●西武池袋駅の同時発着競合

出発＼到着		番線 1	番線 2	番線 3	番線 4
番線	1		○	○	○
	2	×		○	○
	3	×	×		○
	4	×	×	×	

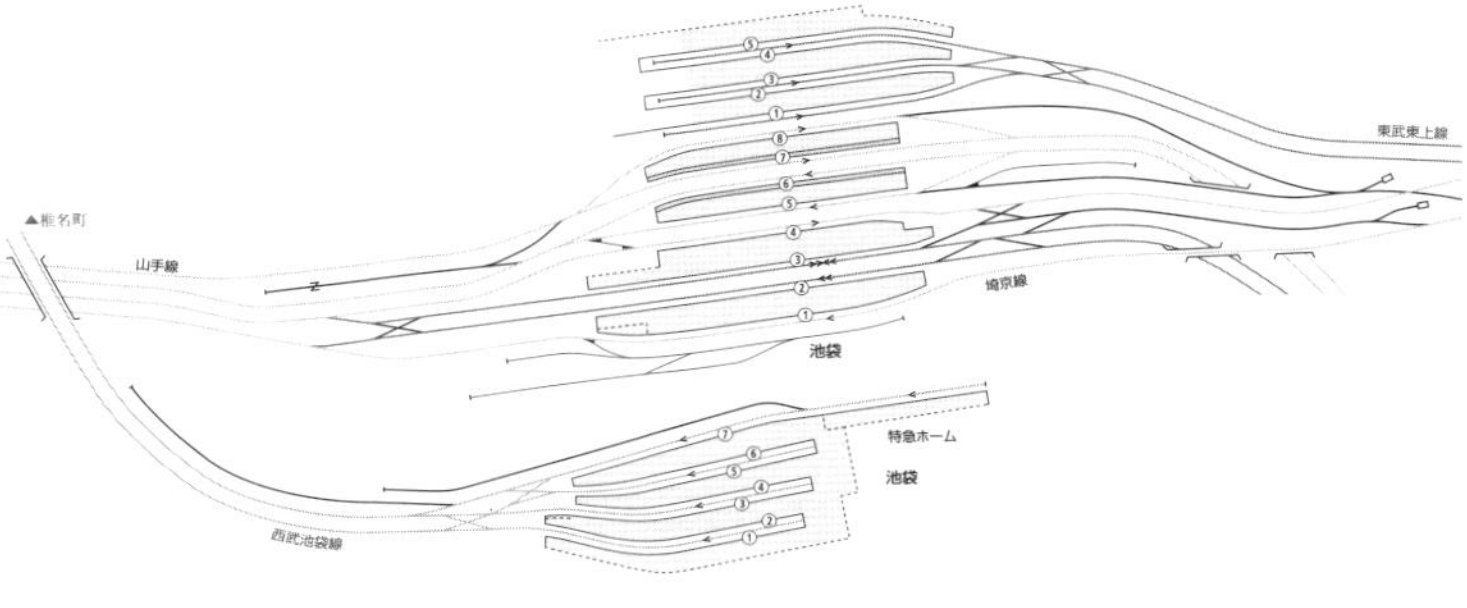

線がある。特急が発着するとき、前方の⑦番ホームでは「通過電車にご注意ください」の放送がなされる。頭端行止式で通過電車が走るのは西武池袋駅と京阪淀屋橋駅だけだが、注意放送をしているのは西武のみである。

西武新宿駅

櫛形ホーム2面3線で乗降分離はなされていない。1番線がやや高田馬場寄りになっている。東武池袋駅と同様に2番線は変形Y字線になっていて、その高田馬場寄りにシーサスポイントがある。このため同時発着比は50％になっている。またシーサスポイントは1、2番線から直線で下り線に合流している（中部ライン12巻23ページ）。

京王新宿駅

京王電鉄の新宿駅は頭端櫛形ホーム3面3線と京王新線と呼ばれる都営新宿線と直通する通り抜け式の島式ホーム1面2線がある。ここでは頭端櫛形ホームについて述べる。もともとは長さ17ｍの車両による6両編成が停まれる長さの櫛形ホーム5面4線だった。その後、7両編成が停車できる長さにするために4番線を閉鎖して3番線のホームを4番線と合流するポイント付近まで延ばし、3番線だけ7両編成が停まれるようにした。

さらにその後、輸送力増強で20ｍ車10両編成を走らせることになったが、新宿駅はそのままではその長さにホームを延伸することはできない。駅を出るとすぐにあったシーサスポイントをずらすことによって、ホームは60ｍの延伸が可能になる。しかしそれでも210ｍの長さのホームを確保できない。さらにシーサスポイントをずらすといっても駅を出るとすぐに右カーブしているから、シーサスポイントをそこに置くことはできない。

結局、シーサスポイントは初台寄りの直線区間まで340ｍもずらし、櫛形ホーム3面3線にして、さらに発着線をホーム内でS字状にカーブさせることで210ｍの長さを確保した。ずらしたシーサスポイントがある位置は25‰の勾配になっていたので、これを水平にした。こ

●京王新宿駅の同時発着競合

		番線		
	出発＼到着	1	2	3
番線	1	＼	×	○
	2	×	＼	○
	3	×	×	＼

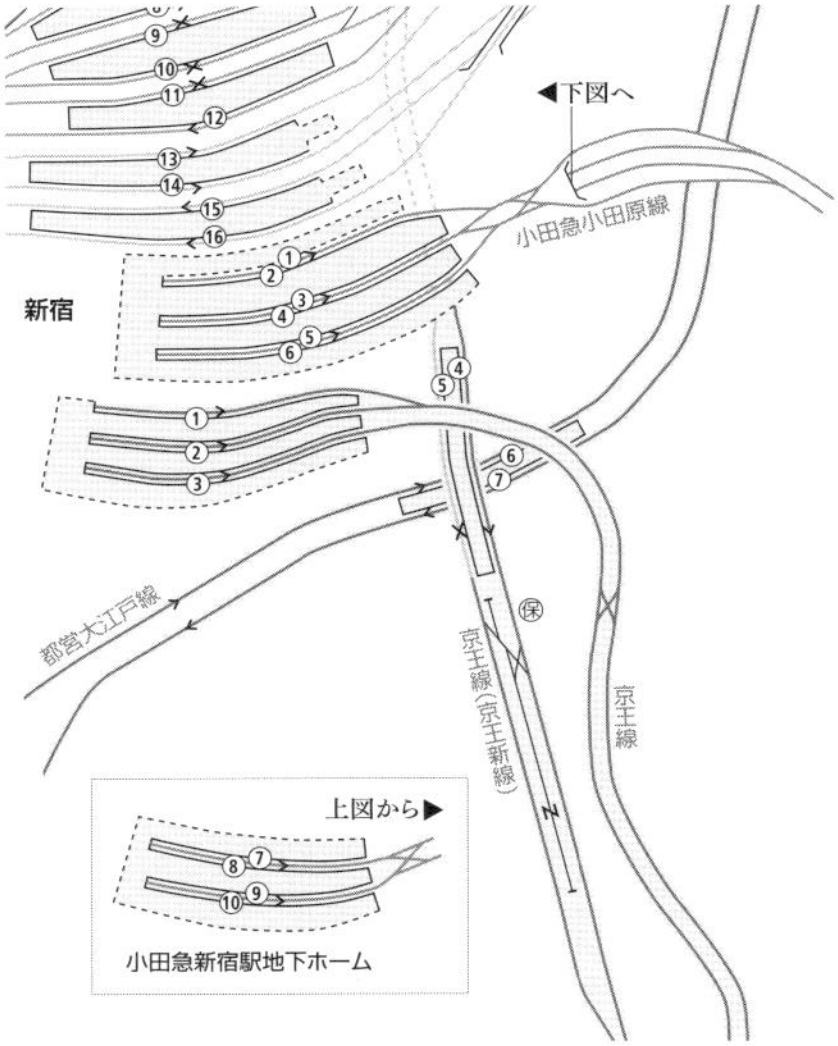

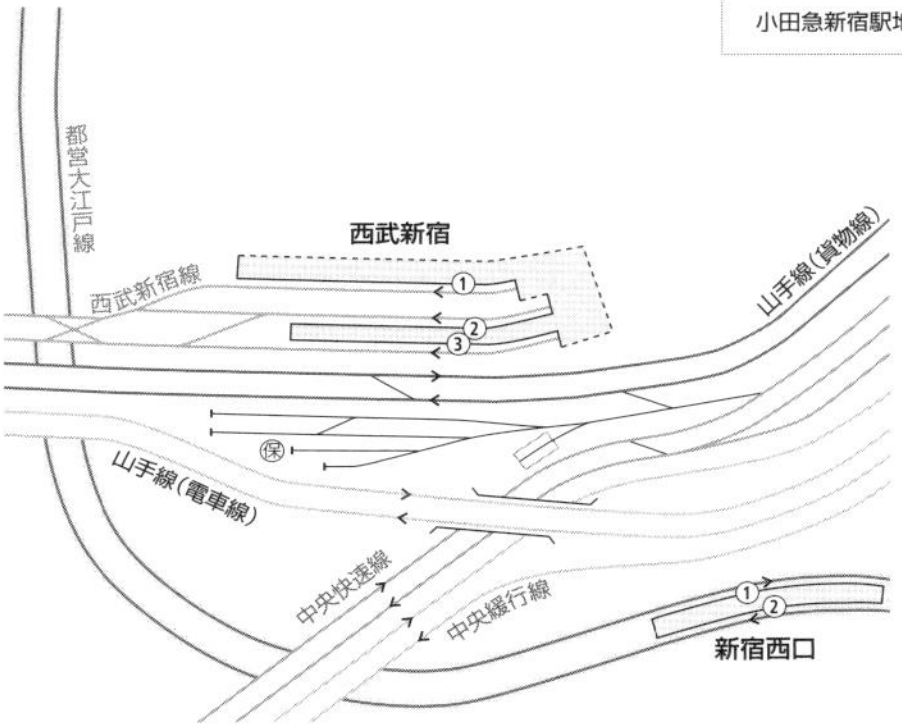

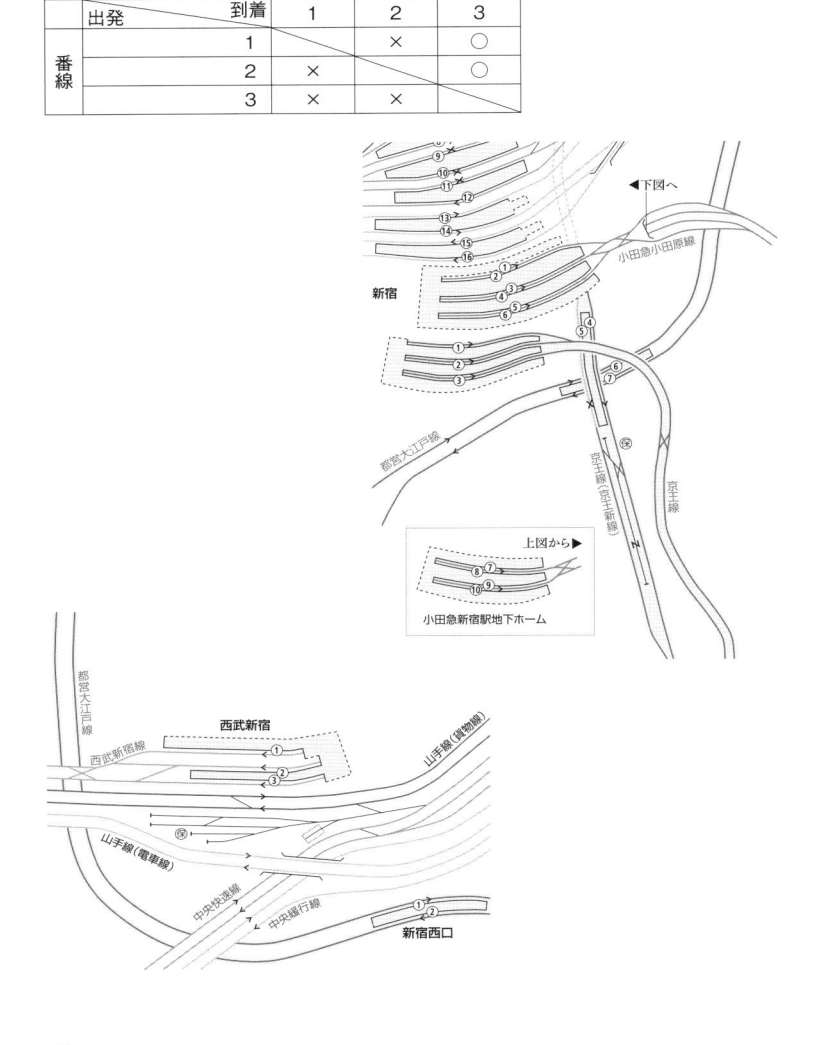

のため初台寄りにあった勾配25‰を33‰にする工事も行った。

シーサスポイントが結構離れたところにあるが、これで2分間隔の運転をするには、新宿駅での折返時間を3分以内にしなくてはならない。到着すると素早く折り返しているのはこのためである。

しかし、同時発着比は33%だから、少しでもダイヤが乱れるとシーサスポイントの手前で停車して、折返電車が新宿駅を出てすれ違うのを待つことになる。朝のラッシュ時に、新宿駅のずいぶん手前で信号待ちしているのをよく見かけるのはこのためである。

新線側に多くの列車を走らせると余裕ができて信号待ちの解消もできるが、新線新宿駅からJR線や丸ノ内線に乗り換えるには相当歩かなくてはならず不便である。新線新宿駅をJR線の直下に置けばよかったが、これはまず無理なので、現状で我慢するしかないのである（中部ライン1巻7ページ）。

小田急新宿駅

小田急新宿駅はJR線と京王線に挟まれた狭い空間にある。もともとは櫛形ホーム4面4線と貨物発着線や国鉄連絡線があったが、乗降客がどんどん増えていったために、地下に各停用の櫛形ホーム2面3線を設置（現在は3面2線）、地上は櫛形ホーム4面3線とした。

ホームの長さはいずれも17m車8両編成対応だった。その後、20m車10両編成にすることになって、三度目の大改造をした。

●小田急新宿駅の同時発着競合

	出発＼到着	1	2	3	4	5
番線	1		○	○	○	○
	2	×		○	○	○
	3	×	×		○	○
	4	○	○	○		○
	5	○	○	○	×	

地上ホームからの線路と地下ホームからの線路が合流して踏切を過ぎるとすぐに南新宿駅があった。この南新宿駅を小田原寄りに移設、地上ホームからの線路と地下ホームからの線路の合流は踏切を過ぎた先にしてホームを延伸した。それだけでは足りないので地上1番線の旧特急ホームの小田原寄りを撤去して京王線と同様に線路をカーブさせている。

地上の発着線は2番線をY字にしてその先にシーサスポイントを置いている。地下ホームはシーサスポイントだけという、地上ホームも地下ホームもポピュラーな配線だが、立体的になっているので同時発着比は80％にもなっている。

相鉄横浜駅

櫛形ホーム4面3線で1番線と2番線との間にシーサスポイントがあって、その先で3番線が上り線をシングルスリップクロッシングで横切ってから下り線に合流する。

これによって同時発着比は西武新宿駅などと同じ50％を維持している（東海道ライン2巻11ページ）。

近鉄名古屋駅

地下線の名鉄名古屋駅と高架のJR線に挟まれた地下に櫛形ホーム4面5線がある。1番線にくらべ5番線はずっと奥側に車止めがある。5番線は特急用である。駅を出ると右にカーブしてJR線の下をくぐって地上に出る。

1番線と2番線、3番線と4番線が合流し、その先で5番線がダブルスリップクロッシングで上り線を横切っている。このシングルスリップクロッシングを組み込んでシーサスポイントがある。

シーサスポイントの位置は右カーブする手前の直線部であり、その手前に渡り線を設置すれば同時発着比は高まるが、カーブしていて渡り線が設置できる長さにはなっておらず、設置はできない。このため同時発着比は30%と低い（東海道ライン5巻9、10ページ）。

名鉄岐阜駅

名鉄岐阜駅は本線と各務原《かかみがはら》線の2線が集まるが、各務原線は頭端島式ホーム1面2線になっている。本線のほうは頭端櫛形ホーム2面4線で、1、2番線の間と3、4番線の間にホームが置かれている（東海道ライン5巻、15ページ）。

駅の手前でJR線をくぐるが、ここが単線になっている。このため同時発着比は0%、すなわち同時発着は不可能である。

●近鉄名古屋駅の同時発着競合

	出発＼到着	1	2	3	4	5
		番線				
番線	1		×	○	○	○
	2	×		○	○	○
	3	×	×		×	×
	4	×	×	×		×
	5	×	×	×	×	

近鉄名古屋駅にはホーム側に渡り線を追加するスペースはない

JR線をくぐる区間は単線になっている名鉄岐阜駅

ほとんどが新幹線の真下にある近鉄京都駅

近鉄京都駅のシーサスポイントは半径171mの急カーブ上に設置されているため、渡り線もカーブしている特殊なシーサスポイントになっている

近鉄京都駅

近鉄京都駅の大半は新幹線の直下にある。いったん北西に進んでから大きく左カーブして再び新幹線をくぐって南下する。ホームは車止め側は直線だが大和西大寺寄りは右にカーブしている。

櫛形ホーム4面4線で、2番線をY字にしてその先にシーサスポイントを置いている。このシーサスポイントは曲線半径171mという急カーブ上にある特殊シーサスポイントである。同時発着比は50%である（京阪神スペシャル7ページ）。

阪急河原町駅

四条通の地下に駅があるため幅が狭く、島式ホームしか設置ができない。

●阪急河原町駅の同時発着競合

	出発＼到着	番線 1	番線 2	番線 3
番線	1		×	×
	2	×		×
	3	○	○	

●京阪淀屋橋駅の同時発着競合

	出発＼到着	番線 ①	番線 ②	番線 ③	番線 ④
番線	①		×	×	×
	②	○		×	○
	③	○	×		○
	④	×	×	×	

●京阪中之島駅の同時発着競合

	出発＼到着	番線 1	番線 2	番線 3
番線	1		○	○
	2	×		×
	3	×	○	

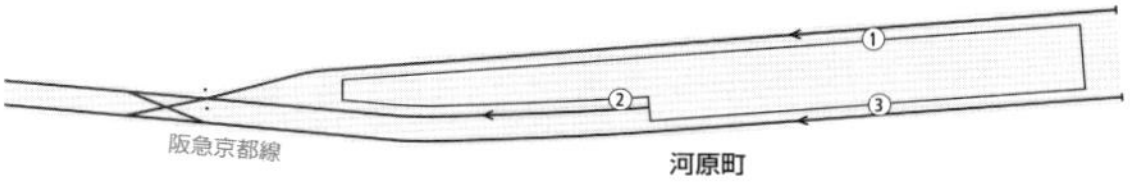

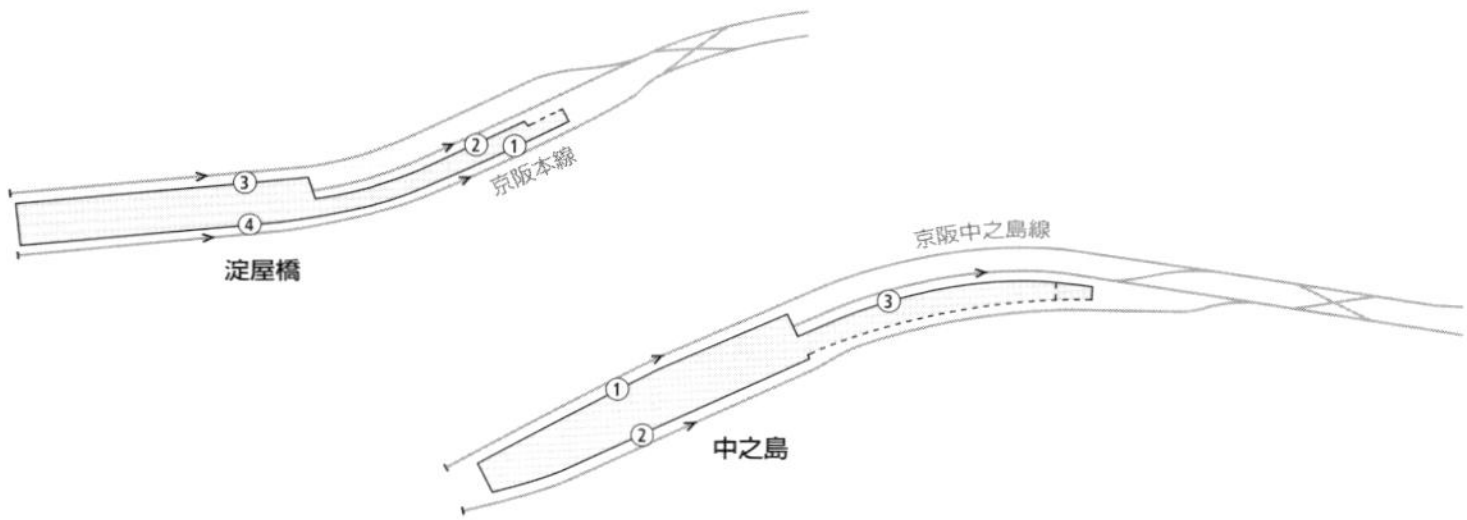

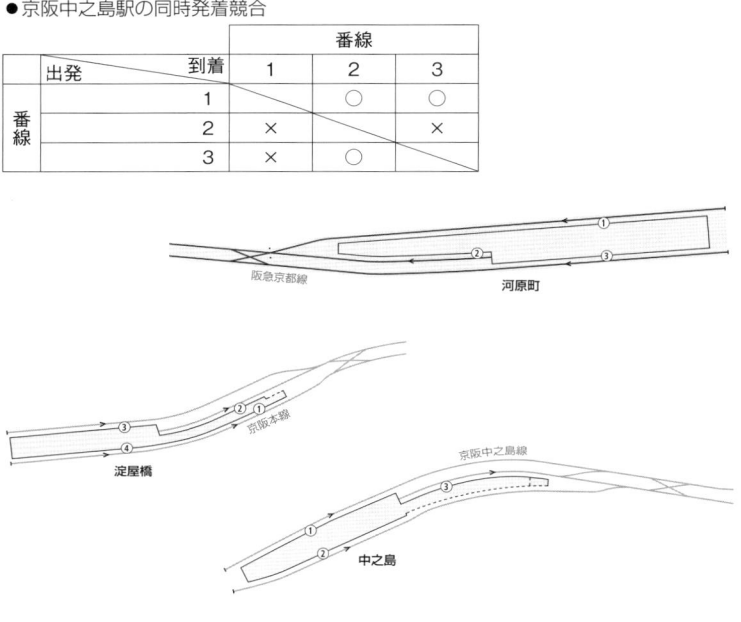

これを細長くして切り欠きホーム1線を増加した1面3線になっている。

シーサスポイントにはダブルスリップクロッシングで1号線と2号線を振り分けている。同時発着比は33％である（京阪神スペシャル11ページ）。

京阪淀屋橋駅

阪急河原町駅と同様に切り欠きホーム1面3線の駅だが、1番線は①番発着線と④番発着線があって直列停車しており、発着線は4線になっている。①番発着線に停車していれば当然④番発着線の電車は発車できない。それでも同時発着比は33％になっている。

なお①番発着線は特急用になっており、特急の到着時の停止位置と発車時の停止位置はずれている。到着してすべての客が降車後、扉を閉めて乗車位置まで前進して乗せるのだ。整列乗車の列を乱さないようにするためである。さらに先発の特急が発車してすぐに次発の特急が入線するようにして、特急利用客をホームで待たさず、車内で待ってもらうようにしている。これらはもう50年以上も行っている京阪名物である（京阪神スペシャル49ページ）。

京阪中之島駅

京阪中之島駅も切り欠きホーム1面3線だが、淀屋橋駅と違って直列停車はしておらず、さらにシーサスポイントの内方に渡り線を設置して交差支障を少なくしている。このため同時発着比は50％になっている（京阪神スペシャル48ページ）。

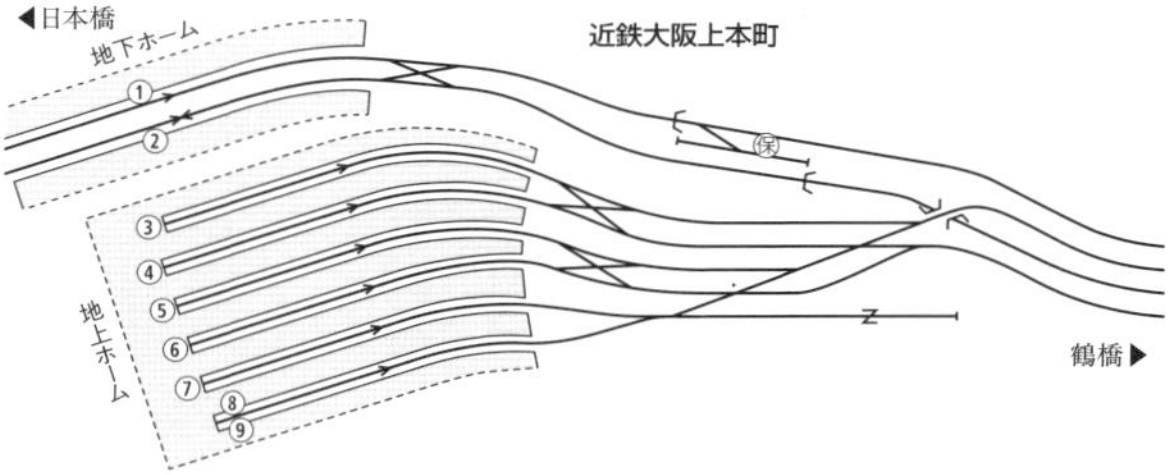

近鉄大阪上本町

大阪上本町《うえほんまち》―布施《ふせ》間は大阪線と奈良線とで方向別複々線になっている。奈良線は地下に潜って相対式ホームに滑り込む。この先大阪難波駅までの難波線に直通するために全列車は通り抜けていく。しかし、異常時には大阪上本町駅で折り返しができるように鶴橋寄りにシーサスポイントがある。

地上ホームは大阪線の発着線で櫛形ホーム7面6線となっている。乗降分離がなされているが、一番南側のホームは降車ホームだけでなく特急乗車用の⑨番ホームにしている。このため8番線と同じ線路である。なお、地下の相対式ホームの下り線が1番線で地上ホームは3番線から始まっている。

3、4番線と5、6番線にそれぞれシーサスポイントがあって、その先で7、8番線が合流して6番線とシングルスリップクロッシングで交差して5番線と合流する。その先では少し複々線になってから合流する形になっている。このため同時発着比は47%になっている（東海道ライン9

上本町(1939～1955)

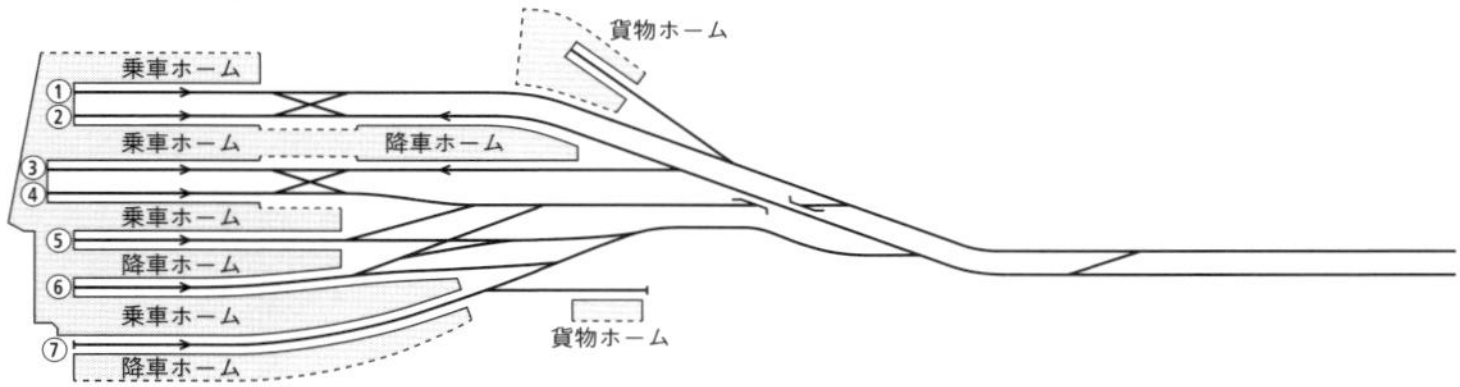

1939～1956年の上本町駅。1926年の移設当初は１～４番線だけだった。1930年に5、６番線を増設、1933年に６番線を６両対応できるように片面ホームを延伸、６両編成は鶴橋寄りの渡り線、４両編成は立体交差線を通っていた。そして1939年に６両対応の７番線を新設した。

巻24ページ)。

１９６１年に上本町―布施間で奈良線と大阪線が分離されるが、それまでは複線の奈良線に大阪線の電車が乗り入れていた。当初は島式の降車ホーム1面を設置して、その先に乗車用の複線櫛形ホーム3面4線を設置していた。乗車用ホームの3、4番線からは1、2番線への到着線と立体交差する発車線を設置していた。

乗車ホームでの同時発着比は83％にもなっていた。しかも降車ホームがあるために乗車ホームが一杯でも到着電車は信号待ちをせずに降車ホームに入線して客を降ろすことができるという非常に優れた配線だった。

しかし、今の大阪線が伊勢方面に徐々に延びていくと、発着線が足りなくなって、単線櫛形ホームを設置して降車ホームを通らずにすむ5、6番線を増設した。その後、6両編成が停まれる長さにするために鶴橋寄りに渡り線を設置した。

6両対応の発着線がすぐに足りなくなったので、さらに7番線を増設した。6番線は4両編成のときは立体交

●近鉄大阪上本町駅大阪線の同時発着競合

現在

出発＼到着（番線）	3	4	5	6	7	8
3		○	○	○	○	○
4	×		○	○	○	○
5	×	×		○	○	○
6	×	×	×		○	○
7	×	×	×	×		×
8	×	×	×	×	×	

近鉄上本町移設当初

出発＼到着（番線）	1	2	3	4
1		○	○	○
2	×		○	○
3	○	○		×
4	○	○	○	

近鉄大阪線複々線化前

出発＼到着（番線）	1	2	3	4	5	6	7
1		○	○	○	○	○	○
2	×		○	○	○	○	○
3	○	○		×	○	○	○
4	○	○	○		○	○	○
5	○	○	○	○		○	○
6	△□	△□	△□	△□	△		△
7	□	□	□	□	×	×	

△は４両のみ可　□は降車ホーム停車時

差がある出発線を通るが6両編成のときは鶴橋寄りにある渡り線を通る。4両編成が通るルートでは交差支障がない（△印）。また、1〜4番線に入線時に10番の入出場線と本線とのポイントよりも頭端側に電車が入っている場合に6、7番線から出発できる（□印）。

△印と□印の条件が揃えば同時出発比は89%にもなるが、条件がすべて揃わなかった場合は82%に下がる。

なお、淀屋橋駅に乗

り入れる前の地上線時代の京阪天満橋《てんまばし》駅も櫛形ホームの京都寄りに降車ホームがあった。これによって発着線不足にあまりならなかった。

南海難波駅

南海難波駅は高野線用と南海線用の発着線がそれぞれ4線ある櫛形ホーム9面8線となっている。南海線は同時発着競合表の半分がすべて◯になって同時発着比が50%になるような配線をしているが、高野線は1番線が極楽橋寄りにあるために、南海線のように内方にシーサスポイントを設置できず、同時発着比は42%になっている（東海道ライン10巻10ページ）。

近鉄大阪阿部野橋駅

近鉄大阪阿部野橋駅は櫛形ホーム6面5線になっている。橿原《かしはら》神宮前寄りから見ると複線を二つに分けて4線にし、それぞれの複線にシーサスポイントを組み込み、さらに片方にもう1回分岐して1番線を付け加えた形になっている。これによって同時発着比は45%になっている。

近鉄大阪上本町駅と同様に一番南側のホームは特急用の⑥番ホームになっており、一般電車乗車用の⑤番ホームと線路は共用である（東海道ライン10巻9ページ）。

阪神梅田駅

現在の阪神梅田駅は一見わかりにくいが、同時発着比は50%と南海難波駅南海線と同じにな

●南海難波駅高野線の同時発着競合

	出発＼到着	1	2	3	4
番線	1		×	○	○
	2	×		○	○
	3	×	×		○
	4	×	×	×	

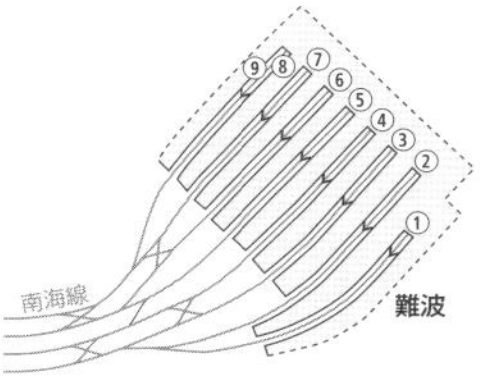

●近鉄大阪阿部野橋駅の同時発着競合

	出発＼到着	1	2	3	4	5
番線	1		×	○	○	○
	2	×		○	○	○
	3	×	×		○	○
	4	×	×	×		○
	5	×	×	×	×	

近鉄大阪阿部野橋駅は複線から複々線になってそれぞれにシーサスポイントがある配線になっている

っている（京阪神スペシャル48、49ページ）。今のわかりにくい配線になったのは次の福島駅の先まで地下化したときからで、以前は図のように完全なシンメトリーの配線をしていた。

現在の配線は将来の10両編成に備えて0番線を北側に設置するのに合わせて変更したものである。しかし、10両編成は必要ないということで、手狭になったホームを広げるために予定の

●阪神梅田駅の変遷

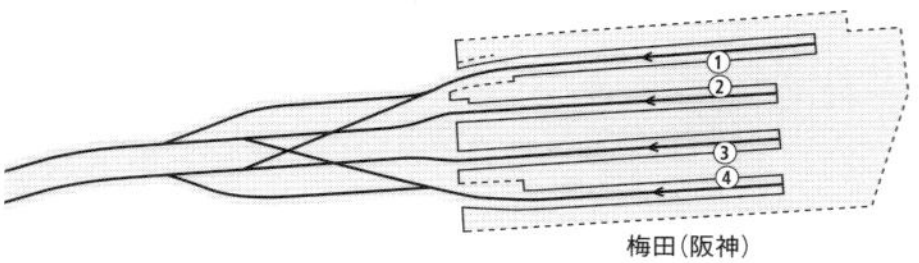

1993年までの阪神梅田駅はわかりやすいシンメトリーの配線だった

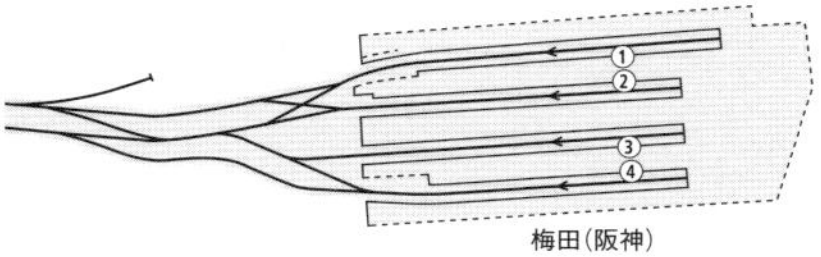

現在の阪神梅田駅がわかりにくい配線になっているのは10両編成対応の0番線を設置する予定だったためである

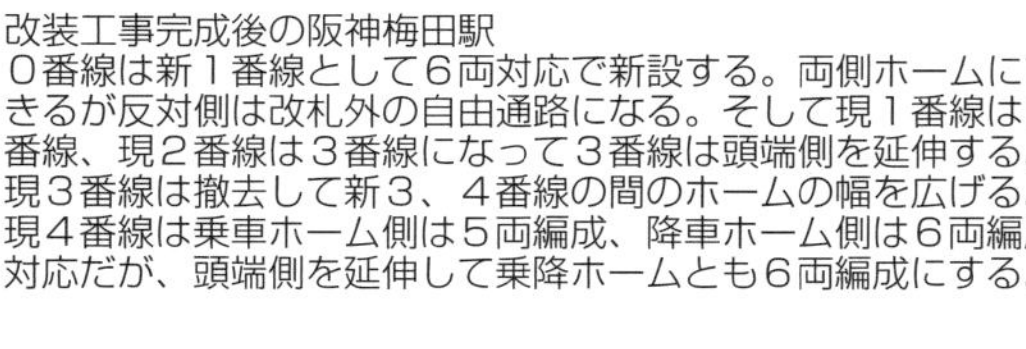

改装工事完成後の阪神梅田駅
0番線は新１番線として６両対応で新設する。両側ホームにできるが反対側は改札外の自由通路になる。そして現１番線は２番線、現２番線は３番線になって３番線は頭端側を延伸する。現３番線は撤去して新３、４番線の間のホームの幅を広げる。現４番線は乗車ホーム側は５両編成、降車ホーム側は６両編成対応だが、頭端側を延伸して乗降ホームとも６両編成にする。

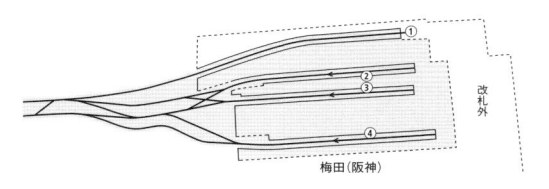

横取線（保守用側線）がまっすぐに延び、本線が右にカーブしている阪神梅田駅。この横取線が新１番線になる。線路の上は旧専門大店の全国土産物屋、通称アリバイ商店街があった地下通路にあたる

0番線を1番線に変更、そして現3番線を撤去して現2番線と4番線との間のホームを広げることにした。この配線になっても同時発着比は50%である。

阪急梅田駅

阪急梅田駅は乗降分離の櫛形ホーム10面9線もあり、頭端行止式の駅では日本一規模が大きい。しかし、乗り入れている路線は神戸線、宝塚線、京都線の3路線であり、1路線の発着線は3線となっているように、1路線だけ見れば小規模といえる。

また、神戸線から京都線への転線といったことはできず、神戸三宮駅から京都・河原町駅への直通

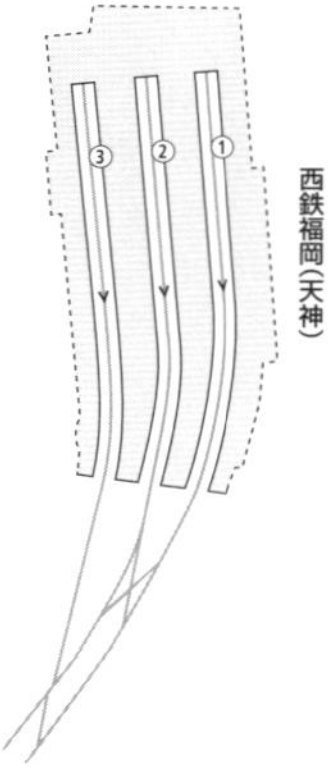

●阪急梅田駅京都線の同時発着競合

	出発＼到着	1	2	3
番線	1		×	×
	2	○		×
	3	○	○	

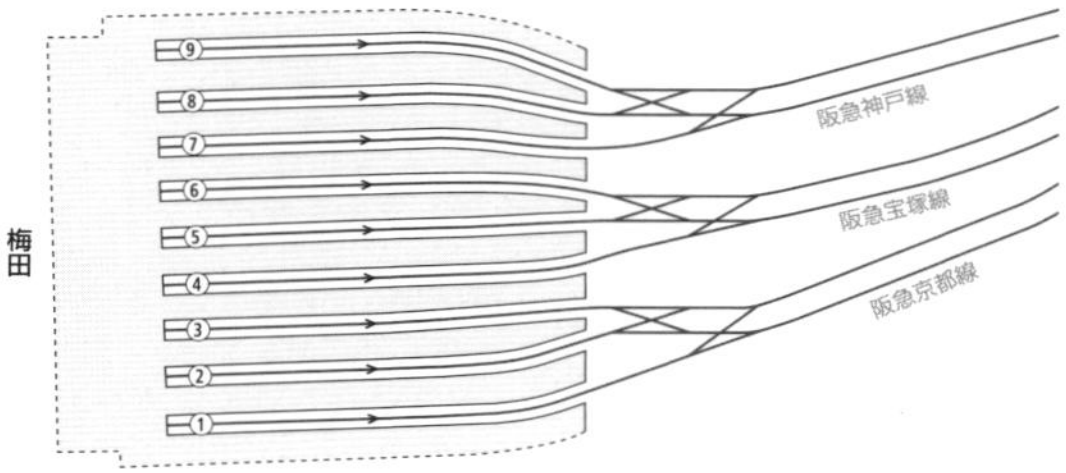

電車を梅田駅経由で走らせることはできない。

梅田―十三《じゅうそう》間は神戸、宝塚、京都の拡幅線が並ぶ3複線になっている。ほぼ毎時10分毎に神戸線特急、宝塚線急行、京都線特急が同時発車するが、微妙にずれてずっと先頭車両同士が並んで走ることはまずない。一説によると梅田駅を出て左カーブしており、インコースになる神戸線特急が一番速く、アウトコースになる京都線特急が一番遅いというが、まったく逆のこともあるので、結局は車掌のドア閉めや運転士のノッチ投入のタイミングの違いで、毎回どの電車が先頭になるかが決まるといえる。

各線ともシーサスポイントとシングルスリップクロッシングを組み合わせ

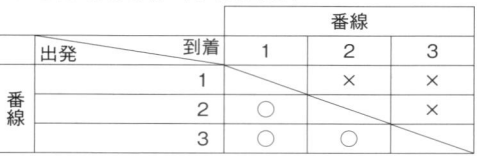

西鉄福岡（天神）駅は渡り線の内方にシーサスポイントがある

て、同時発着比は50％となっている（京阪神スペシャル46ページ）。

西鉄福岡（天神）駅

櫛形ホーム4面3線で、阪急梅田駅のシングルスリップクロッシングを通常の分岐ポイントと渡り線に分けた配線になっている。同時発着比は50％である（四国・九州ライン4巻10ページ）。

第二章　単線路線の行違駅

なぜ「交換駅」というのか

単線路線で上下列車がすれ違うためには、行違設備を設けた駅や信号場が必要である。もっとも1列車しか走っていない路線ではすれ違うことがないから不要だ。行違駅は交換駅とよくいわれる。列車を交換するわけではないのに、なぜ交換駅というかというと、通票というものをすれ違う列車同士でやり取り、すなわち交換するからである。

通票を交換する信号方式はタブレット閉塞とスタフ閉塞、票券閉塞の3種がある。いずれも指定された区間には一つの通票しか存在しておらず、その通票を持っている列車だけが走ることができ、持っていなければ走ることができないようにして、正面衝突を避けている。

通常の通票は穴が開いた金属の円盤が用いられる。その穴の形状は○、□、△、楕円形の4種が基本である。

スタフ閉塞では通票は常に1枚だけしかなく、たとえばA、Bの二つの交換駅があって、A駅からB駅に到着して通票を駅長や助役等が受け取って対向の列車に渡す。対向列車はこれを持ってA駅に向かい、ここでもB駅行の列車に渡すということを行って衝突を避ける。つまり1枚しかない通票が行ったり来たりするのである。

しかし、これだとA駅からB駅に2列車以上を連続して走らせる（これを続行運転という）ことはできない。それを解消したのがタブレット閉塞である。

タブレット閉塞では行違駅の両端に同じ通票を何枚も収納する通票閉塞器が置かれ、列車に

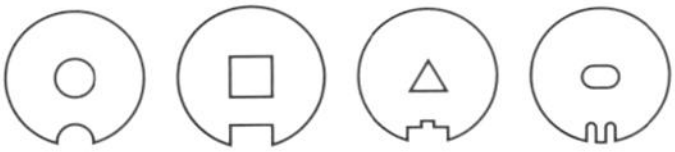

第１種　第２種　第３種　第４種

隣接する閉塞区間の通票の種類は、
異種類のものを備える。

通票の穴の形状

由利高原鉄道前郷駅で通票を交換する駅長と運転士

津軽鉄道の金木駅にある通票閉塞器（赤い箱状のもの）。上に通票を載せている

スタフ閉塞でも通常の通票を使うことが多いが、もともとは写真のような金棒を使っていた。津軽鉄道金木駅では今でも使用されている金棒のスタフの受け渡しをする

積んでいた通票を収納すると、別の駅の通票閉塞器から新たな通票を取り出すことができる。つまり、Ａ駅からＢ駅に向かう列車に積んでいた通票をＢ駅の通票閉塞器に収納すると、Ａ駅で新たな通票を取り出すことができて続行運転が可能になる。

通票閉塞器は両駅間で回路的に通信しながら発行収納を行うために、結構複雑な操作が必要である。

もっと簡単に続行運転ができるようにしたのが票券閉塞である。先行列車に票券、後続列車に通票を持たせ、この二つがＢ駅に収納されないと対向列車を走らせることができない。続行がない場合は通票と票券を１列車に積み込む。

通票は正確な用語としてはタブレット閉塞の場合はタブレット、スタフ閉塞の場合はスタフと呼ぶが、紛らわしいので本書では通票に統一する。この通票は太い針金などの輪がついた革などで作られた小袋に収納して受け渡しをする。

通票を交換するから「交換駅」というのだが、現在のほとんどの行違駅では自動閉塞になっており、通票の交換は行われていない。こういうことから本書では行違駅としている。また、駅でもないところにポイントなどがあって閉塞区間が変わるところを（行違用）信号場という。

行違駅の配線はいろいろある

駅の両端に両開きポイントがあって、その間が複線になっている駅や信号場が一番簡単な行違駅の配線である。大半はこれに安全側線が設置され、ホームは島式か相対式になっている（山陽・山陰ライン６巻21ページ仁方駅、同４巻21ページ矢掛駅）。また、多くは元貨物側線を流用して保守用横取線などが付随している（山陽・山陰ライン６巻26ページ中三田駅）。

両開きポイントでは駅の進入時や進出時にポイントのところで速度が制限される。かつての機関車列車では加速が悪く両開きポイントを通過する速度が遅いため出発時はあまり問題なかったが、停車するときは客車のブレーキも使うのでポイント通過時の速度は速かった。そこで

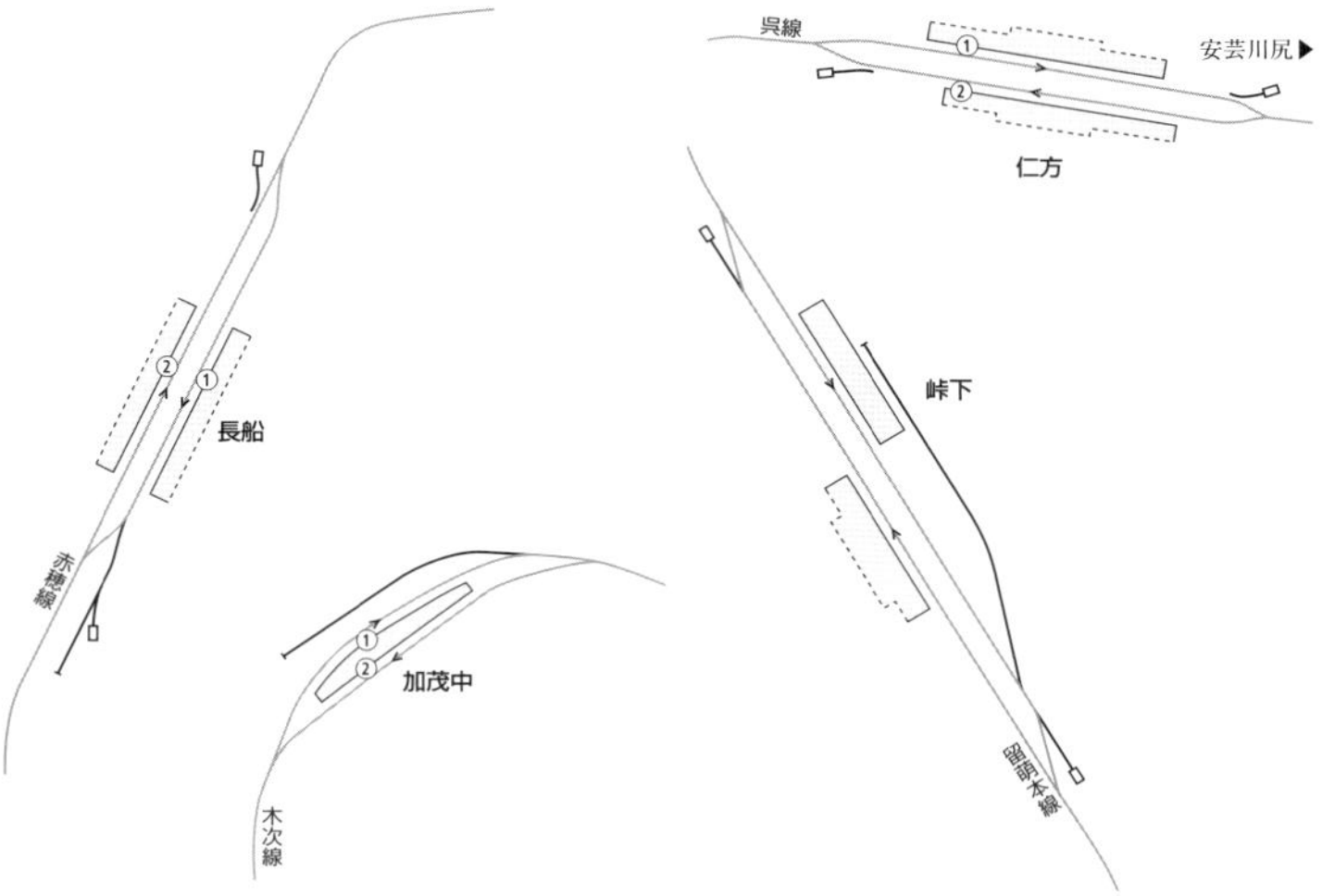

留萌本線峠下駅のように進入時に直線になるようにした片開きポイントを置く方式が採用された（北海道ライン3巻52ページ）。

しかし、実際には片側が両開き、もう片側が片開きになっていたり、赤穂線《あこう》長船駅《おさふね》（山陽・山陰ライン3巻12ページ）のように2番線側が直線になっている駅がある。地形の関係で駅自体がカーブしていてもポイントだけ見ると片開きになっている駅もある（山陽・山陰ライン6巻33ページ加茂中駅）。

ホームに関しては相対式か島式が定番だが、相対式ホームでも斜《はす》向かいにしているところがある。これはタブレット閉塞などで上下列車の先頭機関車が向かい合うようにすれば簡単に通票を交換できるからである。

向かい合わせになった相対式ホームだと、上下列車の先頭機関車は1列車分離れている。受け取った通票を構内踏切を渡って1列

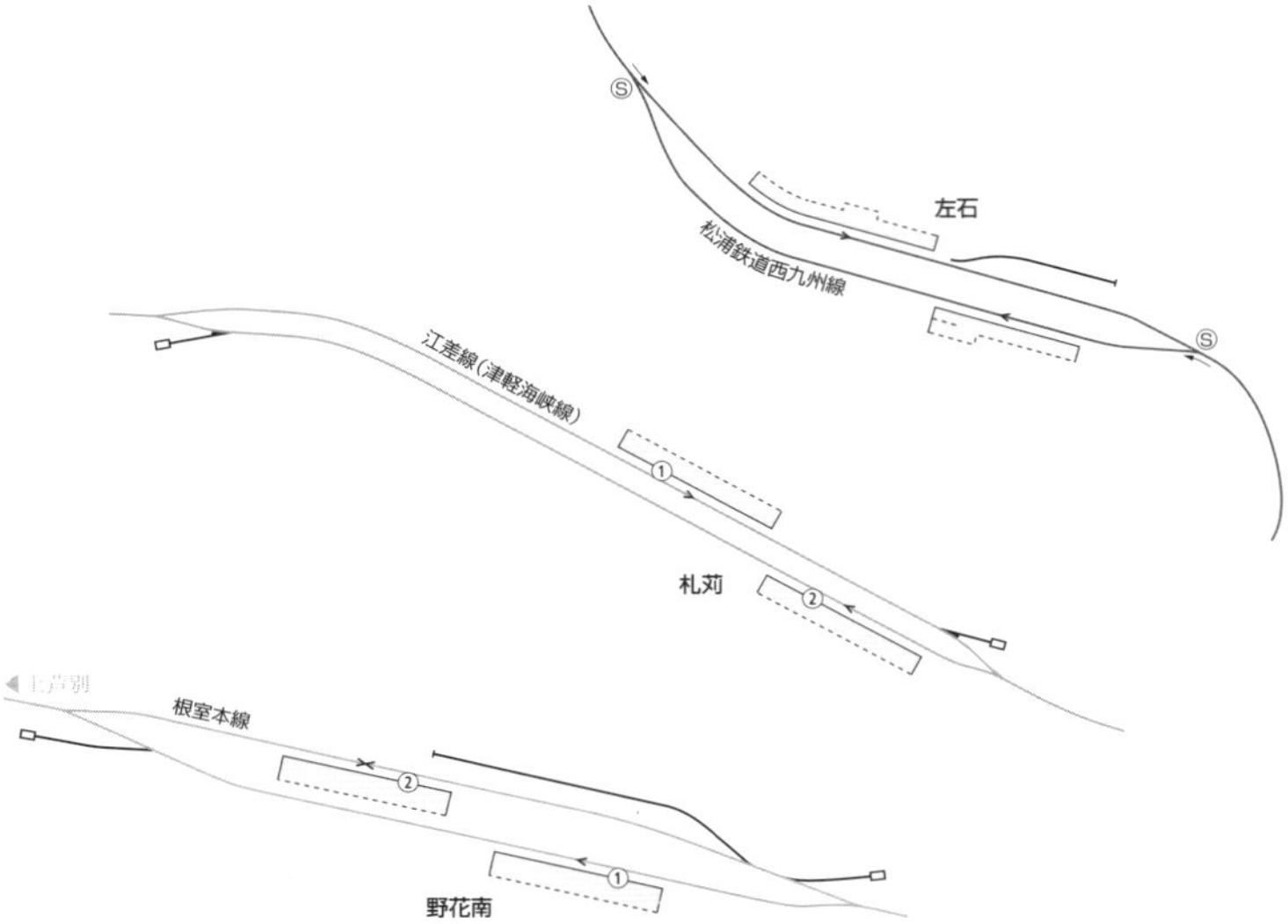

車分の長さを歩いて対向列車の機関士に渡し、対向列車からここまでの通票を受け取る。そして再び、構内踏切を渡り1列車分を歩いて当初に受け取った列車の機関士に新たな通票を渡すことになる。

これでは時間がかかり、助役はくたびれてしまう。しかし、斜向かいになっている相対式ホームはそれほどない。行違線が長くなり、駅の用地も広大になるからである（四国・九州ライン5巻29ページ左石駅）。このため土地が広い北海道に多い（北海道ライン1巻14ページ札苅駅）。

その北海道の根室本線に多いのが、上下行違線の間にたとえば下り線の片面ホームがあり、そして線路の外側に上り線のホームが斜向かいで設置されている駅である（北海道ライン3巻22ページ野花《のか》南駅《なん》)。こうすることによって通票の交換時の線路横断をすることがなくなるのである。

1線スルー駅

単線区間の駅をたとえば特急が通過するとき、両開きポイントでは速度を落とす必要がある。これを何駅も繰り返していけば所要時間が延びてしまう。

そこで考えられたのが1線スルー構造の配線である。行違線の片方の線路をまっすぐにして特急列車は速度を落とすことなしに駅を通過できる。長崎本線の長里駅（四国・九州ライン5巻22ページ）のように両端を片開きポイントにするのが基本である。

直線になっているスルー線と対向の普通が停車する待避線があり、特急は速度を落とさないですむだけでなく、スルー線も待避線も両方向に進行が可能なので特急が普通を追い越すこともできる。

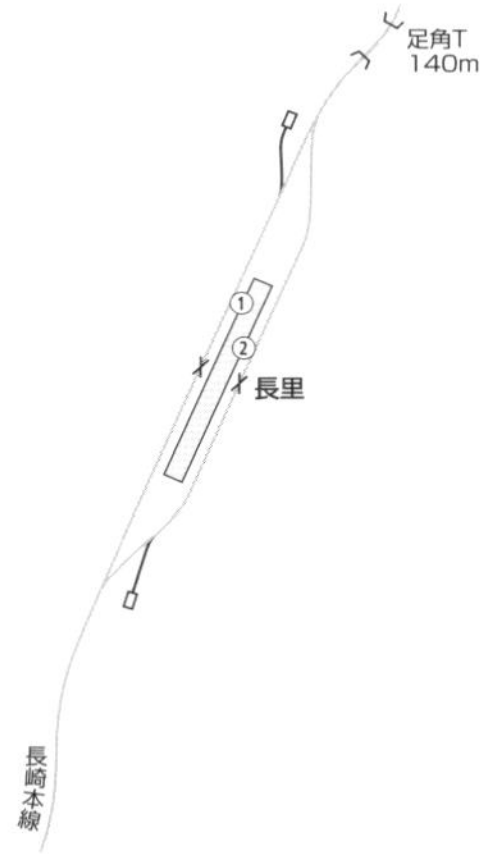

しかし、両開きポイントの駅が多く、ここを完全直線の1線スルー駅にするのは、本線線路も大きく移動させる必要があって簡単ではない。そこで本線線路を緩いカーブでスルー線にして、その途中で待避線が分かれる方式で1線スルー駅にした駅が多い（四国・九州ライン2巻27ページ伊予中山駅）。

当初から1線スルー駅にして高速通過ができ、かつ追い越しも上下線とも同時にできる駅として長崎本線現川《うつつがわ》駅がある。スルー線を中央に置き、両側に上下の待避線を並べた配置である（四国・九州ライン5巻42ページ）。

ＪＲ形配線の雑学

単線区間であっても複線区間であってもＪＲで一番多いのが、片面ホームと島式ホームの2面3線の線路配置であるＪＲ形配線の駅である。多くは片面ホーム側に駅本屋がある1番線の本線、そして島式ホームの片面ホーム側の2番線が両方に出発できる中線《なかせん》、そして一番外側の線路が1番線とは反対方向の本線となっている（山陽・山陰ライン3巻13ページ吉永駅）。

吉永駅のように下り本線は外側に緩く広がり、中線は両端で上下本線からY字で分岐する。吉永駅ではきれいなY字になっているが、常磐線大津港駅（東北ライン2巻26ページ）のようにきれいなY字になっていない駅も多い。また、函館本線国縫《くんぬい》駅のように2番線が下り本線、3番線が上り1番副本線（上1線）となって中線と同じ役目をするような配線の駅もある（北海道ライン1巻36ページ）。単線では上下線に分かれてからY字線で中線へ入るようにしている駅は少ない。単線だから片方の本線から分岐しても問題がないからである。

機関車列車時代にＪＲ形配線の駅での折り返しをする場合でも本線を機回線代わりにして機関車の付け換えもできる。今でも釧網本線標茶《しべちゃ》駅（北海道ライン3巻85ページ）で「ＳＬ冬の湿原」号の機関車Ｃ11 171号機が3番線を機回線として機回りをしている。

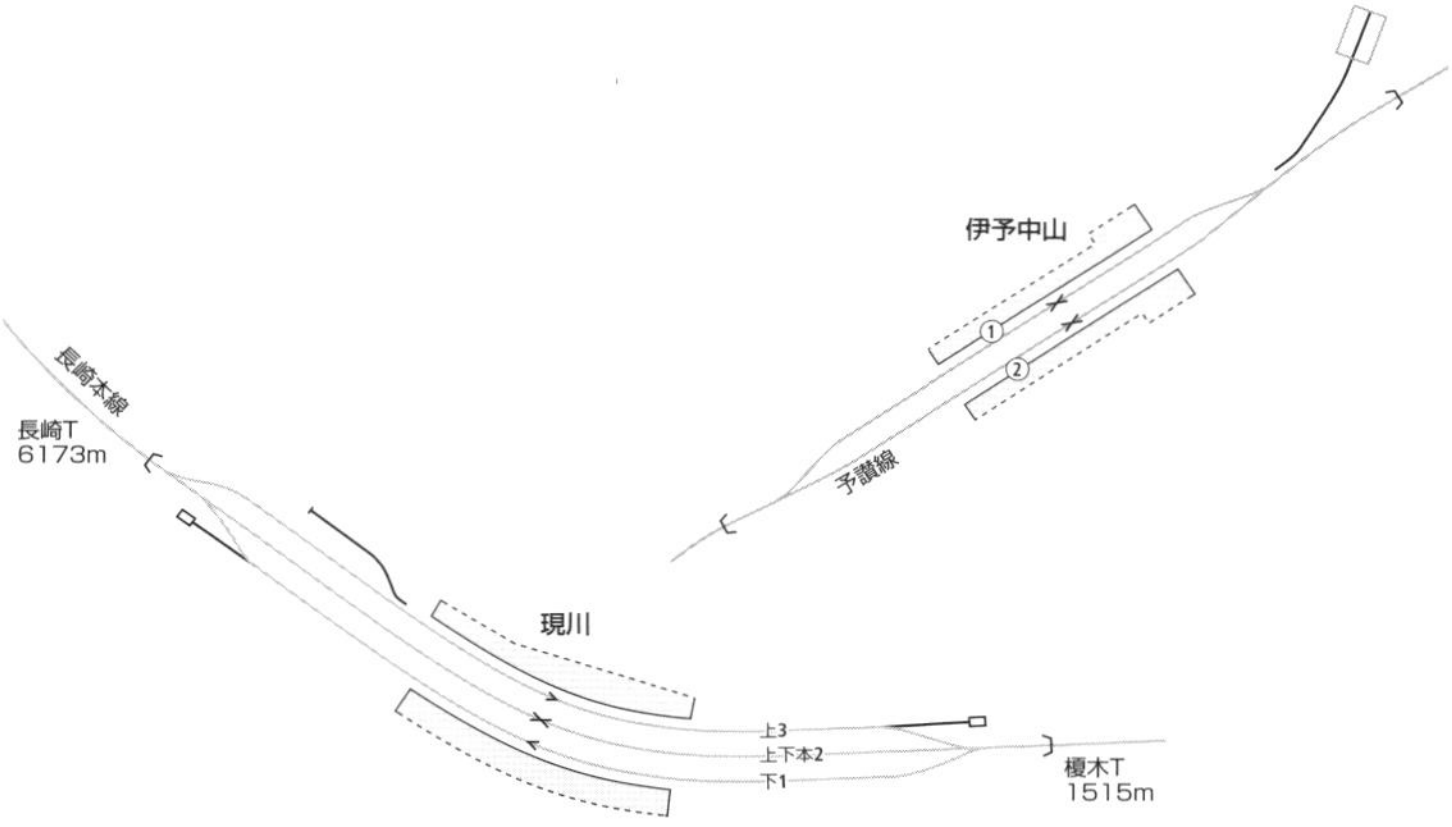

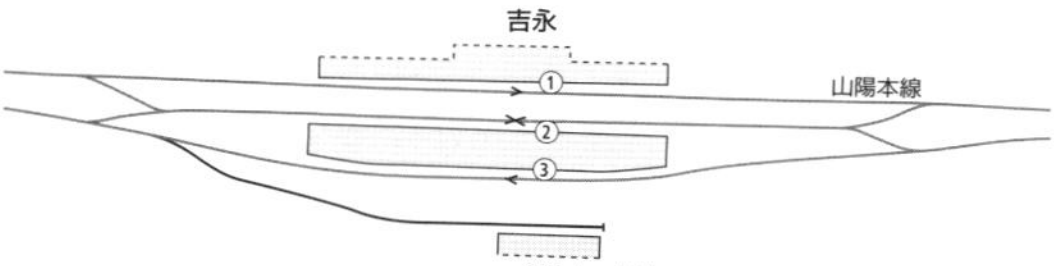

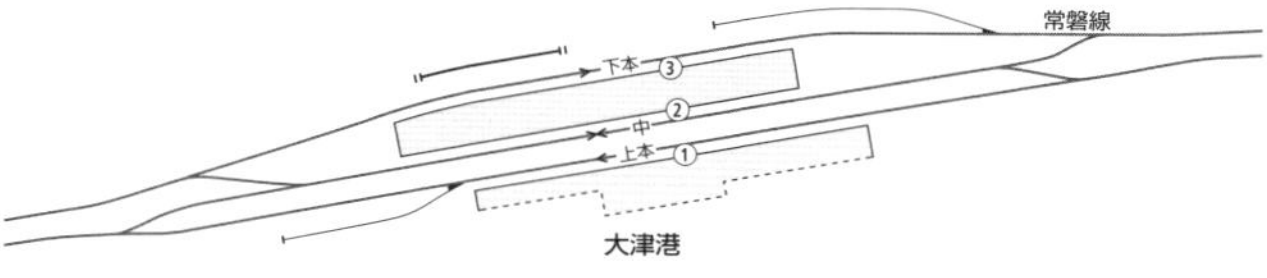

標茶駅で通常使われていない上１線で機回りをするC11 171号

ＪＲ形配線の欠点は上下線で同時に待避できないこと、待避列車があると折り返しができないこと。そして追越列車が停車して同じホームで普通に乗り換える、いわゆる緩急接続は片側でしかできないことがあげられる。

横浜線で快速の運転が開始されたとき上下快速ともＪＲ形配線の中山駅（中部ライン2巻26ページ）で普通を追い越していた。上り電車では同じホームで乗り換えができるが、下りでは違うホームなので跨線橋を通るという面倒さだった。これが不評だったので、現在は下りの緩急接続は島式ホーム２面４線の町田駅で行っている。

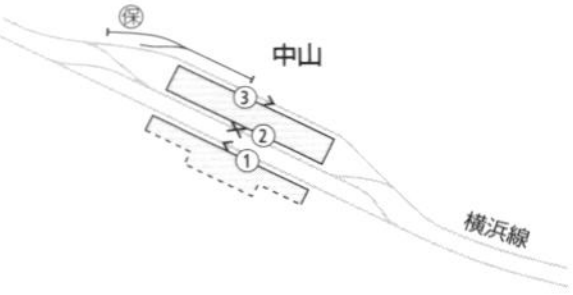

ＪＲ形配線の欠点を修正

明治期から開設された駅の多くはＪＲ形配線になっていた。しかし、特急や急行の運転本数が増えるにつれて、上下線で同時に追い越さなければうまくダイヤが維持できない事態に陥るようになった。

とくに新幹線ができる前の東海道本線では顕著になってきた。そこで２面３線のＪＲ形配線を２面４線に改造する駅が出てきた。

片面ホームの反対側に線路を敷いて島式ホームとした島式ホーム２面４線にするか、島式ホームの外側にさらに通過線を敷いて片面ホームと島式ホーム各1面とした4線にするかの方法がとられた。

東海道本線の三島駅以西で、前者は富士、刈谷、後者は原、蒲原《かんばら》、用宗《もちむね》、藤枝、島田、菊川、新居町駅等々である。また安城駅のように片面ホーム2面、島式ホーム1面による4線の駅もある（東海道ライン3巻12、19～22、27ページ、同4巻13、14ページ）。

東海道新幹線開業後は三島—名古屋間で昼行の特急電車の運転がなくなったものの、貨物列車の上下同時待避ができるとして、そのままこの配線は維持された。しかも、貨物列車が1000t牽引から1300t牽引となったので各待避線の延伸を行った。このため、線形を改良したこともあって、昭和30年代中期に行ったJR形配線から2面4線化した配線よりもスマートになってしまって当時の面影はあまりなくなっている。

JR形配線の2面4線化は山陽本線や鹿児島本線、東北本線、高崎線の多くの駅でも行われ

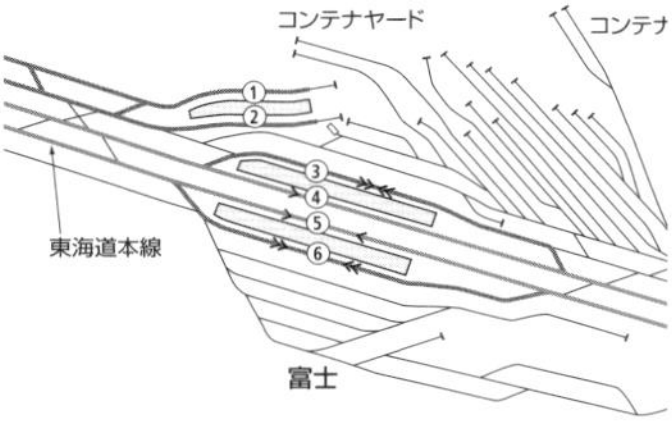

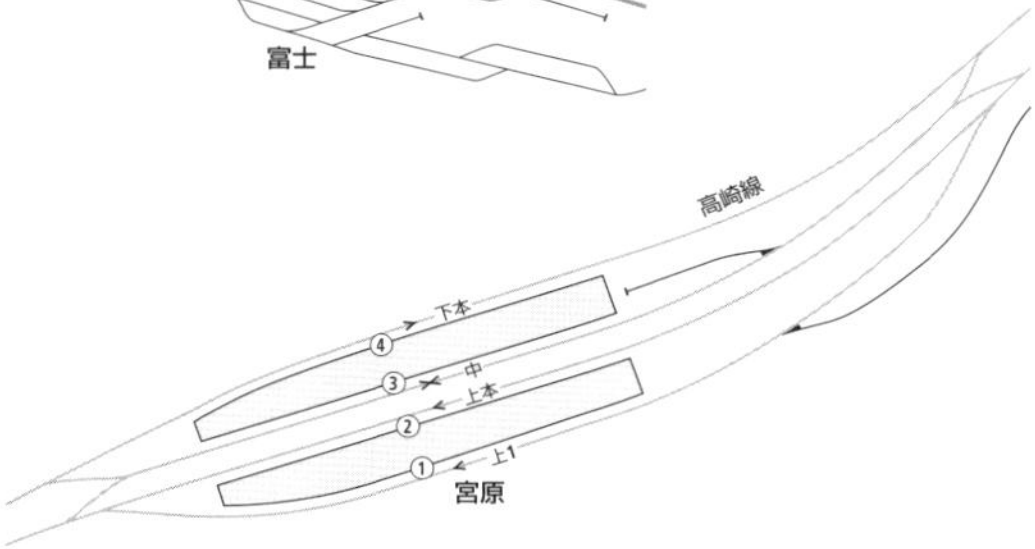

た。片面ホームを島式ホーム化した当時のままで残っている駅は高崎線の駅に多い（首都近郊スペシャル37ページ宮原駅）。通過線を加えた駅としては東北本線鹿島台駅（東北ライン7巻10ページ）がある。

東海道本線は主として普通列車が待避することが多かったが、他の幹線では貨物列車の待避が多かった。そこでホームに面していない中線を貨物待避用にしている駅もある。たとえば山陽本線西高屋駅（山陽・山陰ライン6巻13ページ）である。また、東海道本線高塚駅（東海道ライン3巻23ページ）のようにJR形配線にさらにホームに面していない貨物待避用の中線を

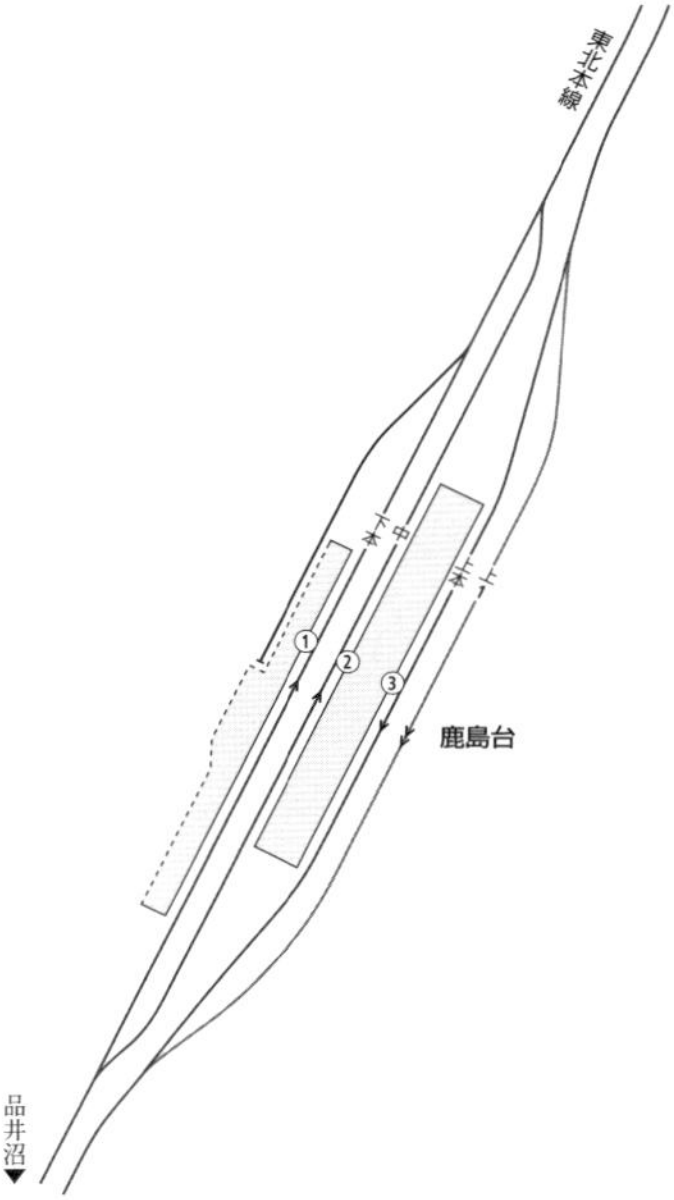

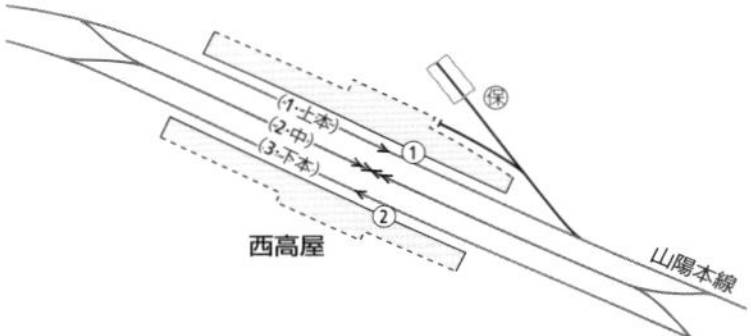

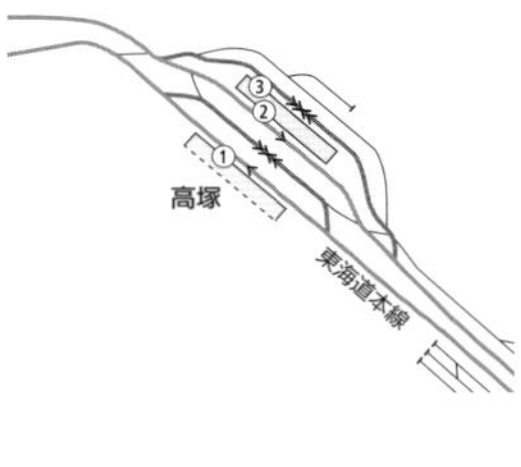

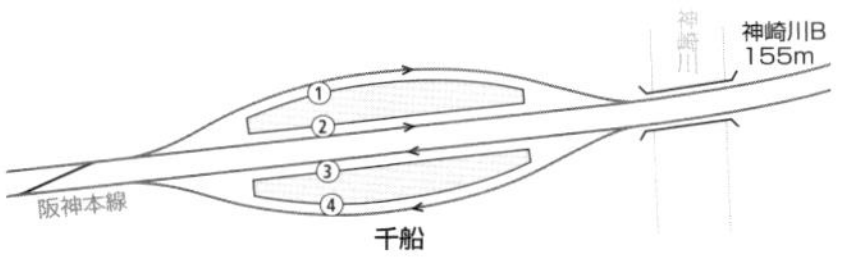

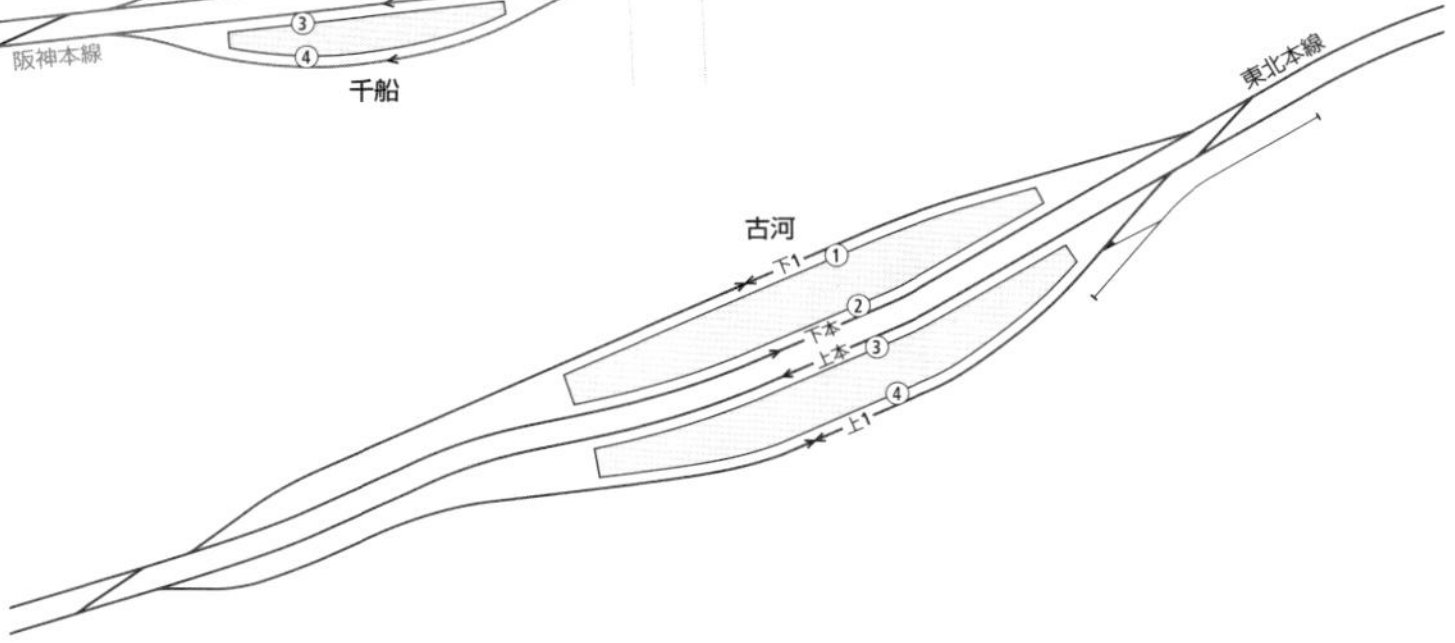

加えた駅もある。

大手私鉄の待避駅

私鉄の多くの待避駅は上下線と駅の前後がほぼシンメトリーになった島式ホーム2面4線が採用されている（首都近郊スペシャル54ページせんげん台駅）。これに非常時に折返運転ができるようにしたのが阪神電鉄の千船駅である（京阪神スペシャル60ページ）。

さらに常時折返ができるようにしたのが、同じ阪神電鉄の大石駅である（京阪神スペシャル77ページ）。東北本線古河《こが》駅（東北ライン1巻24ページ）のように通常の2面4線の駅では副本線（下1）の1番線に停車後、折り返して渡り線を通って東京方面に向かう。

しかし、阪神大石駅では1番線に停車しても、その後は前進して大阪・梅田方の本線に引き上げて折り返す。そして梅田方にある渡り線を通って4番線

かつての阪神甲子園駅の渡り線は副本線が分岐した内方にある。奥の電車は甲子園駅で折り返して梅田駅に向かう区間急行で、左の電車が発車後に折り返して同じ2番線に停車する。同時に左側の副本線に元町発梅田行普通が進入してくる

左の普通と右の区間急行が同時に停車、区間急行が先発し1分後に普通が発車する

高架化前の大石駅も副本線が分岐した先に渡り線があった。奥が梅田方

に入線する。要は3、4番線は常に下り電車が発車して乗客が混乱しないようにしているのである。これは阪神に乗り入れている山陽電鉄の電車に対して行われている。ダイヤパターンの変更により上り本線上で折り返しができなくなった後は、1番線でそのまま折り返すようになったが、乗客が混乱しないように山陽直通電車は三宮（現神戸三宮）―大石間は回送としている。

関西の私鉄の多くは本線を引上線代わりにして折り返すことが多かった。阪神甲子園駅も本線折返をしていた。この場合、2丁ハンドルといって後部の車掌側にも運転士を配置してすぐに折り返していた。本線在線時間は非常に短く、朝のラッシュ時や阪神甲子園球場の引けの乗

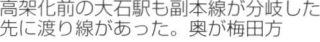

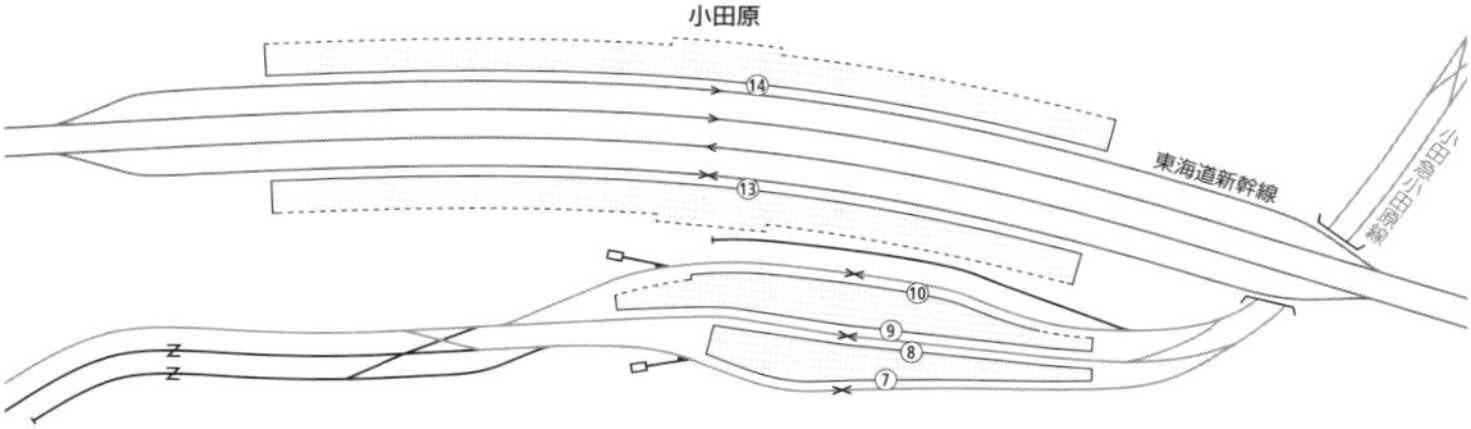

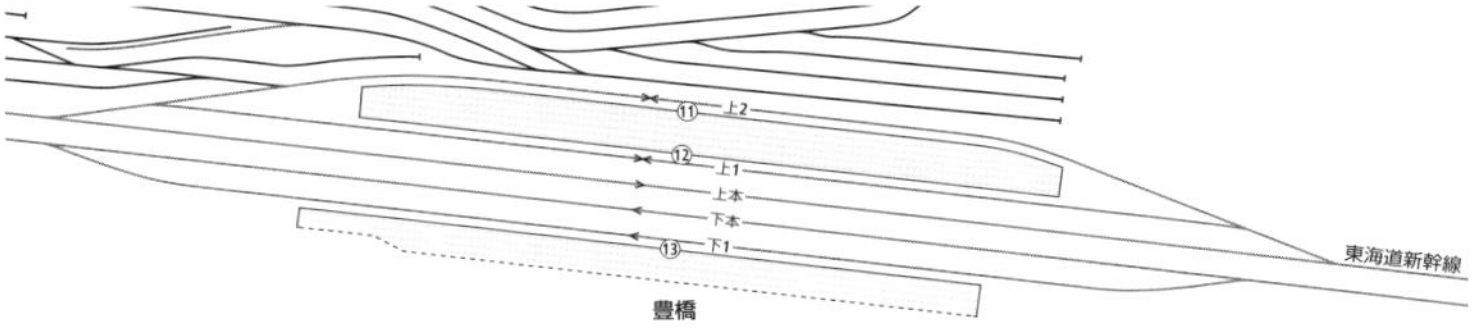

客輸送に力を発揮していた。しかも神戸方面からの電車が1番線に進入するとき、本線折返電車も2番線に進入できるように待避線の内方に渡り線を入れていた。

阪神の高架化前の千船と青木、大石の3駅もこの構造をしていた。また、現在の阪急宝塚線の庄内駅と雲雀丘花屋敷《ひばりがおかはなやしき》駅もそうなっているが、こちらは複分岐ポイントになっている（京阪神スペシャル54、67ページ）。

新幹線タイプの待避駅

東海道新幹線が開通したとき新横浜駅と京都駅以外の中間駅は基本的に停車線と通過線がある相対式ホーム2面4線となっている。どの駅でも待避追越ができるようにするとともに、通過線では200km／hで通過するためにホームで待つ客と距離を空けて安全を保つ理由もあった（全国新幹線ライン38ページ小田原駅）。

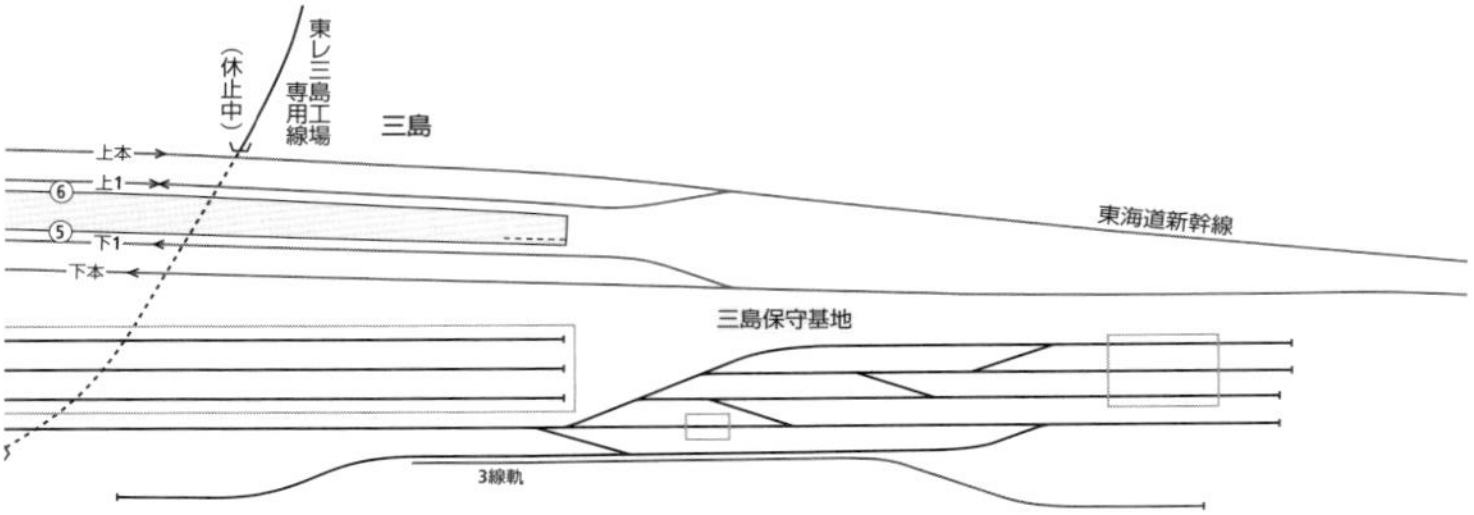

米原駅、豊橋駅などは片方、岐阜羽島駅は両方とも島式ホームにして副本線を2線にしている。これは運転支障時に抑止列車を2本停められるようにしているためである（全国新幹線ライン26、29、31ページ）。

熱海駅は地形の関係上相対式ホーム2面2線にせざるを得なかった。同駅は半径1600mの新幹線としては急カーブ上にあって160km／h（後に170km／h）に制限され、「ひかり」号通過時にはホームへの立ち入りを制限した。後にホームドアを設置する。

新横浜駅と名古屋駅、京都駅は「ひかり」号の停車を前提として通過線がない島式ホーム2面4線とした。名古屋駅は当然として、通過が予定されていた京都駅は、いろいろ取りざたされたものの結局停車となった。もし通過したとしても駅構内に半径1300mのカーブがあって110km／hに落とさなければならず、ホームに客が立ち入っても問題はなかった。「のぞみ」運転開始時の朝の下りには名古屋駅と京都駅を通過、新横浜駅に停車するものがあった。新横浜駅は開業時の東京―新大阪間4時間運転によって通過速度は160km／hに制限され、さらに「ひかり」号

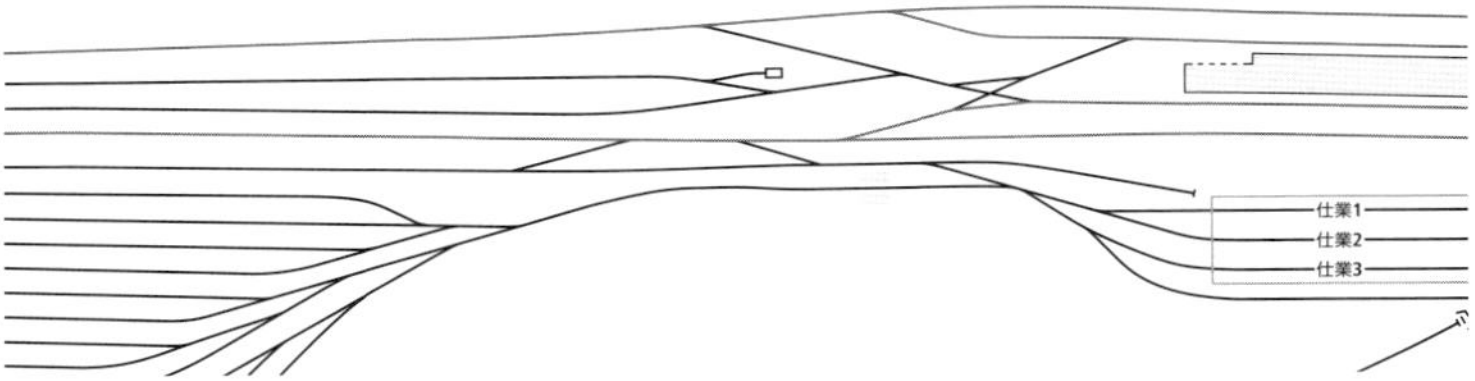

通過時には熱海駅と同様にホームへの立ち入りを制限した。3時間10分運転のときに内側の上下本線側に柵を設置、やがてホームドアに変更した。

続いて開通した山陽新幹線と東北新幹線（盛岡以南）、上越新幹線の大半の中間駅もこの配線を踏襲した。必ず停車する岡山、広島、小倉、仙台それに盛岡の各駅は島式ホーム2面4線とし、新神戸駅は地形の関係で熱海駅と同様に相対式ホーム2面2線とした。駅構内は半径3000mのカーブ上にあるものの、両端にある六甲トンネルと神戸トンネル内にある緩和曲線が不足しており、通過速度は160km／h（後に170km／h）に制限される。後にホームドアを設置し、現在は全列車が停車する。

三島駅の特殊な待避追越の配線

東海道新幹線の開業5年後に新幹線の三島駅が開設された。通過線と停車線があるものの、島式ホーム1面とし、その両側に停車線、さらに外側に通過線を置いた配線になっている。三島駅では「こだま」号の折り返しと車庫不足のために三島電留線が置かれている。

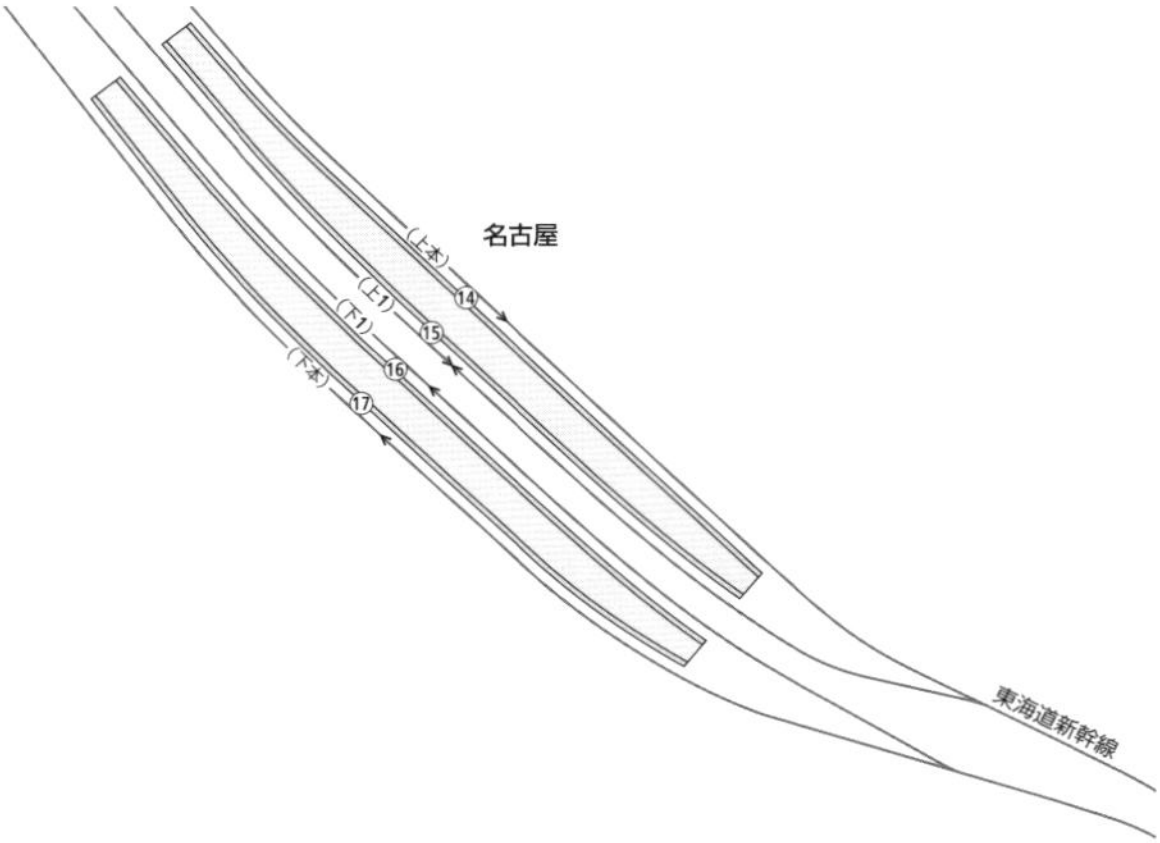

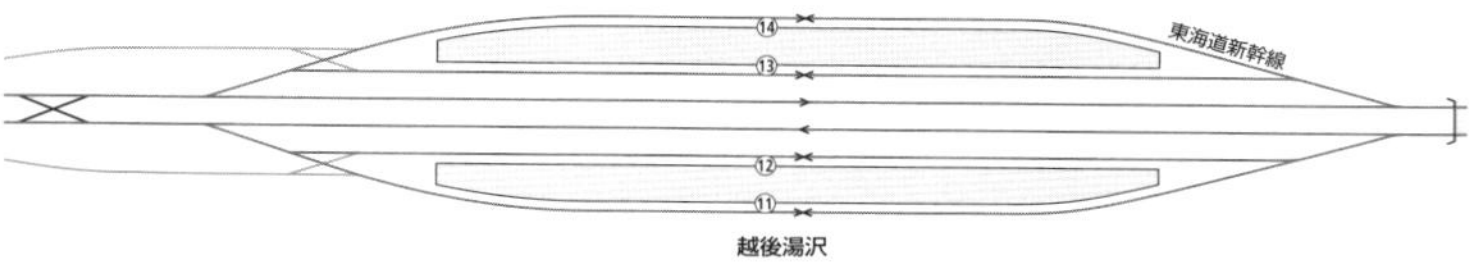

電留線の出入りは下り本線を横断するが、新大阪寄りにある引上線は頻繁に使うことになるから本線横断はいろいろと問題がある。本線横断をしなくてすむには内側に停車線を置けばいいということで、このような配線になった（全国新幹線ライン37ページ三島駅）。

名古屋駅も同様に内側が副本線、外側が本線となった島式ホーム2面4線の配線になっている。新大阪寄りに引上線を4線設置して本線を横断せずに引上線に行けるようにするためである。現在は日比津（正式には名古屋）電留線と日比津保守基地ができたために、電留線3線と日比津保守基地出入線1線になり、さらに引上線

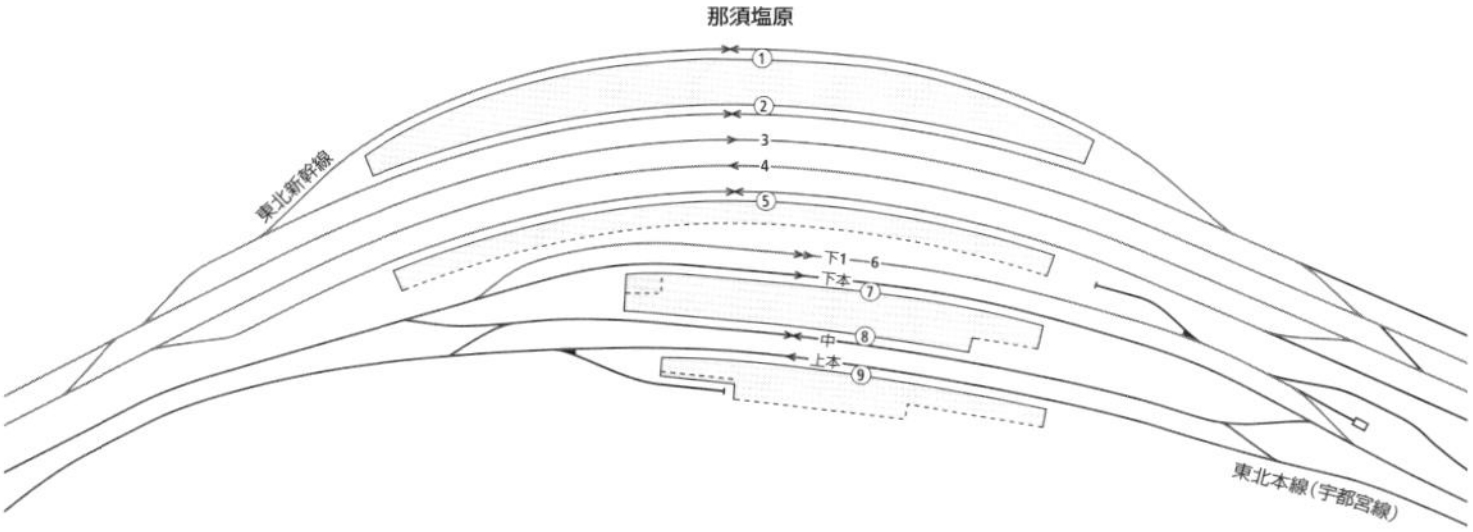

の1線は日比津電留線との出入線に使われるので、実質引上線は2線になる（全国新幹線ライン29ページ）。

上越新幹線の越後湯沢駅も名古屋駅と同様に電留線と保守基地が設置されていた。ここへの出入りは大掛かりな配線にした。駅そのものは国鉄時代に考えられていた新幹線の分岐駅としての標準の配線である島式ホーム2面6線とし、電留線への入出庫線は立体交差で分岐する。そして後にこの電留線はスキー客用のガーラ湯沢臨時駅となった。ただし、越後湯沢駅折返の多くは電留線へは行かず、11番線で折り返しているのがほとんどである（全国新幹線ライン75ページ）。

東北新幹線の途中折返駅といえる那須塩原駅と郡山駅も電留線や車庫があるが、そこへ行っての折り返しでは手間がかかるので、下り線側を島式ホームにした第2停車線を設置して折り返すようにしている（46、47ページ）。

私鉄でも相対式ホームで通過線と停車線がある駅がある

近鉄奈良線瓢箪山《ひょうたんやま》駅（東海道ライン9巻20ページ）や阪急神戸線六甲駅（京阪神スペシャル74ページ）、西武新宿線沼袋駅

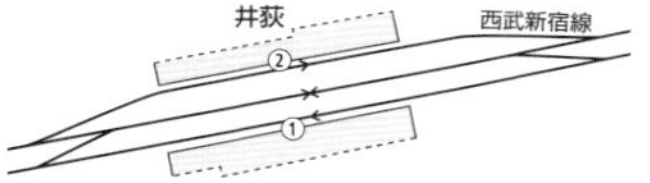

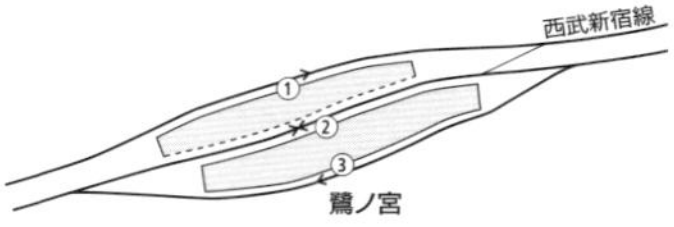

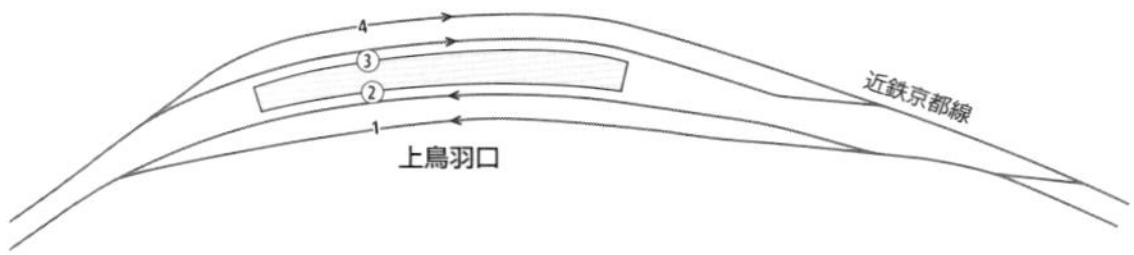

（中部ライン12巻35ページ）も通過線と停車線がある相対式ホーム2面4線となっている。

その沼袋駅は新幹線三島駅と同じ島式ホームで外側に通過線がある駅だった。ただし、もとは貨物列車待避線だったために通過線への分岐ポイントは速度制限を受けていて、追い越すときだけ通過線を通っていた。また、中井駅では上下線共用の単線の通過線がある。このため追い越すときだけ通過線を通る。

このように西武新宿線の追越駅構造は特殊なものが多い。鷺《さぎ》ノ《の》宮《みや》駅も通過線が1線で、しかも島式ホームに挟まれ上り追越電車は停車できないばかりか通れない。井荻駅も通過線が1線の相対式ホーム2面3線になっており、下り通過電車は速度制限を受ける（中部ライン12巻34、35、37ページ）。

三島駅形追越駅も多い。京急本線鮫洲《さめず》駅、近鉄京都線上鳥羽口駅、同奈良線東生駒駅、布施駅である。特に布施駅は大阪線が下、奈良線が上の上下2段式高架になっていて両線とも三島駅タイプの配線になっている（東海道ライン1巻17ページ、京阪神スペシャル17ページ、東海道ライン9巻21、25ページ）。

第三章　中間折返駅の構造

折り返しができるＪＲの中間駅でもっともポピュラーなのはＪＲ形配線である。しかし、折返電車に乗ってしまったものの、そのもっと先の駅に行く場合不便なときがある。たとえば南武線登戸駅である（中部ライン２巻17ページ）。立川駅に向かって右側、つまり上り本線の３番線と折返用の中線である２番線が島式ホームになっている。

現在、昼間時には登戸折返はないが、その他の時間帯は結構設定されている。川崎方面から立川方面に向かう下り登戸行電車で同駅に降りると、次の立川方面行に乗り換えるためには階段を昇り降りして、跨線橋を通って片面ホームの立川方面の１番線に行かなくてはならない。幸い、手前の宿河原《しゅくがわら》駅に到着する前に「登戸よりも先の各駅におこしの方は、宿河原でお降りのうえ次の電車をお待ちください」と車内放送が流れる。しかし、考えごとをしていたり、隣の人とおしゃべりをしていたりすると、この放送が耳に入らず、登戸駅で苦労してしまう。

逆に朝ラッシュ時に川崎方面に行く場合、登戸駅始発の電車に乗って座りたい人にとっては同じホームなので乗り換えは簡単である。

ＪＲで島式ホーム２面４線になっている駅でも同様の状態が起こっている。たとえば横浜線町田駅である（中部ライン２巻28ページ）。同駅で折り返しができるのは内側の２、３番線である。とくに２番線は横浜と八王子の両方向に折り返しが可能である。もっとも八王子方面から折り返して八王子方面に戻る電車の設定はない。

３番線は八王子方面行の各停が停車して４番線に停車する快速と待ち合わせをする。このため町田折返電車の多くは２番線で折り返しを行う。結局、登戸駅と同様な状態になるので、各

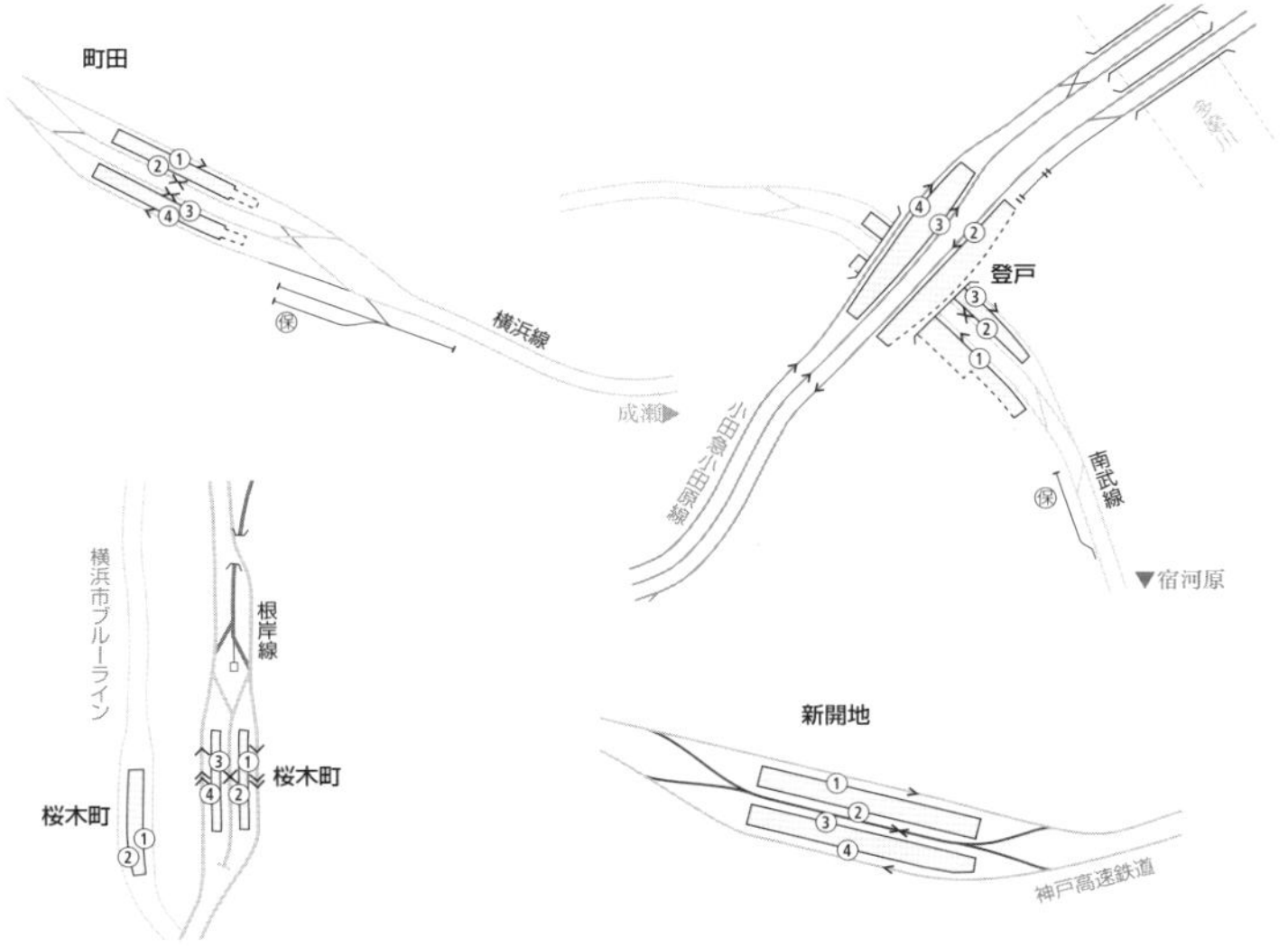

停で八王子方面へ行く客のために、ここでも手前の成瀬駅乗換を勧める放送がなされる。埼京線武蔵浦和駅も同様である。

このようなことを防ぐために折返電車が多い根岸線の桜木町駅（東海道ライン2巻11ページ）では、折返線を2面の島式ホームでサンドイッチして、折り返しをしない上下電車と同じホームで乗り換えができるようにしている。

このような駅は多い。とくに地下鉄や新交通システムで多数採用されている。たとえば横浜のシーサイドラインの並木中央駅（東海道ライン2巻16ページ）、都営新宿線岩本町駅（東海道ライン11巻8ページ）、神戸高速鉄道新開地駅（山陽・山陰ライン1巻11ページ）、大阪環状線西九条駅（京阪神スペシャル59ページ）、札幌地下鉄東西線南郷7丁目駅（北海道ライン2巻39ページ）等々である。

都営新宿線岩本町駅では急行が各停を追い越すことも行っている。待避をする中線は1線しかないものの、これを上下の急行・各停で行っている。札幌地下鉄東西線南郷7丁目駅の中線の東行側ホームはホームドアでなく柵になっているので、折返電車があっても乗り換えはできない。ただし西行側はホームドアになっている。このため東行の③番ホームはなくなった

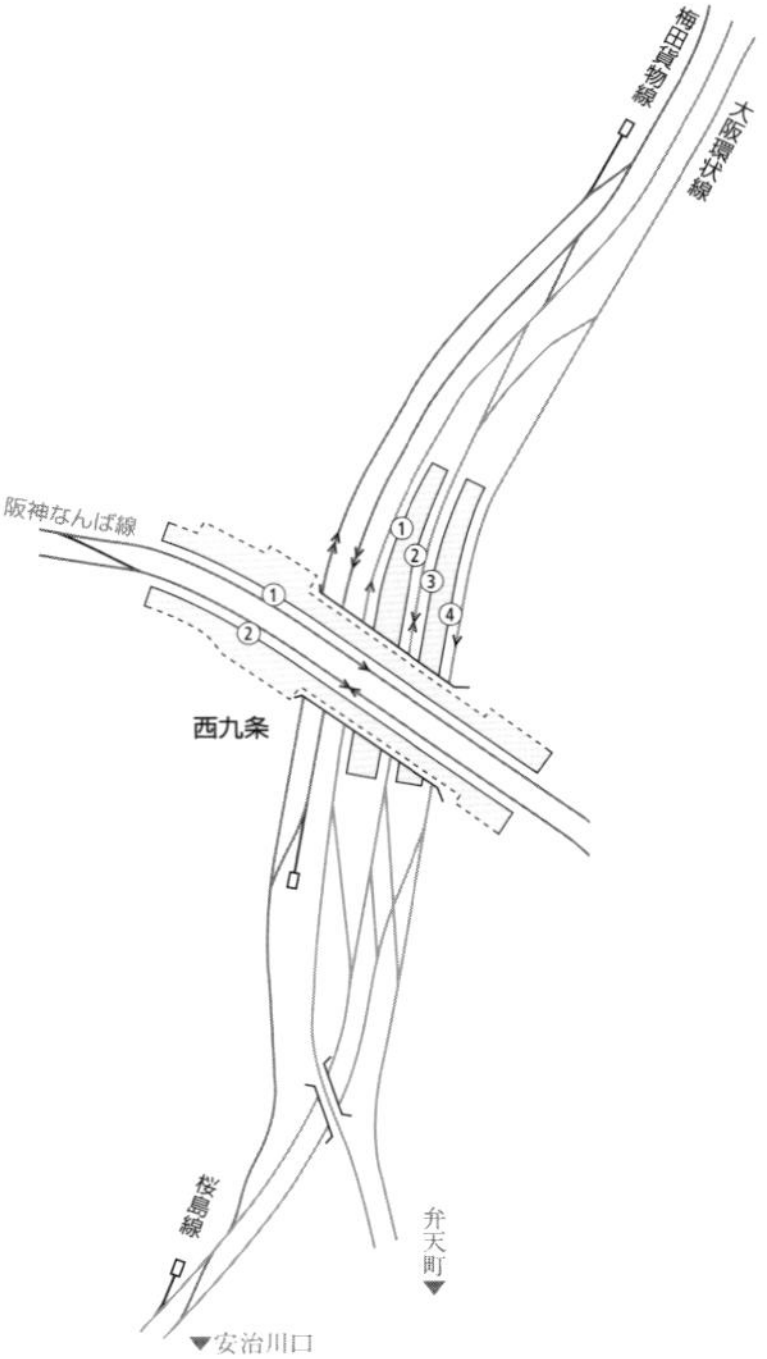

大阪環状線西九条駅では折り返しではなく桜島線への直通電車か西九条折返電車が停車して両側の扉を開ける。これによって弁天町と大阪の両方面の環状線電車から桜島線に苦もなく乗り換えができる。桜島線にはユニバーサル・スタジオ・ジャパンの最寄駅であるユニバーサルシティ駅があり、この便利な乗換方法は重宝する。

それだけでなく関西空港発着の特急「はるか」や紀州方面行の特急「くろしお」などは、新大阪駅から梅田貨物線を通って西九条駅に達し、同駅の②、③番ホームを挟む中線を通って大阪環状線の内回り線に転線する。

折り返しは引上線を用いるのが正攻法である

登戸駅や町田駅では電車がじっとしていて、乗り換えるために乗客が移動している。これを逆にする、つまり電車が動いて、乗客はじっとしているほうが便利である。そのためには電車を転線させなくてはならない。

路面電車の多くはワンマン運転による運賃収受のため、ホームは進行方向を一定にする必要がある。たとえば鹿児島市電郡元電停では鹿児島駅前電停からの2系統の電車が折り返しているが、ホームで乗客を降ろすと前進して本線上でスイッチバックし、スプリングポイントによって転線する。そして反対側のホームに停車して乗客を乗せる（四国・九州ライン7巻32ページ）。

今は行っていないが、前述のように阪神の甲子園駅でも本線上で転線することができるが、編成が長くなると進行方向を変えるために運転士と車掌の移動に時間がかかってしまい、さらに過密ダイヤだと、この方法での折り返しは難しくなる。

そこで多くの鉄道では引上線を設置して折り返している。引上線とは字のごとく、電車を本線からいったん引き上げて留置する線路のことである。折返用の引上線は一般的に上下線の間

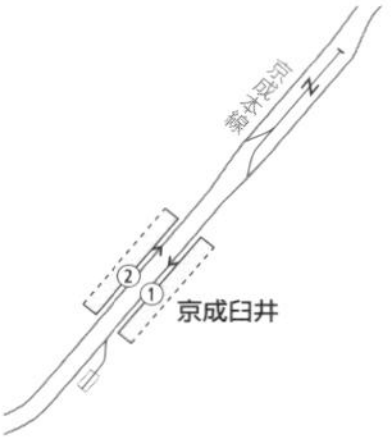

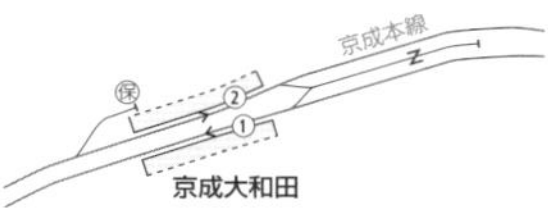

京成臼井駅の引上線のポイントは地形の関係で崩れている

京成成田寄りから見た京成大和田駅のY字形引上線

にY字形に線路を挿入している。京成本線大和田駅（東海道ライン11巻16ページ）がもっともわかりやすい例である。少し京成成田寄りの京成臼井駅（同24ページ）の引上線は地形の関係できれいなY字形にはなっていない。

相対式ホームで引上線があるのはこのほかに山陽電鉄本線須磨浦公園駅（山陽・山陰ライン1巻17ページ）と阪急今津線仁川《にがわ》駅（京阪神スペシャル68ページ）などがある。

とくに仁川駅の引上線は阪神競馬場の引け客の輸送のとき臨時区間電車を走らせるためにある。このとき西宮北口方面のホームは乗車客でいっぱいになるので、その宝塚寄りの下り線に臨時の降車ホームを置き、引け時には乗降分離にして混乱を避けている。

上下線間に引上線を置けば本線を走る電車と競合（衝突）を避けることができる。これが上り線あるいは下り線の外側に引上線を置くと競合してしまう。東京メトロ東西線九段下《くだんした》駅（中部ライン1巻23ページ）の中野寄りの中野方面上り線の外側に引上線がある。九段下駅に到着した折返電車が引上線に入って西船橋方面のホームに入るときには中野方面の線路を塞いでしまい、中野方面の電車はホームで引上線の電車が通過するまで待つことになる。ただし、現在は九段下駅で折り返す電車はなく、この引上線は留置線代わりに使用されている。

地下鉄線のY字形引上線は相対式ホームよりも島式ホームのほうが多い。また、郊外線では島式ホーム2面4線と組み合わせているものがほとんどである。わかりやすい配線としては京王相模原線京王多摩センター駅や小田急小田原線町田駅（中部ライン2巻19、28ページ）のよ

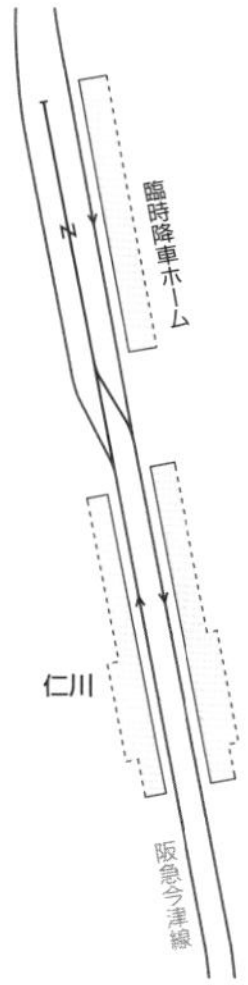

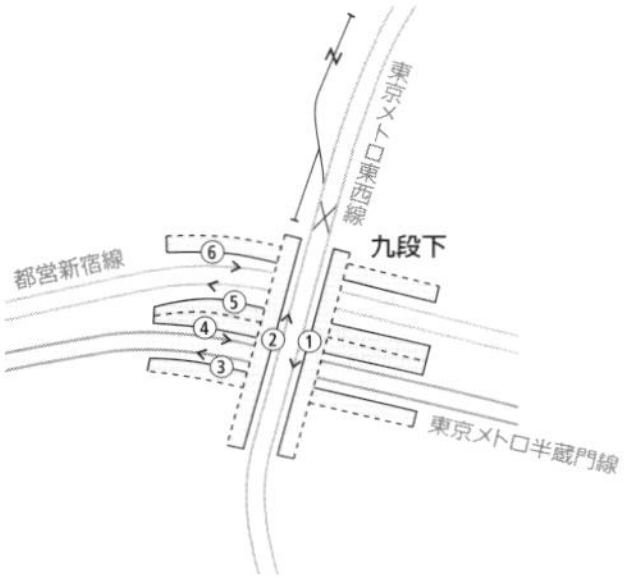

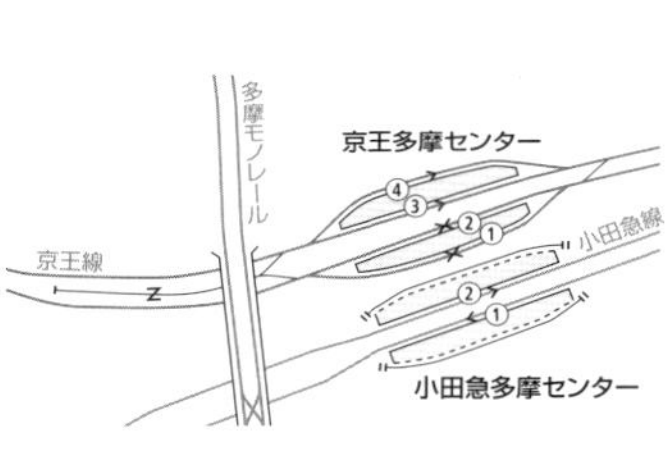

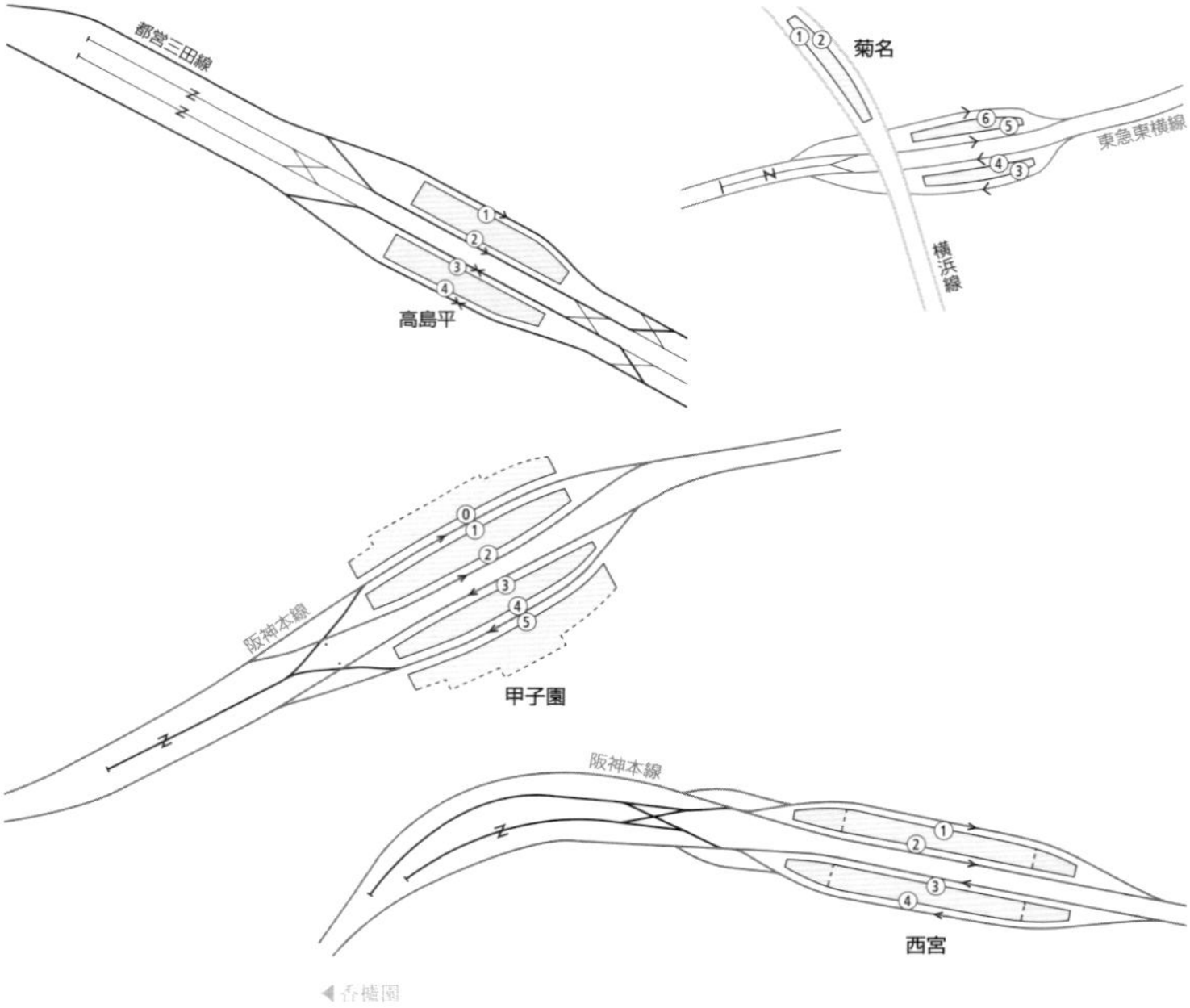

うに待避線（副本線）が本線と繋がった先に引上線を置くパターンがある。

しかし、こうすると待避線から引上線に出入りする電車は通り抜ける電車と競合してしまう。そこで競合しないように内側を副本線にして、それに引上線を接続する配線にするのがよい。たとえば東急東横線菊名駅（東海道ライン1巻21ページ）である。また、都営三田線高島平駅（中部ライン12巻38ページ）では引上線を2線にしている。京王つつじケ丘駅は下り線の外側に引上線を設置、1番線と3番線に折返電車を停車させることで競合を避けている（中

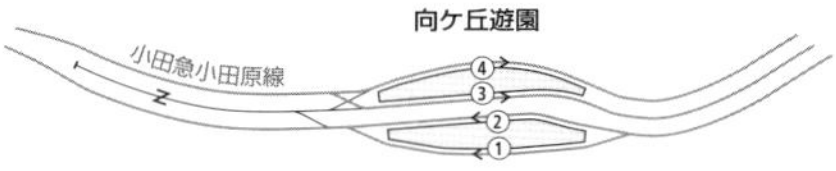

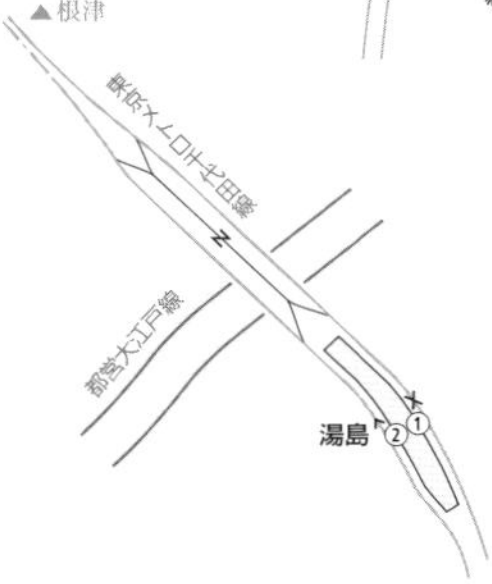

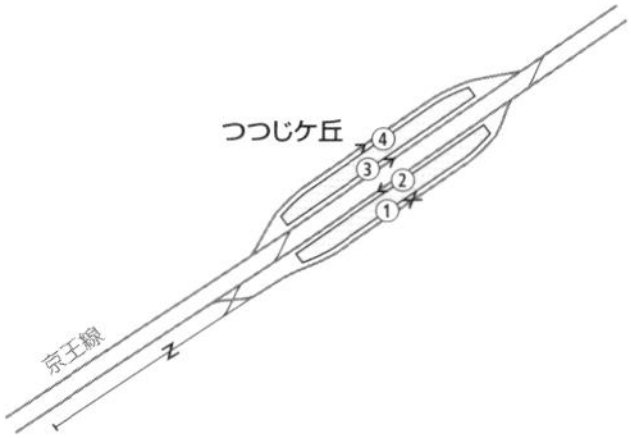

部ライン1巻16ページ）。

小田急向ケ丘遊園駅（中部ライン2巻17ページ）では上り線だけ内側と接続し、さらにシーサスポイントで外側にも行けるとともに、新百合ケ丘方面からの優等列車（特急、急行など）が内側の急行線に入れるようにしている。

内側と外側に行けてスルー電車と競合しないようにしているのは阪神甲子園駅と西宮駅（京阪神スペシャル70、71ページ）である。甲子園駅ではシングルスリップクロッシングを使用、西宮駅では2線の引上線を置いている。

渡り線を兼ねた引上線

都営新宿線と京王新線が接続する新線新宿駅の初台寄りに都営線用の引上線がある。引上線から5番線への渡り線がある

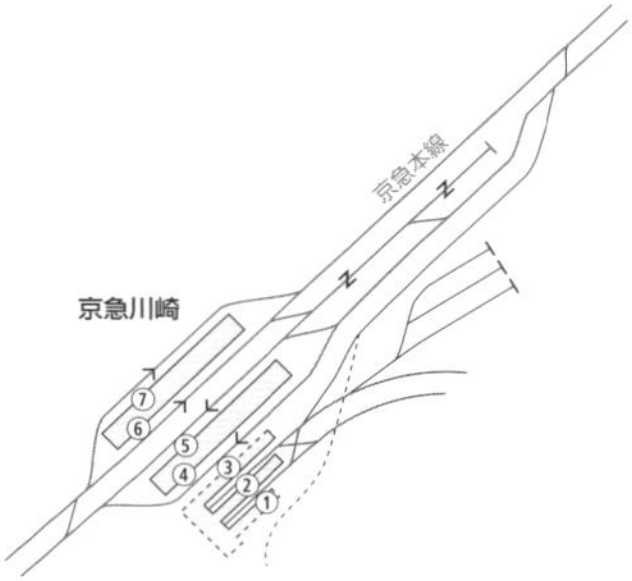

引上線で待避する特急（左）と追い抜く快特（右）

が、４番線から引上線に入るほうはシーサスポイントになっている。これは5番線に到着した京王線電車が新線新宿駅で折り返しができるようにするためのもので、事実、新線新宿発高尾山口行の始発電車は5番線から発車している。

同様の配線をしているのが浅草線浅草橋駅（東海道ライン11巻9ページ）、三田線新板橋駅（中部ライン12巻39ページ）である。

また、東京メトロの千代田線湯島駅（中部ライン12巻25ページ）はY字形引上線の終端側にもY字形ポイントを設置して、反対方向からも引上線に入ることができるようにするとともに、渡り線としても役目を果たせるようにしている。半蔵門線清澄白河駅（東海道ライン11巻9ページ）の押上方、南北線の麻布十番駅（東海道ライン1巻13ページ）の目黒方にも同じ配線がある。

変則的な京急川崎駅の引上線の使い方

京浜急行の京急川崎駅（東海道ライン1巻19ページ）の本線品川方に引上線がある。その中央付近で下り線からの渡り線が設置されている。

現在はないが、かつては都営線直通の同駅折返電車があった。このとき下り5番線に着いてバックして引上線に入り、さらにもう一度バックして上り6番線に入って3度目のバックをして品川方面に発車するという面倒なことをしていた。その後、横浜方面から同駅折返の普通が設定され、この場合は通常の折り返しになるが、普通は4、7番線に入るのが習わしなのに5、6番線に入るという変則だった。

横浜方面からの羽田空港国内線ターミナル―浦賀間の特急が設定された初期のころ、4両編成の浦賀行特急は京急川崎駅の下り線から分岐している渡り線で引上線に入り、あとから来る8両編成の快特京急久里浜行を待避する。そしてこの快特の後部に連結して12両編成になる。引上線で待避するという京急ならではの運転方法だった。なお、連結してからは快特として走り堀ノ内駅に向かう。そして同駅で切り離して浦賀と京急久里浜の両駅に向かう。

単線中間駅の折り返し

単線での折り返しは簡単なようで簡単ではない。ホーム1面線路1線のいわゆる棒線駅では簡単に折り返しができるではないかと思われるだろうが、それは「スタフ閉塞であれば」という条件付きになる。

スタフ閉塞で、一つの閉塞区間を走ることができるのは通票を持つ列車に限られる。だから閉塞区間内のどこの駅でも折り返しができる。スタフ閉塞で途中折返をしている典型的な路線は、北海道の札沼線の北海道医療大学―新十津川間である。新十津川折返は1往復だけ、浦臼駅と石狩月形駅で折り返しをするが、出発信号機などなしに時間がくれば折り返していく。

これがタブレット閉塞や自動閉塞ではポイントと出発信号機がある駅や信号場でないと折り返しができない。これらの駅では該当列車が折り返しをしたことがわかり、また折り返しをするとき前方に他の列車がないことなどが確認できるからである。石北本線の西留辺蘂《にしるべしべ》駅は棒線駅で出発信号機もないのに折り返しているように見える。時刻表だけを見る限りそうなっているが、現実には時刻表に載っていない信号場に格下げされた旧金華《かねはな》駅まで回送されて折り返している。金華駅は廃止されたのではなく停車場から信号場になっただけで折り返しや行き違いのための機能は維持しているのである。なお信号場も広義では駅に含まれる。

棒線駅で折り返しができる駅として弘南鉄道の弘前東高前駅がある。以前は行き違いができた。行違線の線路が撤去されて棒線駅になったが、弘前―弘前東高前間を1閉塞のままにして駅の前後の出発信号機を残している。

列車の増発が必要になったときなどに、再び行違駅化できるように閉塞区間の境目駅にしたのである。単線路線では起終点駅の一つ手前の駅を行違駅にすることが多い。手前の駅で行き違いをすれば、起終点駅での折返時間がゆったりとれるからである。現在は基本的に30分毎で、これを20分毎にするときには折返時間が短くなってしまうが、弘前東高前で行き違いをすれば折返時間をたっぷりとれるのである。

行違駅で折り返しができるようにするためには二つの方法がある。通常の駅では上下線の進

札沼線の桑園―北海道医療大学間は自動閉塞なので、あいの里公園駅（北海道ライン２巻52ページ）のような中間折返駅では下り線にも折返電車用に桑園方面への出発信号機が置かれている。また、桑園寄りの場内信号機には上り線へも進入できるように二方向への場内信号機が設置されている

弘前東高前は棒線駅なのに駅の前後に出発信号機がある

佐用《さよ》駅（山陽・山陰ライン３巻20ページ）は智頭急行と姫新線が乗り入れているが、ともに単線島式行違駅で同駅折返も多い。そのため両線とも場内信号機は上下線いずれにも進入できるように２つずつ設置されている

札沼線浦臼駅（北海道ライン２巻54ページ）ではスタフ閉塞なので出発信号機がなくても出発が可能

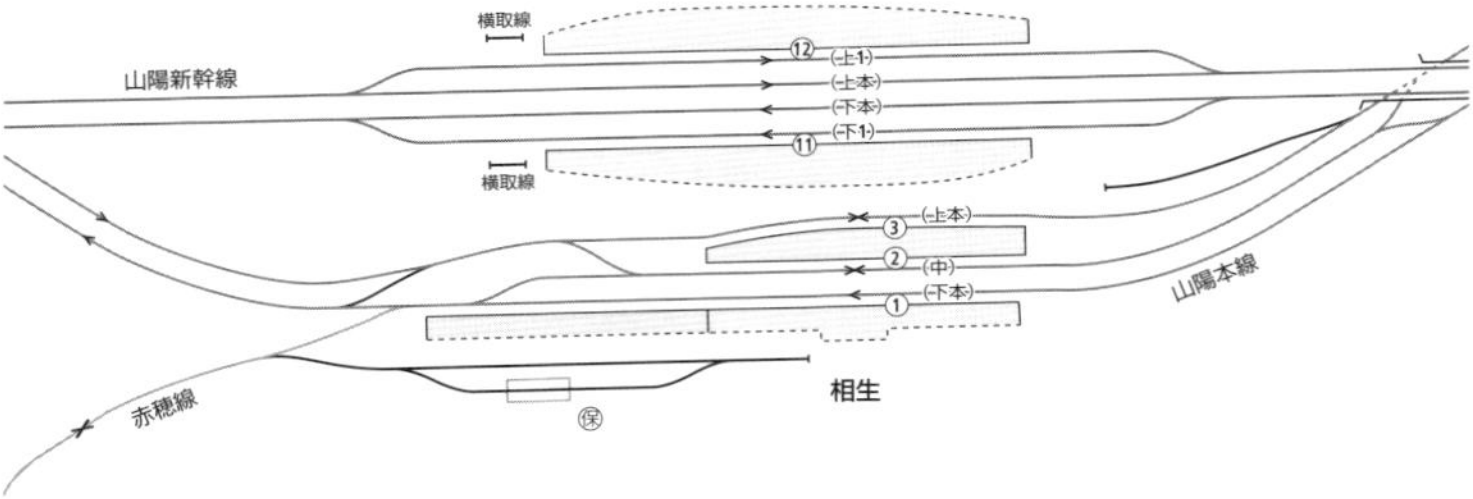

行方向の先頭に出発信号機があるが、これに折り返しのため逆方向にも出発信号機を設置して折り返しができるようにする方法が一つ。もう一つは左側通行の通常の進入線路用のほかに右側の逆方向の線路に入ることができるように、2つの進路に進入可能な場内信号機を設置する方法である。

前者はとくにスリップポイントによる左側通行の行違駅でも折り返しができる。逆向きになってもポイントは開通している。後者は前者と組み合わせると上下2線とも折り返しができるので、運転本数が多い単線路線では、その都度、どちらの線路で折り返しをするかを選ぶことができる。

2路線が接続して直通するジャンクション駅

JRやその前身の国鉄の列車本数が少ないジャンクション駅では、JR形配線で対応している。たとえば山陽本線と赤穂線が接続する相生《あいおい》駅（山陽・山陰ライン3巻9ページ）である。といっても山陽本線姫路方面から赤穂線への直通は日中でも1時間に2本運転されている。かえって山陽本線経由の岡山方面の電車が相生発になっている。

ダイヤが一定のパターンになっているいわゆるパターンダイヤなのでＪＲ形配線でも頻繁に運転される直通ダイヤを維持できる。しかし、中線で折り返す相生―上郡・岡山間の電車は岡山方面から姫路方面に行く場合は同じホームで乗り換えができるが、その逆は跨線橋を通って別のホームに行かなくてはならない。やはり先述した大阪環状線と桜島線の接続駅である西九条駅のように島式ホームでサンドイッチした配線が望ましい。

私鉄では島式ホーム２面４線にして同じ方面は同じホームで乗り換えられるようにしているところがほとんどである。これを方向別という。

京急本線と都営浅草線の泉岳寺駅（東海道ライン１巻13ページ）では内側に都営浅草線、外側に京急本線が方向別に配置され、京急の品川方面の電車と都営浅草線の西馬込行が同時発車でき、反対方向では引上線に入る京急電車と西馬込方面からの押上方面行は同時発車できない。

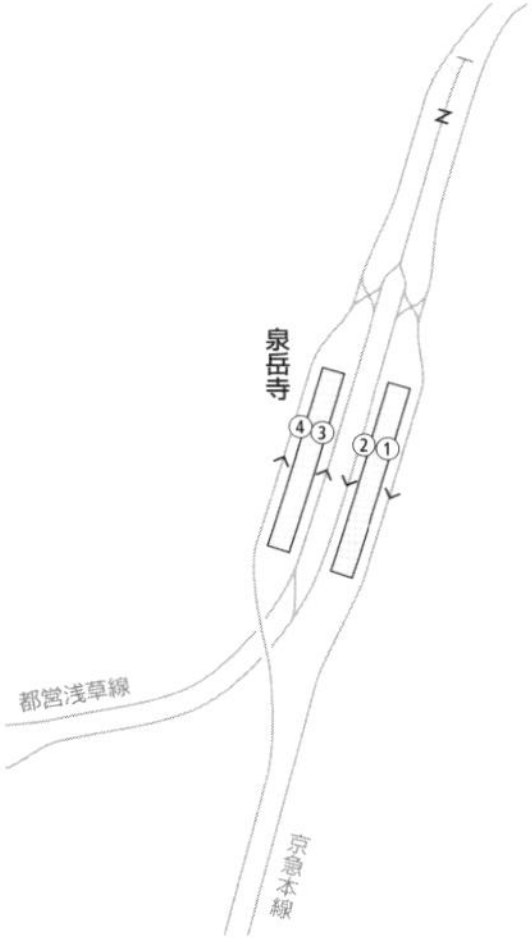

東京の地下鉄と郊外電車が相互直通している東急東横線と日比谷線の中目黒駅（同駅では東横線と日比谷線との直通は中止、東海道ライン１巻35ページ）、小田急小田原線と千代田線の代々木上原駅（中部ライン１巻９ページ）、東武東上線と有楽町線の和光市駅（中部ライン12

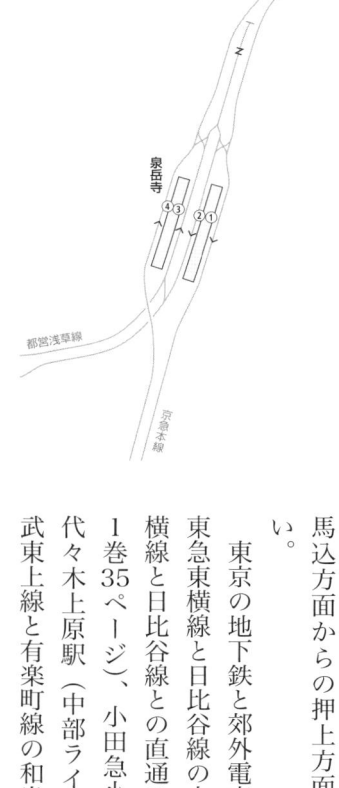

巻33ページ)、名古屋地区の名古屋鉄道犬山線と地下鉄鶴舞線の上小田井駅(東海道ライン5巻26ページ)も同様である。

京王電鉄の北野駅(中部ライン2巻12ページ)も方向別ホームになっている。しかし、京王八王子方面と高尾方面は同時発車ができるが、その反対の新宿行では同時進入できない。そのため、いずれかの方面からの各停が4番線に到着してからしばらくして3番線に特急や準特急、急行の優等列車がやってくる。

京王八王子駅からの各停が到着した場合、高尾山口駅からの優等列車がやってくる。高尾山口駅からの各停だと優等列車は京王八王子発になる。4番線は各停あるいは調布駅まで各駅停車の快速が発着し、3番線は優等列車が発着するように固定しているといえる。

しかし、地下化前の調布駅(中部ライン1巻15ページ)で京王線と京王相模原線とでは上下

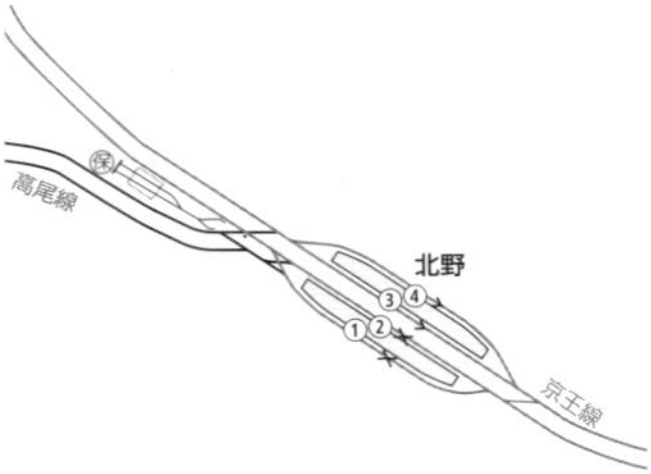

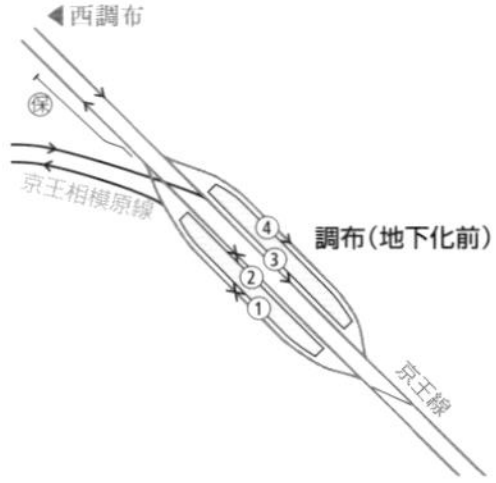

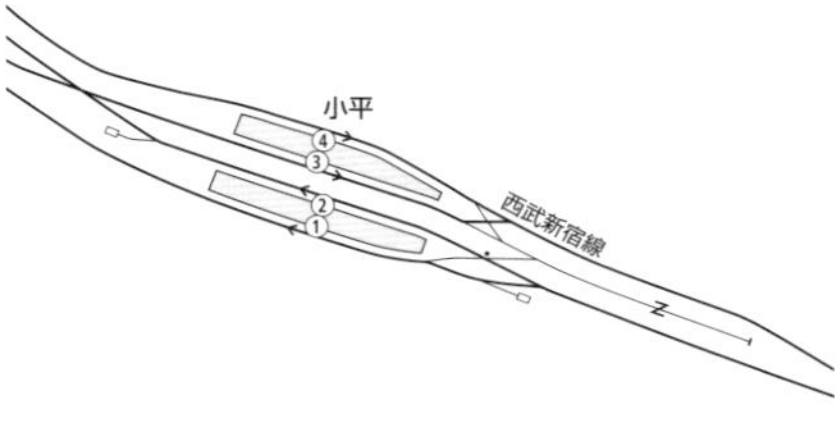

線とも同時進入発車はできていた。しかも、各停と優等列車は固定されておらず方面別に固定していた。現在は地下化され上下2段式に立体化されているので、やはり同時進入発車は可能だが、滑走してしまうと危険なので同時進入のほうはしていない。さらに下りのほうは方面別にも固定していない。

西武鉄道の小平駅（中部ライン12巻36ページ）では本川越方面と拝島方面が方向別ホームになっている。スペースがないので新宿線の下り線と拝島線の上り線の交差地点はダイヤモンドクロッシングになっている。

上下2段の立体化で交差支障を避ける調布駅

調布駅は地下線になった。しかも上段が下り線、下段が上り線の、上下線で2段となり、それまでのような交差支障が解消された。

通常は1、3番線に相模原線、2、4番線に京王線の電車が発着するが、相模原線の特急と普通、あるいは京王線の特急と普通などが待避追越を行うこともあるということで、前述のように発着電車を固定していない。そのために京王八王子・橋本方にシーサスポイントが設置されている。

調布駅は地下線での上下2段式になっているが、高架駅での上下2段式の分岐駅として京成青砥駅（首都近郊スペシャル79ページ）がある。これによって交差支障をなくせたが、青砥折返の押上線電車が設定されている。そのために京成高砂寄りの上段になっている下り線の3番線から分岐してその先の複々線の上り線外側に引上線を設置している。

さらに京急蒲田駅も2段式の高架になった。上下線とも島式ホーム1面2線だが、南側の発着線1（下り）、4番線（上り）は空港線の発着線で、途中から空港方面に分岐している。

また、横浜寄りには切り欠きホームで普通待避用の2、5番線がある。

上下の空港線が合流するが、京急蒲田寄りから見て1番線から延びた線路が右側、4番線から延びた線路が左側に並んですぐにシー

青砥駅の引上線に入っている京急快特

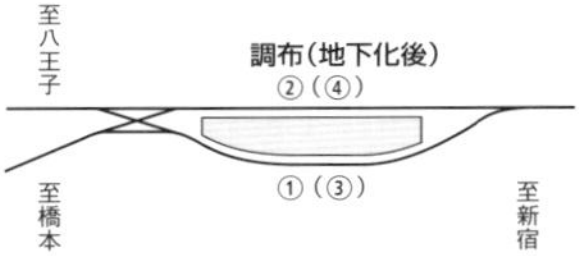

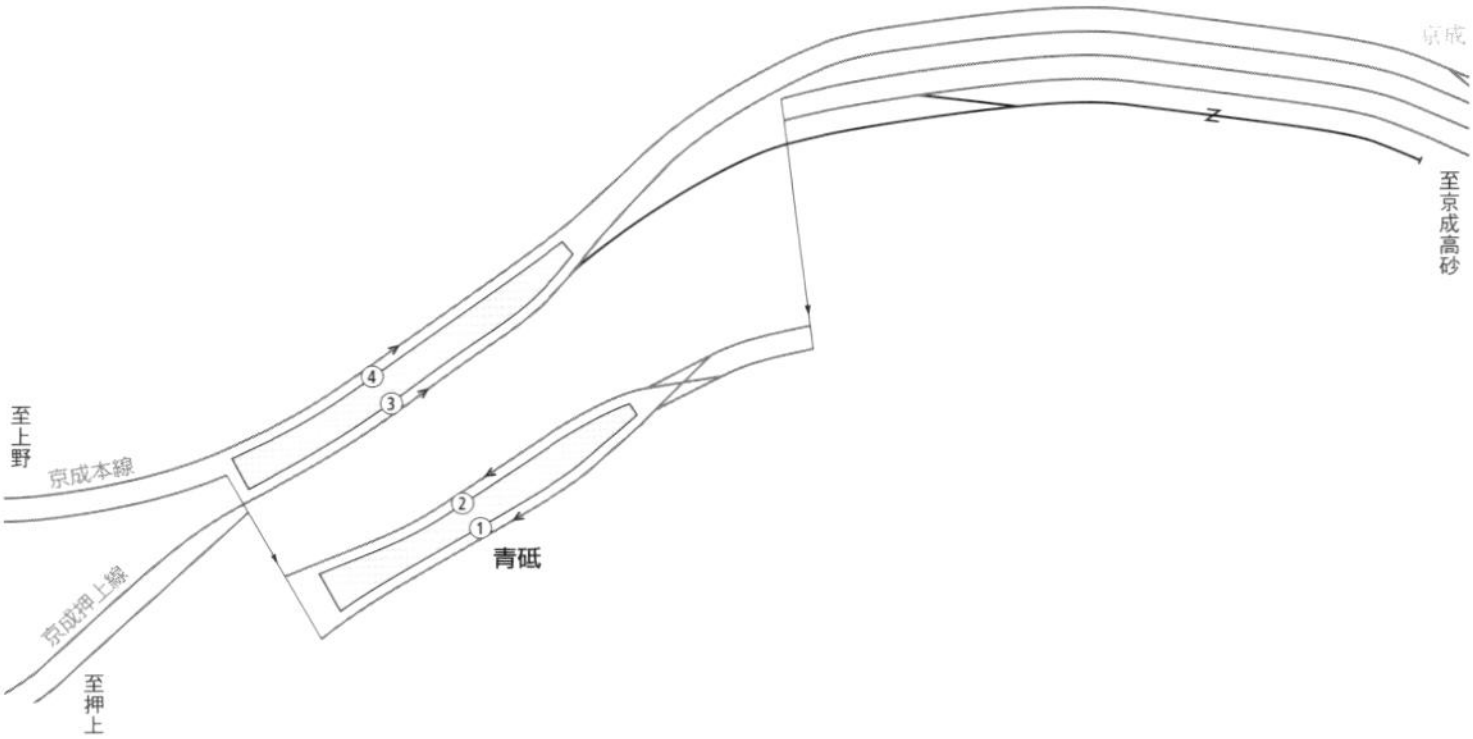

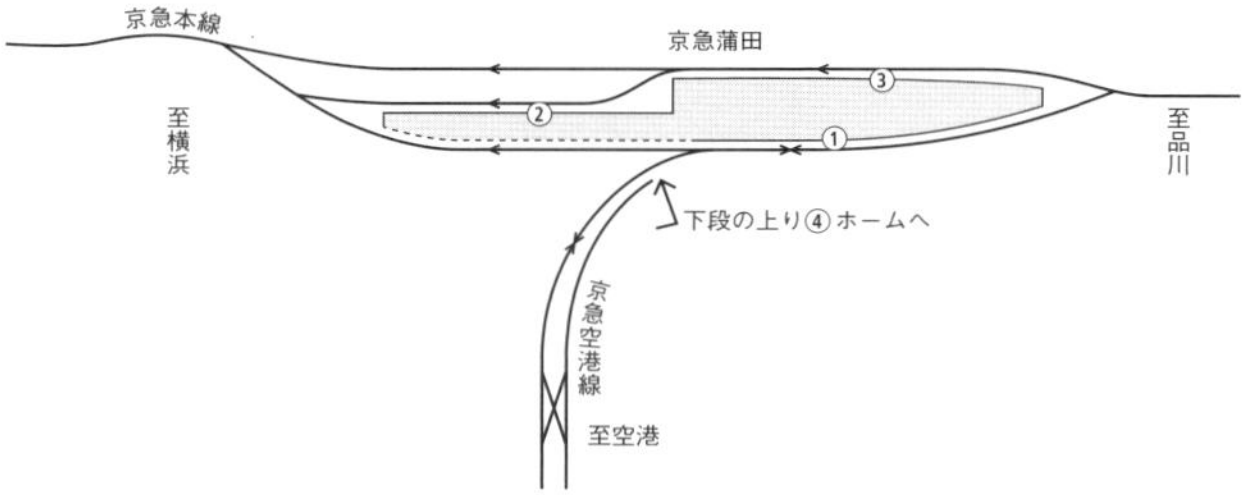

新逗子発の特急から見た京急蒲田駅上り4番線の空港線ホーム。同ホームにはエアポート急行印旛日本医大行が停車しているため信号待ちをしている。通常の鉄道ではいくら第2場内信号機があるとはいえ、こんなに接近して信号待ちをしないものだが、京急ではここまで進入して停止する。京急ならではの運転方法である

空港線上り快特から見た京急蒲田駅。正面が京急蒲田駅で、坂を登っていく線路が1番線につながる。右の電車が走っている線路が4番線につながる。この電車は新逗子発の特急で、快特は上り線に転線しなくてはならないので、新逗子発の特急が通り過ぎるまで信号待ちをしている

サスポイントがある。品川方面から来た電車はシーサスポイントを通って左側の線路に転線する。羽田空港国内線ターミナル駅（以下空港駅）から来た電車もシーサスポイントを通って右側の線路に転線する。このため交差支障を起こしている。

これはどう考えてもおかしいが、新逗子―空港間の特急「エアポート」も運転される。新逗子駅からは下段の上り線側の空港線の発着線に到着する。そしてスイッチバックして空港線に入る。空港駅からは上段の

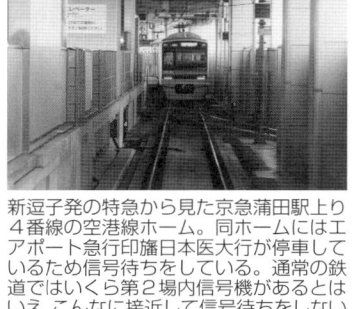

下り線でスイッチバックして発着する。こちらは交差支障を起こさなくてすんでいる。

こちらを立てれば、あちらが立たずということで、運転本数は品川方面のほうが明らかに多いから、本来は逆がいいように思うが、下り空港線は急勾配で下段の上り線と同じレベルまで降りる必要があり、カーブが終わってから、できるだけ距離を長くして勾配を緩和する必要があるために逆になっているといえる。

阪急京都線と千里線が接続する淡路駅は現在高架化工事中である。高架化後は上下2段式になり、上下段とも島式ホーム1面2線となり両端にシーサスポイントが設置される。また、大阪市の都市計画での配線には新大阪連絡線がシーサスポイントの先の京都線側から分岐するように考えられていた。しかし、現在は新大阪連絡線の淡路—新大阪間の建設は断念し免許も返上している。

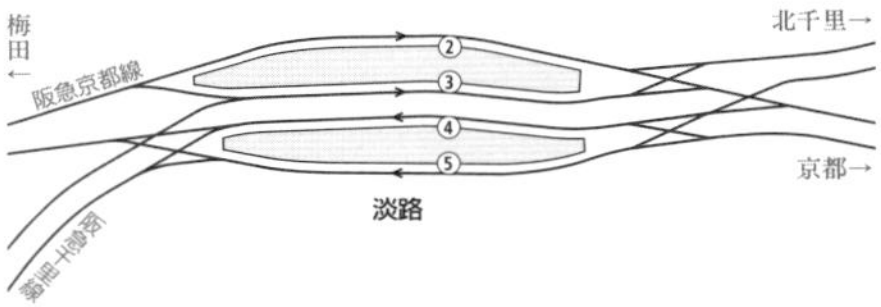

いずれの線路からも同時発車するためには複雑な立体交差が必要

阪急淡路駅は京都線と千里線の接続駅であることは先述した。しかも京都線の河原町側と千里線の北千里側が合流し、続いて梅田側と天神橋筋六丁目側に分かれていく。

現在の配線（京阪神スペシャル42ページ）では3番線発の京都線河原町方面と2番線発の千

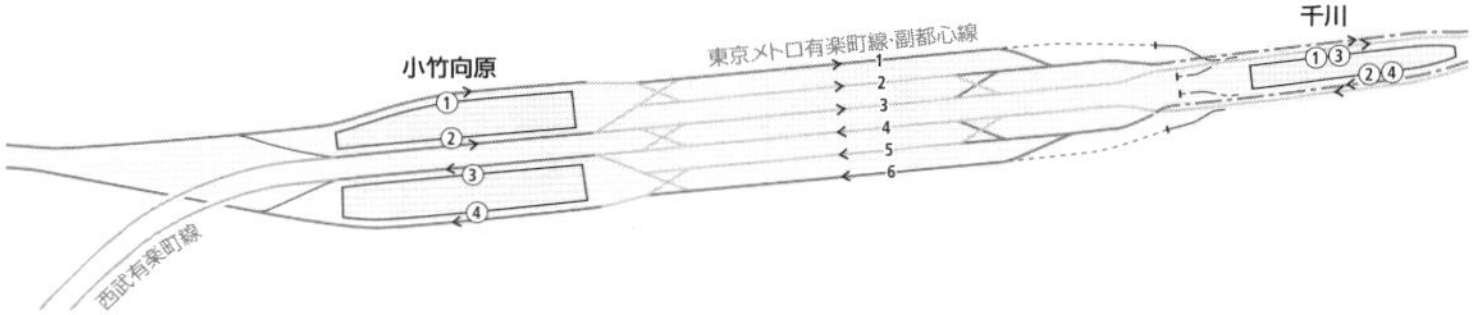

里線北千里方面、４番線発の京都線梅田方面と５番線発天神橋六丁目方面は同時発車できても、それぞれ、その逆は競合してできない。

これを可能にしたのが東京メトロと西武有楽町線の小竹向原駅（中部ライン12巻28、29ページ）である。しかも氷川台・新桜台寄りで同時進入発車も可能だ。西武有楽町線の上下線が東京メトロ有楽町線・副都心線の和光市方面の線路と立体交差しているからである。

当初は和光市方面から副都心線と西武有楽町線方面から有楽町線への同時発車、あるいは副都心線から和光市方面と有楽町線から西武有楽町線方面との同時進入はできた。しかし、その逆の西武有楽町線方面から副都心線方面と和光市方面から有楽町線への同時発車は競合してしまうのでできなかった。逆の同時進入も同様である。

千川方を6線構造にして、競合電車のいずれかをここで停めて競合をかわせるようにするとしていた。6線にするのはどちらかいずれもかわす電車を設定できるからだという説明だった。

しかし、外側の線路を図の点線のようにして同時発車可能にする構造を準備していたとしか考えられない。そして結局はほぼ同様の配線となり、完成後同時進入発車を可能にしている。

このように両方向とも同時進入発車を可能にするためには片方は簡単

に立体構造でいいが、反対方は6線構造にする必要がある。

将来上越新幹線は大宮駅から東北新幹線と分かれて新宿駅をターミナルにする。このとき東京・新宿方向は簡単な立体交差で分岐するが、新青森・新潟方向では6線構造による立体交差ができるように準備されている（中部ライン12巻41ページ）。

わざわざ右側通行して乗り換えしやすくしている千歳線南千歳駅

千歳線南千歳駅（北海道ライン2巻35ページ）は新千歳空港駅への枝線が分岐している。札幌―新千歳空港間に快速「エアポート」が運転されている。この快速は南千歳駅で右側通行をしている。

札幌方面から来た快速はシーサスポイントを通って3番線に停車する。新千歳空港駅を出た快速は2番線に停車してシーサスポイントで転線、左側通行にもどって札幌方面に向かう。

こうすることによって苫小牧・函館方面からの列車から新千歳空港行の快速「エアポート」に乗り換えるのにホームを平面移動するだけですむ。逆の新千歳空港駅から苫小牧・函館方面への列車に乗り換えるのも同じである。荷物が多い空港利用客の便宜を図っているのである。

快速「エアポート」だけではなく、石勝線を走る新夕張・夕張方面の普通列車も右側通行で2、3番線で発着する。新千歳空港駅から新夕張方面へ向かう人は少なく、苫小牧方面と新夕張方面との間を行き来する人が多いためである。

一方、関西国際空港が開港して関西空港線も同時に開通したとき、JR阪和線日根野駅（東

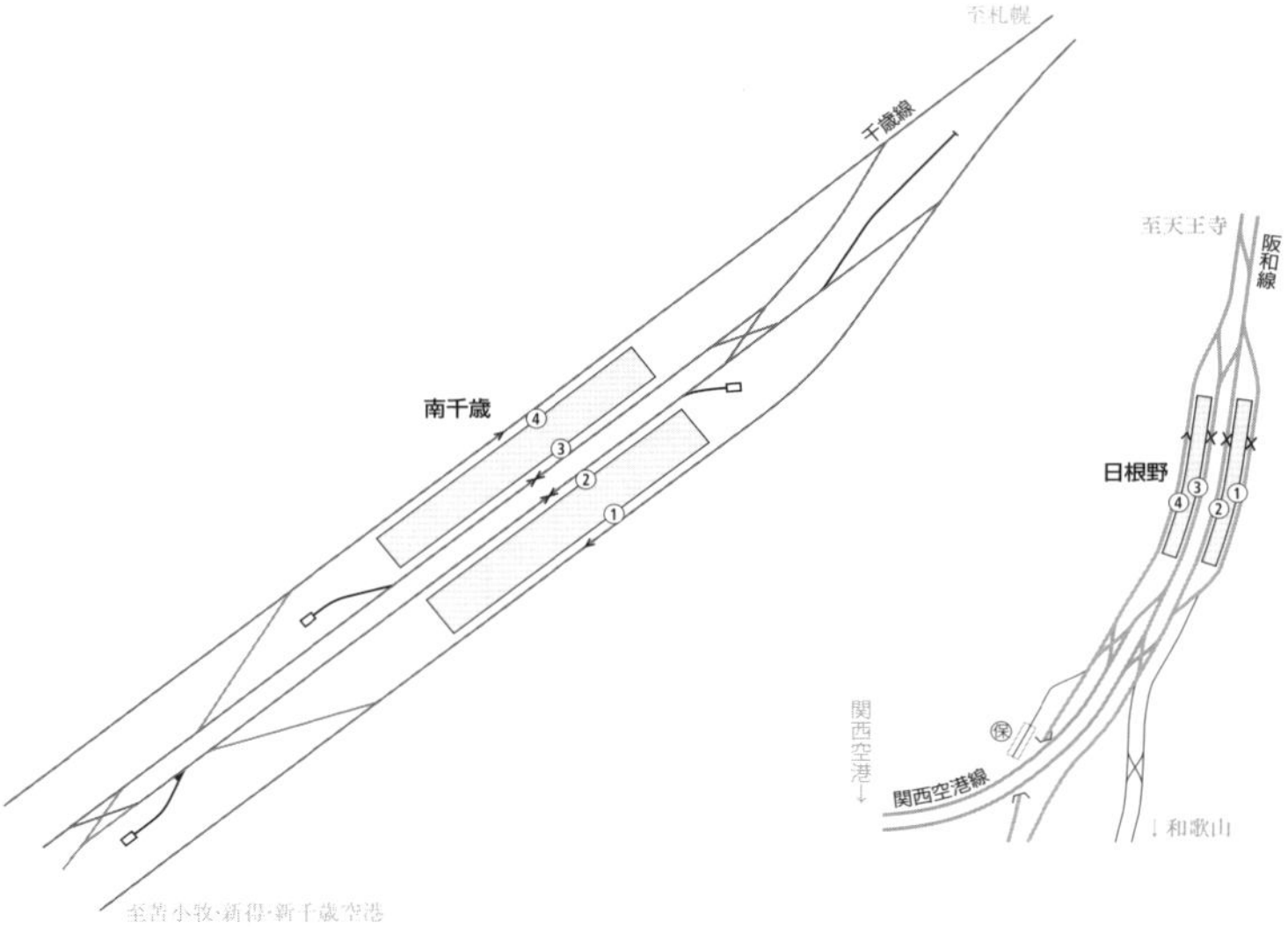

海道ライン10巻19ページ）で同様な運転方法ができるような配線に改造した。

4番線に和歌山方面からの電車が停車、天王寺方面からの関空快速などを3番線に停車させる。逆は4番線に関空快速天王寺方面、3番線に和歌山方面への電車を停車させて、同一ホームでの乗り換えができる配線にしたのである。

しかし、運転本数が多すぎて、開業後、この方法は一度も実施されていない。

通り抜け方式を採用している関西の私鉄

通り抜け方式とは2路線が集まる駅で車両を通り抜けて別のホームに向かって乗り換えをする方式である。現在通り抜け方式を行っているのは近鉄伊勢中川駅（東海道ライン8巻19ページ）と南海泉佐野駅（東海道ライン10巻19ページ）、それに阪神尼

伊勢寄りから見た伊勢中川駅。両側ホームになっているのがわかる

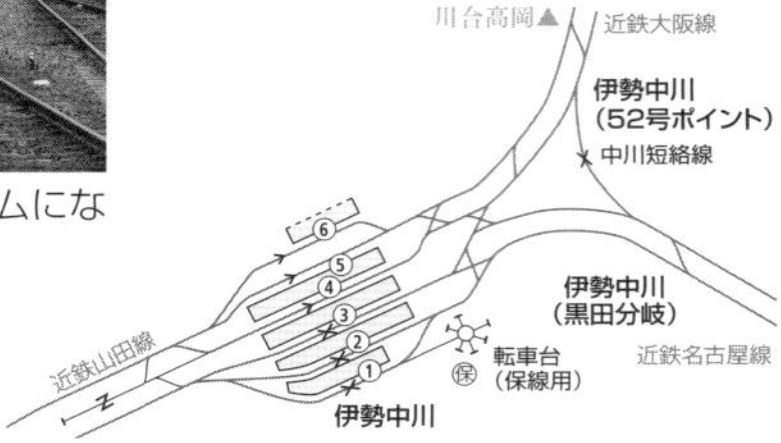

崎駅（京阪神スペシャル62ページ）である。

・近鉄伊勢中川

伊勢中川駅では6番線を除いて線路がホームの両側に置かれている。大阪方面―伊勢方面、名古屋方面―伊勢方面間の特急、急行が2〜5番線に適宜停車する。

このとき大阪方面―名古屋方面間を利用する乗客のために、たとえば2番線に停まっている電車から4番線に停まっている電車に乗り換えができるように3番線に停車している電車の両側の扉を開けて通り抜けができるようにするのである。

これによって地下にある乗換通路を通らなくてすむ。両側の扉を開けるのは3番線と4番線に停まっている電車で行っている。

・南海泉佐野

泉佐野駅は島式ホーム3面4線になっている。

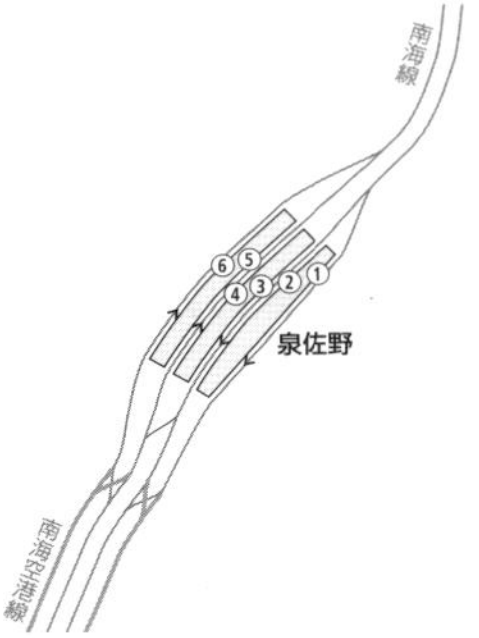

難波寄りから見た泉佐野駅。中央は空港特急「ラピート」難波行で、両側の扉を開けている。左は下り普通、右は上り普通。関西空港駅から100円の特急券で「ラピート」に乗って普通に乗り換えることができる

1、6番線は普通が優等列車待避のために停車する。優等列車はたとえば2、3番線に関西空港行の特急、急行が停車すると4、5番線に和歌山（和歌山市駅）方面からの特急、急行が停車する。両方の優等列車の両側の扉を開けると、和歌山方面からの普通の乗客は優等列車を通り抜けて関西空港方面の電車に乗ることができる。また和歌山方面からの優等列車は関西空港方面の電車と難波行の普通に乗り換えられる。

4、5番線に関西空港方面からの優等列車が停車し、2、3番線に和歌山方面の優等列車が停車しても同様の乗り換えができる。

和歌山方面の乗客が特急「ラピート」を利用できるように、特急料金は通常510円のところを泉佐野―関西空港間については100円となっている。

・**阪神尼崎**

通り抜け方式を頻繁に行っているのは阪神尼崎駅

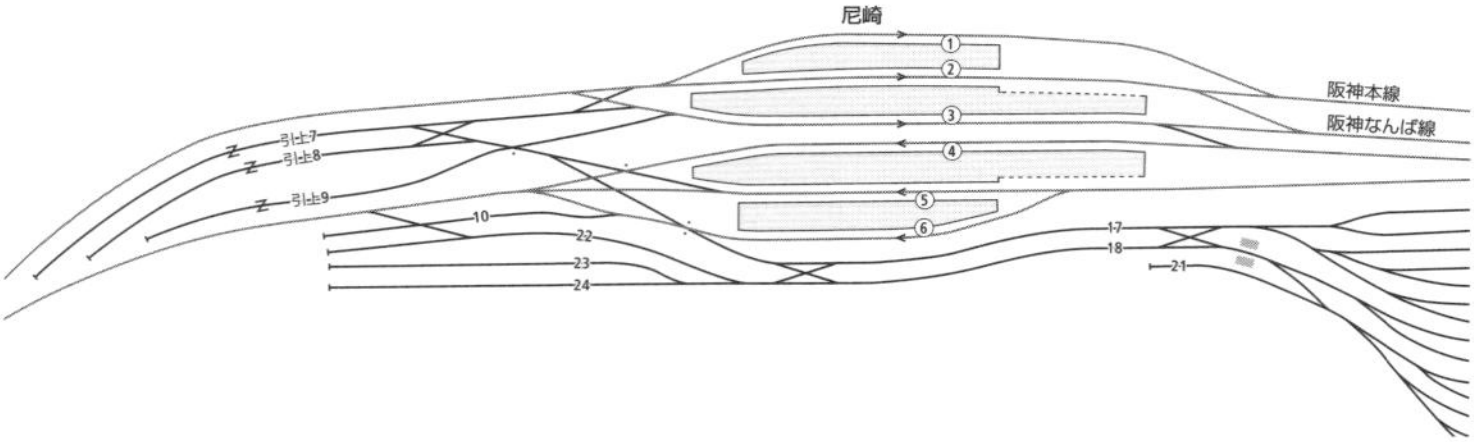

近鉄奈良行上り快速急行から見た尼崎駅。快速急行は３番線に進入する。３番線には増結用の４両編成が停まっていて、これを連結して10両編成になる。左の２番線には普通が両側の扉を開いて停車している。見えないがさらに左の１番線に尼崎駅始発の急行梅田行が停車しており、快速急行から急行への乗り換えは普通を通り抜けて行う。下り４番線には同駅止まりの近鉄車による阪神なんば線普通が停車、５番線には山陽車による直通特急姫路行が発車、６番線に停車しているのは回送

２番線に停車している普通を通り抜けて快速急行奈良行から急行梅田行に乗り換える

両側の扉を開けている普通

である。日中は片道だけで20分に2回も行っている。同駅は阪神本線と阪神なんば線が接続している。5、6番線が本線下り線、4番線が阪神なんば線到着か本線下り直通、3番線が阪神なんば線の出発か本線からの上り直通、1、2番線が本線上り線となっている。

両側の扉を開けるのは2、5番線である。昼間時は20分サイクルで梅田―高速神戸以西間の本線特急と梅田―高速神戸間の本線普通が各2本、梅田―西宮間と梅田―尼崎間の本線急行が各1本、奈良―神戸三宮間の快速急行が1本、大阪難波以東―尼崎間の阪神線内各停が2本(1本は近鉄線内準急)運転されている。

神戸方面平日下りの12時00分から20分まで20分間の尼崎発のダイヤパターンを見てみると、まず12時00分に本線普通が5番線に入って両側の扉を開ける。02分に尼崎止まりの本線急行が6番線に到着、続いて03分に阪神なんば線の快速急行が4番線に到着する。尼崎止まりの本線急行から神戸方面に向かう乗客は両側を開けた普通を通り抜けて快速急行に乗り換える。快速急行は04分に発車、続いて本線普通が05分に発車する。

12時08分には阪神なんば線の尼崎止まりの普通が到着、同時に本線直通特急も5番線に到着して両側の扉を開ける。本線側ホームと阪神なんば線ホームの両方に神戸方面に向かう乗客が待っているからである。

なお、20分後の28分は須磨浦公園行の本線特急が発着する。「直通」を付けるのは姫路行の場合だけで、姫路行直通特急に代わって30分毎に運転され神戸三宮以西各駅に停車する須磨浦公園行は「直通」を付けないただの特急である。

電車が２番線に停車しないときのために構内踏切もあった

京阪三条駅２番線に停車している特急は両側の扉を開けて左の３番線に停車している急行に乗ることができる

12時10分には次の本線普通が5番線に到着して両側の扉を開け、12分に西宮行本線急行が6番線に到着する。本線普通が両側の扉を開けるのは、尼崎止まりの阪神なんば線普通の乗客が久寿川駅までの普通しか止まらない駅へ行くために便宜を図っているからである。

急行を待避した本線普通は15分に発車するが、16分には尼崎止まりの阪神なんば線普通が到着する。本線普通が1分待つか、阪神なんば線普通が1分速く到着すれば乗り換えができるが、ダイヤ上、いずれもできない。その代わりに18分に本線直通特急が5番線に到着する。やはり両側の扉を開けていずれのホームからも乗れるようにするためである。そして20分に本線普通が到着して次の20分サイクルになる。上りもほぼ同様である。

通り抜け方式は地上線時代の京阪三条駅でも行っていた

京阪三条駅でも通り抜け方式を行っていた。同駅では京津線《けいしん》と接続していたが、これとの乗り換えではない。

同駅の2番線は片面ホームと3番線との間にある島式ホーム

に挟まれていた。島式ホームは2番線に電車が停まっていないときは改札口から近い位置に階段と踏切で行くことができる。しかし、2番線に電車が停まると行けなくなるので、このとき2番線の電車の扉を両方開けて通り抜けで3番線の電車に乗れるようにしていたのである。もっとも頭端側からは2番線を通らずに行けた。

基本的に2番線は特急専用、3番線は急行専用、2、3番線とは離れたところで京津線の線路とつながっている1番線は普通専用と決められていた。

京阪は特急に乗る乗客をホームで待たせず、停車中の特急の車内で待たせることをモットーにしていたので、特急が出発するとすぐに次の特急が入線してくる。もっとも到着して乗客が降り切って、少し前方に移動してから乗ることができるから、少しホームで待つことは待つ。また、1800系や1900系を使用していたときには各車両に20脚程の折りたたみ椅子を用意して予備席にしていた。

JRの分岐駅

山陰本線と伯備線が接続する伯耆大山《ほうきだいせん》駅（山陽・山陰ライン5巻29ページ）には貨物着発線や側線があるが、旅客線に関しては基本的にJR形配線になっている。山陰本線と木次《きすき》線が接続する宍道《しんじ》駅（山陽・山陰ライン5巻34ページ）もJR形配線になっている。もっとも宍道駅は木次線発着用の4、5番線があったが、運転本数が少ないためにJR形配線の3番線を使用すれば十分ということで4、5番線を廃止した。

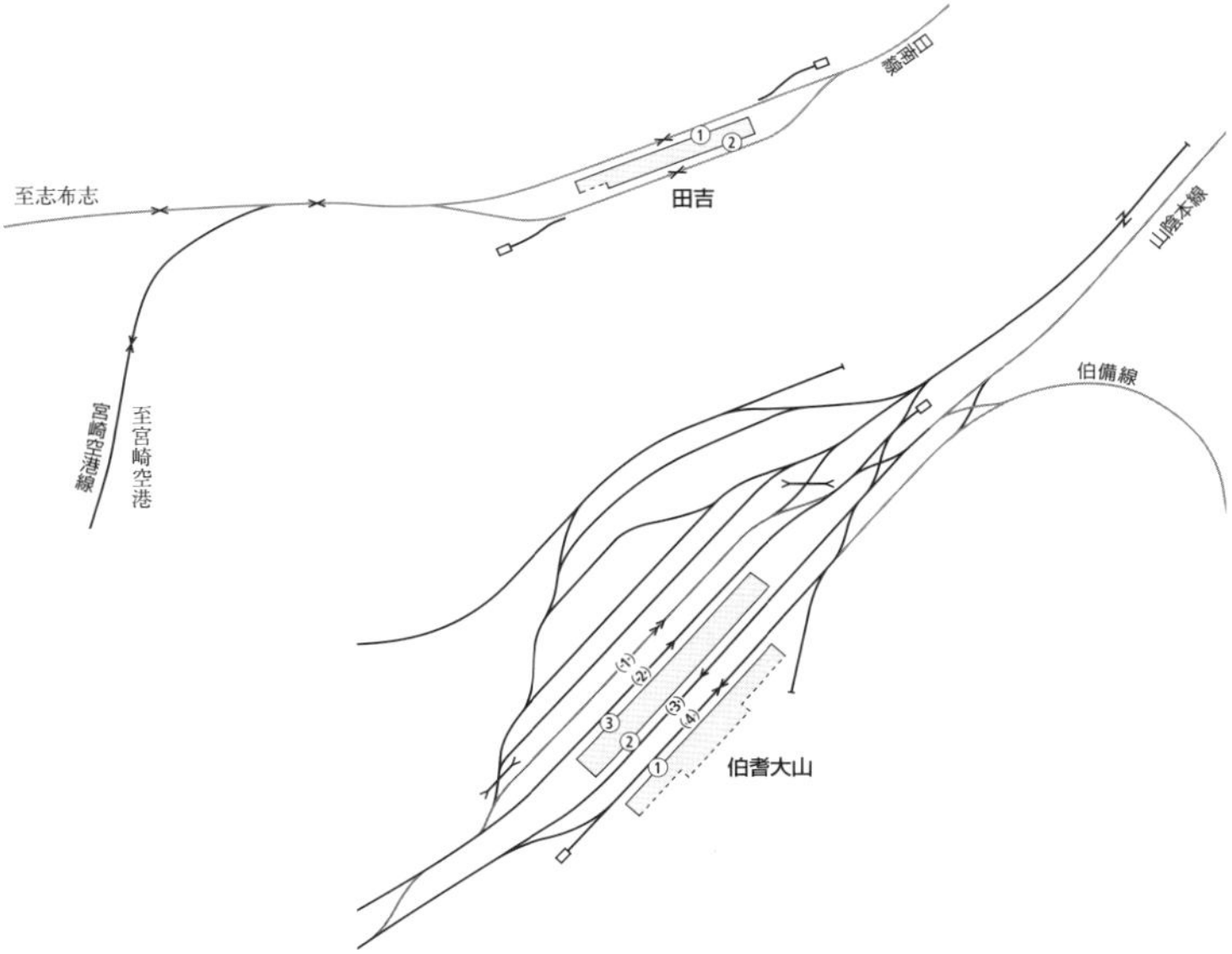

かつては機関車牽引の客車列車では機回しなどでホーム在線時間が長くなるので専用の発着ホームを設置する駅が多かった。それにより発着線が多数になっている。電車や気動車の時代になると軽快に走れることからJR形配線でも多すぎるということで、日南線と宮崎空港線が接続する田吉駅（四国・九州ライン7巻52ページ）は島式ホーム1面2線しかなく、志布志《しぶし》・宮崎空港寄りの日南線の本線上で宮崎空港線が分かれている。

また、比較的運転本数が多い本線とそれに従属する路線、いわゆる支線が接続している場合、本線側だけでJR形配線の3線を使用していることから、切り欠きホームを設置し

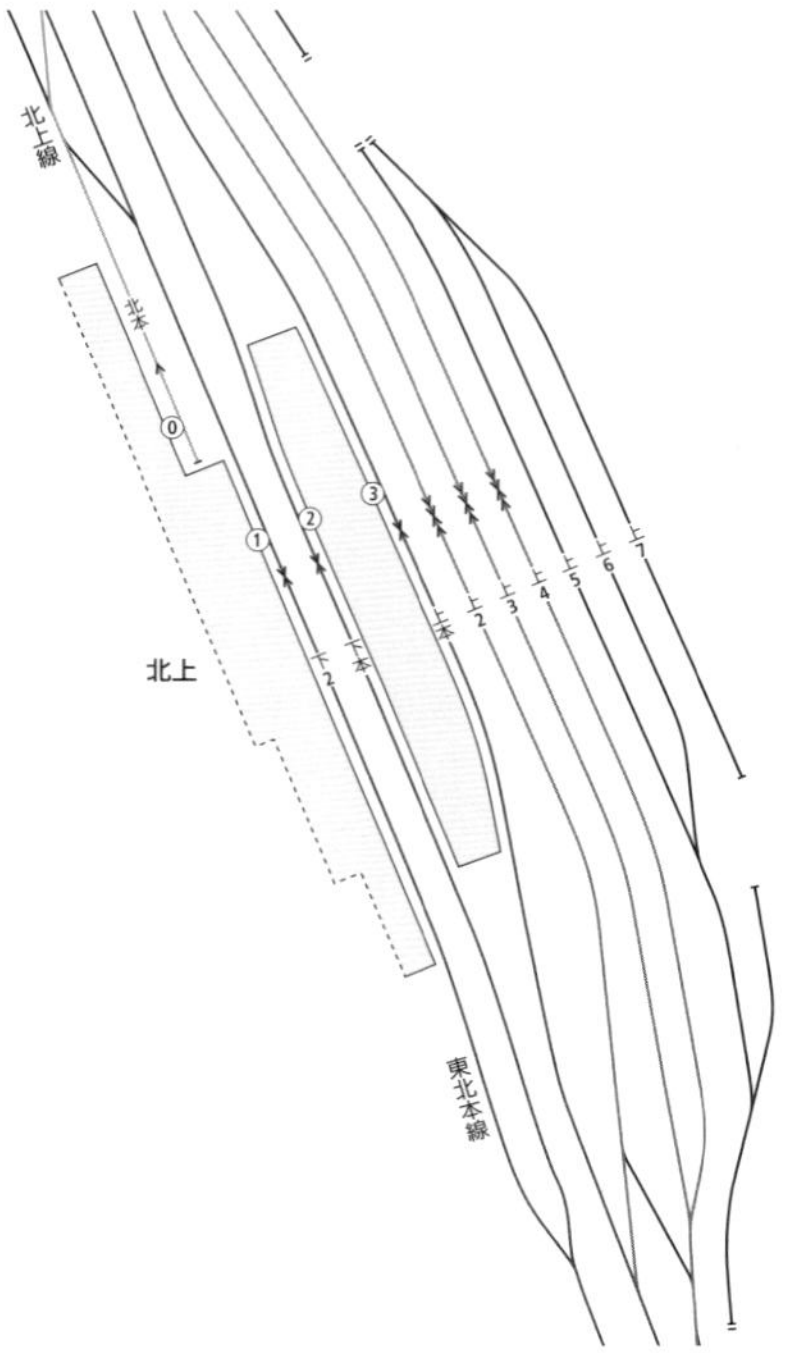

て、そこから支線の列車を発着している駅もある。たとえば東北本線と北上線が接続している北上駅（東北ライン9巻53ページ）である。

両線とも運転本数が多い本線同士が接続する駅ではもっとホームが多くなる。たとえば米原駅（全国新幹線ライン26、27ページ）の在来線は東海道本線と北陸本線が接続する島式ホーム3面8線になっている。ただし8線のうち2線は貨物着発線である。

かつては6線貨物上下本線や貨物引上線を挟んで新幹線側に島式ホーム2面4線、南側に島式ホーム2面と片面ホーム1面の5線の発着線がある大規模な駅だった。電車の時代になって9線も旅客発着線はいらないということで、大改造したのである。

複々線の東海道本線と福知山線、それにJR東西線が接続するJR尼崎駅（京阪神スペシャ

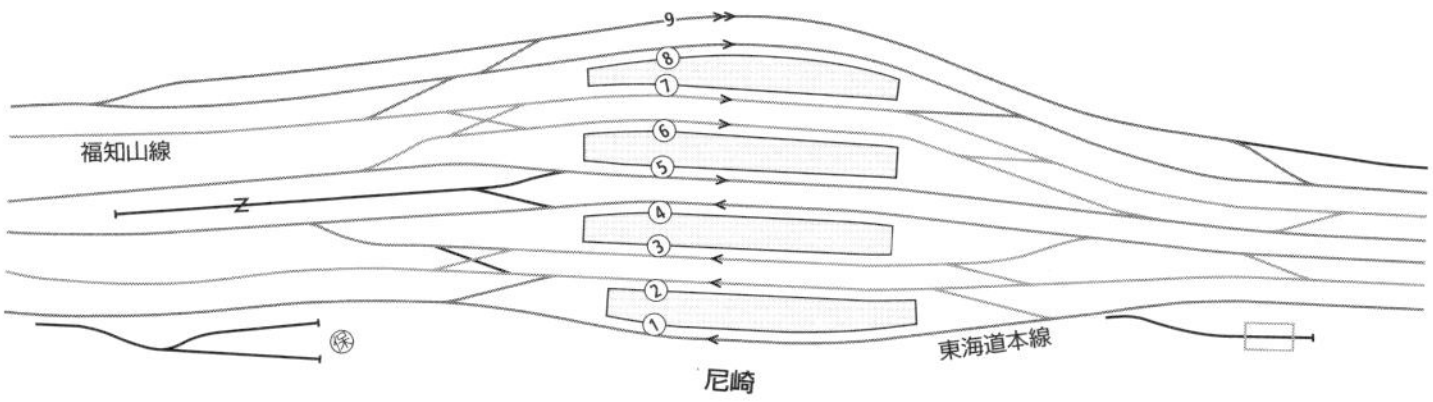

ル63ページ）は島式ホーム4面8線に1線の上り貨物着発線がある。1、2、7、8番線が東海道本線と福知山線の長距離列車用、3〜6番線が東海道本線と福知山線、JR東西線の中・短距離電車用になっている。

東海道本線と福知山線、JR東西線の乗り換えは同じホームでできるのでいいが、それは快速電車や各停（緩行）電車によるものである。東海道本線の新快速電車や大阪発の福知山線快速などと東海道本線の各停やJR東西線直通の快速などに乗り換える場合はホームを移動しなくてはならない。しかも以前は乗換用を兼ねたコンコースへの跨線橋は一つしかなく、非常に面倒であった。

阪神尼崎駅のように2、7番線を撤去してホームを拡幅し、ここに停車する電車の両側の扉を開ければ、通り抜け乗換ができる。新快速は15分毎、これに福知山線の特急、快速、そして貨物列車が走っているとはいえ、1線でさばき切れると思われる。JRは運転本数が多い駅ではまだまだ多数の発着線を設置したがる癖があるのである。

第四章　複々線の配線

線路別複々線や3複線などになっている東京—小田原間

首都圏の各路線や関西圏などは列車の運転本数が多くて複々線になっている。東海道本線の東京—品川間では中長距離列車用、横須賀線用、電車区間用として山手線電車用、京浜東北線電車用にそれぞれ複線がある。これに東海道新幹線が加わる。横須賀線用は地下を通る別線になっているが、他は高架あるいは地上を通って10線の線路がある。

品川駅からは東海道新幹線と横須賀線、山手線の線路が離れて、東海道本線と京浜東北線の4線、つまり複々線になるが、鶴見駅からは別ルートを通ってきた横須賀線電車の走る品鶴貨物線と再び合流するとともに、東海道貨物線が少しの間並行する。

東海道貨物線は浜松町駅が起点だが、現在浜松町—大井（東京）貨物ターミナル間は休止中で大井貨物ターミナルが実質の起点である。川崎貨物駅、浜川崎駅、川崎新町駅を経て鶴見駅に達する。鶴見駅では武蔵野南貨物線と合流し、並行する京浜急行の生麦駅付近で桜木町駅への通称高島貨物線が分岐、東海道貨物線は、通称新横浜貨物線として、横浜羽沢貨物駅経由で東戸塚駅まで別ルートをたどる。そして横浜駅で京浜東北線の線路は根岸線となって分かれる。

東戸塚—大船間では東海道本線、東海道貨物線、横須賀線の3複線になり、大船駅で横須賀線が分かれ、ここから小田原駅までは東海道本線と東海道貨物線の複々線になる（東海道ライン1巻10〜30ページ、同2巻10〜13、20〜23、27〜30ページ）。

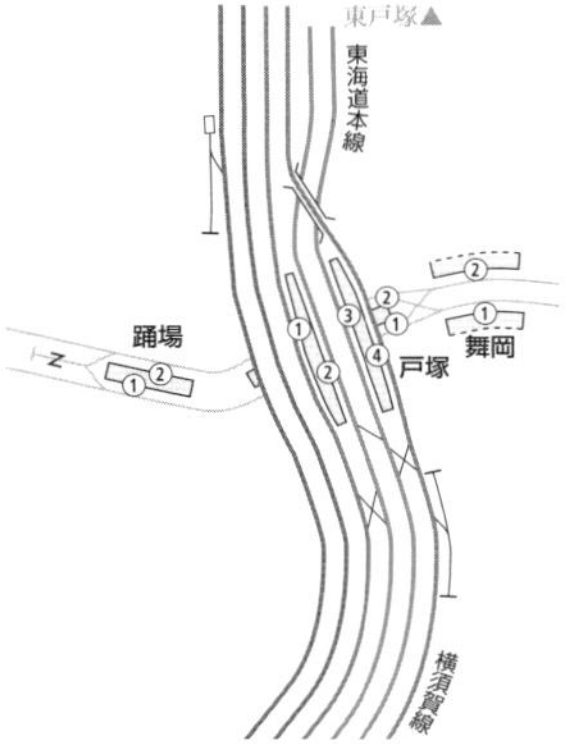

戸塚駅の東戸塚寄りで横須賀線下り線は東海道本線上下線を乗り越して戸塚駅では方向別ホームになる

いずれの区間でも各線がそれぞれ複線となってただ並んでいるだけである。これを線路別複々線などという。

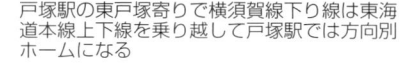

線路別複々線では並行する他線への乗り換えは別のホームに移動しなくてはならない。そこで乗換客が多い戸塚駅（東海道ライン2巻13ページ）だけは同じホームで乗り換えられるようになっている。これを方向別複々線という。

戸塚駅の東戸塚寄りでは東海道貨物線と東海道本線の間に横須賀線の線路がある。大船駅では東海道本線の南側で横須賀線が発着するために、どうしても東海道本線との立体交差が必要になる。そこで戸塚駅の東戸塚寄りでまず下り線が東海道本線を斜めに乗り越している。これによって戸塚駅では方向別にすることができる。戸塚駅を出ても大船駅近くまでは方向別となり、ここで上り線も東海道本線を斜めに乗り越している。また、戸塚駅の大船寄りでは東海道本線と横須賀線の双方の電車が転線できるようにシーサスポイントが置かれている。

複々線になっている京阪神地区東海道・山陽本線

東海道本線の名古屋―稲沢間（東海道ライン5巻8～14ページ）も旅客線と貨物線による線路別複々線になっている。

一方、関西地区の東海道本線、山陽本線の草津―西明石間（東海道ライン6巻12～25ページ、京阪神スペシャル36～39、42、43、45～49、60～63、70～77ページ、山陽・山陰ライン1巻8～13、16～21ページ）は複々線になっているが、このうち草津―新長田間は方向別複々線、新長田―西明石間は線路別複々線になっている。

戦前に京都―新長田間を複々線化し、戦後になって草津―京都間と新長田―西明石間を複々線化したが、新長田―西明石間は工期が短く費用も安い線路別複々線にした。しかし、草津―京都間は距離が短いことから方向別複々線にした。

草津―新長田間の方向別複々線区間で内側の2線の線路を内側線、その両側を外側線と称している。内側線は各停（現在は普通としているが紛らわしいので本書では各停とする）や快速、外側線は特急や新快速、貨物列車が基本的に走る。内側線を電車線、外側線を列車線ともいい、新長田―西明石間の線路別複々線区間ではまさしく電車線と列車線という。

方向別複々線区間で内側を電車線にしているのは、各停は途中での折り返しをするためにY字形引上線を設置しても外側線と競合しなくてすむからである。といっても引上線がある中間

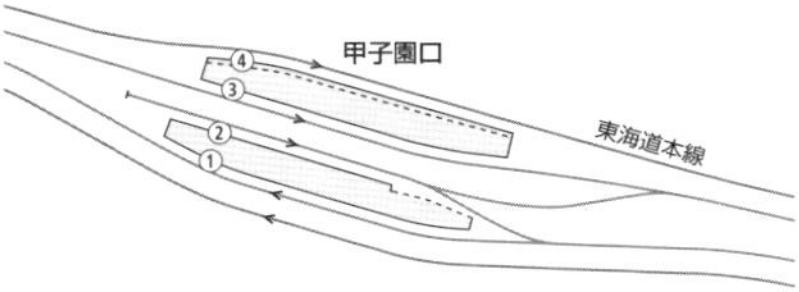

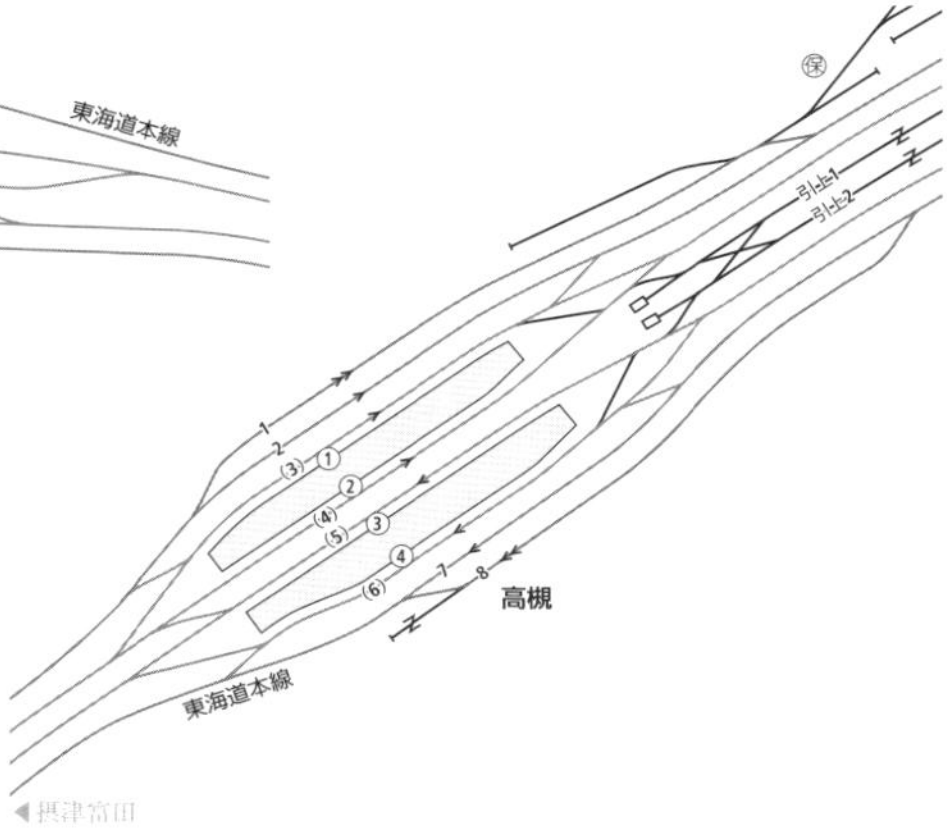

武庫川線は狭軌・標準軌併用の3線軌だった

駅は高槻駅（京阪神スペシャル26ページ）しかない。しかも2線ある引上線は同駅の近くにある車庫の入出庫線を兼ねている。

甲子園口駅（京阪神スペシャル62ページ）でも折り返しができるようにしているが、もともとは島式ホーム2面に通常の内・外側線、それに南側に単線の貨物線がある5線だった。その貨物線を下り外側線に変更して下り内側線を外側線に移設、そして元下り内側線の2番線を折返用にしたものである。

なお、この貨物線は現在の阪神武庫川線武庫川団地前駅付近にあった川西航空機の鳴尾工場への物資輸送をするために1944年に開通したものである。1943年には武庫大橋―洲先間に阪神武庫川線が開通し、同区間は狭軌、標準軌併用の3線軌になっていた。

方向別複々線の追越駅　芦屋駅

京阪神地区東海道・山陽本線の京都―明石間で電車線（内側線・緩行線）がある待避追越駅は高槻、大阪、芦屋、須磨駅である。

1957年にそれまで電車区間で通過運転をする電車を急行電車、略して急電という列車種別で走らせていたが、中・長距離運転の急行列車と紛らわしいことから、国鉄は快速という列車種別に改めた。

急電は中央本線東京―高尾間や東海道・山陽本線の京都―神戸間（内側線を走行）、阪和線天王寺―和歌山間などで設定していた。阪和線には特急電車もあった。かつては電車というと近距離で頻繁に運転されるものとし、中・長距離を走る列車とは区別されていたのである。

東海道・山陽本線で快速に改めたとき、高槻と芦屋の両駅を快速停車駅にして、両駅では内側線に待避線（副本線）を設置した。そして各停電車と緩急接続をするようになった。緩急接続とは快速が各停を追い抜くときに停車して、快速と各停双互に乗り換えができるようにする方式である。その反対語は緩急分離といい、通過して追い越すものである。

当時の東海道・山陽線で内側線は国鉄大阪鉄道管理局（大鉄局）が管理し、近距離運転の快速と各停しか走っていなかった。特急料金や急行料金を取る列車は特急と急行（後に準急が加わる）があったが、このほかに普通列車があった。普通列車は複々線区間では外側線を走り、大阪―神戸間では三宮駅しか停車しなかった。電気機関車牽引の客車列車で加減速が悪く、所要時間は快速とあまり変わらなかった。普通列車は姫路や岡山などまで走る長距離列車で、これは国鉄本社直轄の列車なので国鉄本社が管理する外側線を走る。

やがて山陽線の電化が進むと普通列車は電車化され、普通列車は外側快速という呼称が付いた。このとき外側快速は西ノ宮（現西宮）駅に停車するようになった。大阪―三宮間の中間駅で快速を停車させる予定になったとき、西ノ宮駅と芦屋駅で停車駅誘致争いがあって芦屋駅が勝ったが、その不満の解消を目的として外側快速は西ノ宮駅に停車させたのである。

普通列車と各停とは種別が違っている。常磐線では普通列車のことを中距離電車、略して中電という。中電は現在では快速と停車駅が同じでも厳然と区別されている。中央本線でも普通列車と快速と区別されている。普通列車は今は新宿まで乗り入れていないが、かつては、普通列車の停車駅は新宿駅の次は三鷹駅となっていた。普通列車は当然、快速よりも停車駅が少ないとされている。

それはそれとして外側線を走る列車を芦屋駅に停車させるためには大阪寄り・神戸寄りの端部にある外側線と内側線とに渡り線を通すことになるが、それを行うと内側線の各停と競合してしまう。このため外側快速は芦屋駅を通過し西ノ宮駅に停車させたのである。西ノ宮駅のホームは外側線と内側線の間にある島式だから停車できるのである。

当時、修学旅行用の「きぼう」号という列車が臨時で走っていた。芦屋駅に停車するときにはこの渡り線で内側線に入るが、内側線快速や各停が頻繁に走るなかなので、芦屋駅の停車時

芦屋駅では新快速と各停は同時発車をしていた

153系を使う新快速。その塗装からブルーライナーと呼ばれていた

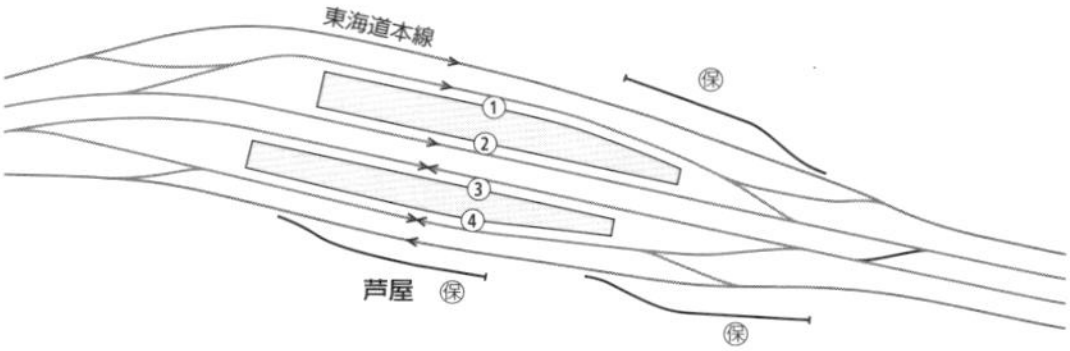

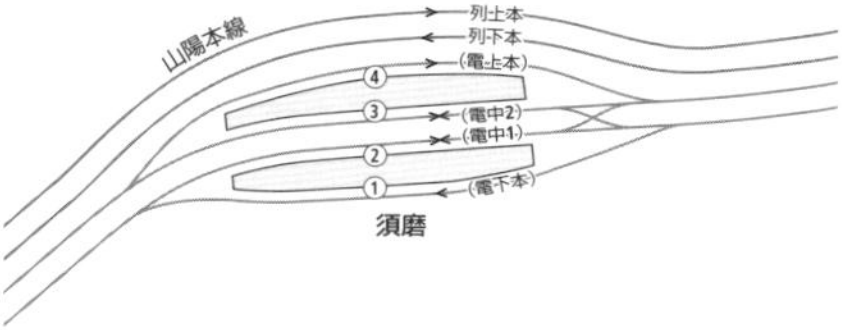

間は短くせざるを得ない。このため乗車する修学旅行生らは「もたもたするな、迅速に乗れ」といわれて乗ったものである。「きぼう」号は関西から東京方面への中学生の修学旅行電車であり、東京方面の中学生が関西方面へ行く場合は「ひので」号の愛称があった。

ともあれ、外側快速は普通列車の電車化したものなので、昼間時で1時間に1本程度、朝夕ラッシュ時で1時間に2本程度の運転だった。

兵庫―西明石間が線路別の複々線になったあと、朝ラッシュ時の混雑が激しくなったので、同時間帯では内側線・電車線は各停専用とし、快速は外側線を走らせるようになった。このとき芦屋駅では外側線から内側線の待避線である副本線に転線できる渡り線を大阪寄り・神戸寄りの両端に上下線とも設置して外側線を走る快速が芦屋駅に停車できるようにした。そしてもっと遠方の端部にある内側線と外側線との渡り線は撤去した。これが現在の芦屋駅の配線である（京阪神スペシャル72、73ページ）。

高槻駅（京阪神スペシャル26ページ）も同様にしたが、もう一つの待避追越駅である須磨駅（山陽・山陰ライン1巻17ページ）は線路別複々線なので、これができず、朝ラッシュ時の快速は須磨駅を通過していた。

大阪万博が終わった１９７０年10月に京都―西明石間に内側線を走る新快速の運転を開始した。停車駅は大阪、三宮、明石の３駅だけで、新大阪駅も通過していた。使用車両は近郊形の１１３系で、あまりスピードが出なかったが、それでも京都―大阪間を32分で結んだ。ただし日中1時間に1本の運転だった。

１９７２年の山陽新幹線岡山駅開業後に大阪―宇野間に運転していた急行「鷲羽」が廃止になり、急行用の１５３系が余剰になってしまった。この車両を新快速用に転用した。運転間隔も15分にし、最高速度は１１０km／h（一部区間では１００km／h）に上げたために京都―大阪間は29分に短縮した。当時の特急「雷鳥」は新大阪駅にも停車するために京都―大阪間を32分で結んでいた。しかも大阪駅の京都方面では毎時０分に新快速と「雷鳥」が同時発車する。新大阪駅手前で新快速は「雷鳥」を置いてきぼりにして先に行ってしまっていた。

当時、外側線は国鉄本社直轄、内側線は大阪鉄道管理局が管理していたが、国鉄本社はこれに対してクレームを付けたものの、大阪鉄道管理局はどこ吹く風で、このダイヤを維持した。

大阪鉄道管理局は新快速用に当時新鋭の転換クロスシートの117系を投入、新大阪―高槻間の最高速度を100㎞／hから110㎞／hに引き上げて新大阪駅に停車しても京都―大阪間の所要時間を29分のままにできるようにした。

そして分割民営化で外側線がJR西日本の思うままになると新快速は外側線を走行するようになり、最高速度を115㎞／hにして昼間時に高槻駅と芦屋駅に停車し、さらに新鋭の221系によって最高速度を120㎞／hに引き上げ、やがて130㎞／hにまでなる。また、尼崎駅にも停車するようになり、大阪―京都間は最速27分まで短縮した。

日中の芦屋駅では新快速電車と各停電車がほぼ同時に進入、そして同時に発車するようになった。このとき各停電車は内側線の本線で発着、新快速電車は副本線で発着する。副本線から外側線に転線するときには速度制限を受ける。各停電車はぐっと加速していくのに対して、新快速電車は加速してもすぐにノッチオフ（加速をやめること）して外側線に転線する。同時発車しても各停電車のほうが少し先行してしまうのである。

15分に1回、各停電車と新快速電車は同時発車を行っていたが、その約7分後には快速が別の各停電車を追い越す緩急接続を行う。このときは快速が内側線の本線で発着、各停電車が副本線で発着をしている。快速と新快速とで、そして15分に2本走る各停電車はそれぞれ発着線が異なっているのである。いつも利用している人はこれを当たり前としているが、はじめて芦屋から乗る人は戸惑ってしまう。

これは現在でも行われているが、さくら夙川駅や摩耶駅など新しい駅ができて昼間時は新快速と各停との同時発車は行われなくなって、互いに乗り換えができず不便になった。

一方、高槻駅では、このようなダイヤにはなっていない。昼時の各停電車は高槻駅折り返しで京都―高槻間は走らない。昼間時は快速電車が京都―高槻間の各駅に停車している。この場合、京都―高槻間は普通と称し、高槻以西快速と称している。そのため各停電車も正式には普通に改めている。このとき山崎駅付近で内側線を走る快速は外側線を走る新快速に走行しながら追い抜かれてしまっている。

また、須磨駅は相変わらず新快速が停車できず、快速だけしか止まらない。京都―兵庫間では方向別複々線を駆使したダイヤにしているのに、兵庫―西明石間は線路別になっているために、どうしても不便なダイヤになっている。国鉄は線増しやすい線路別複々線化を同区間や首都圏で行ったが、線路別複々線は利便性がいいダイヤを構成することができないのである。

首都圏ＪＲは線路別が多い

首都圏では輸送力増強のために線路別で各線を複々線化した。中央本線では戦前に御茶ノ水―中野間が複々線になっていたのを１９６６年に荻窪駅まで、１９６９年に三鷹駅まで複々線化した。

複々線化は１９６０年代後半に５方面作戦と称して、先述の東海道・横須賀線、中央本線、東北本線、常磐線、総武本線で複々線化などの線増が行われた。東北本線では赤羽—大宮間を線増して京浜東北線を分離して貨物線を長距離列車用に転用、そして新貨物線を建設した。常磐線では綾瀬—取手間に緩行線を設置した。緩行というのは急行の反語で、ゆっくり走る電車、つまり各駅停車のことである。綾瀬駅より都心は地下鉄千代田線と直通する。

総武本線は両国—千葉間に快速線（急行線）を増設した。快速線は両国駅から分かれて東京地下駅に乗り入れ、横須賀線と相互直通した。両国駅には快速線のホームはないが、複々線区間の起点は両国駅である。

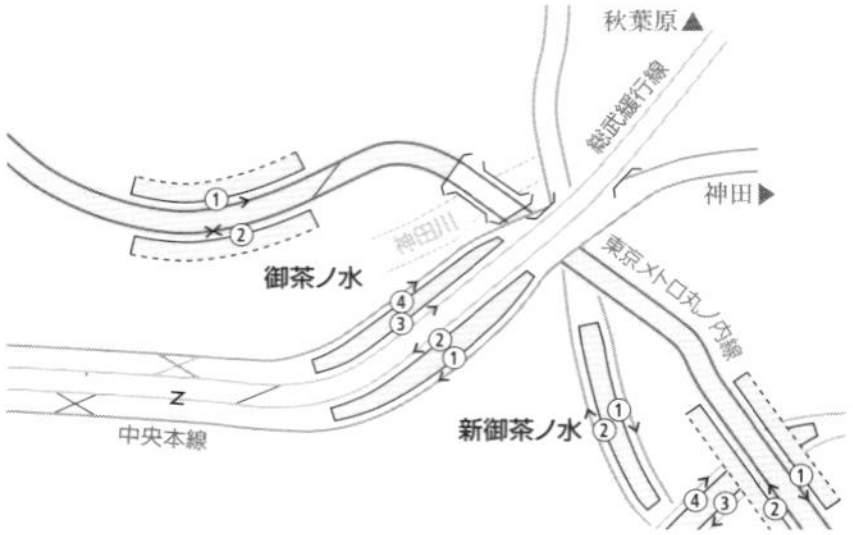

これらの線増は時間と費用がかかる。それらを軽減するために線路別複々線にした。線路別複々線にすると遅い緩行電車から速い快速電車へ乗り換えるにはホームを移動しなくてはならず、結局所要時間は同じになるということで、乗客が集中しやすい快速電車の混雑緩和にもなると、当時の国鉄線増担当者は語っていた。しかし、それでも快速に乗り換える客が多かった。

錦糸町駅の乗換通路は各停から快速へ、あるいは快速から各停へ乗り換える客で混乱している。錦糸町駅くらいは戸塚駅のように方向別にすればよかったといえる。

戦前に複々線化した中央本線の御茶ノ水駅（中部ライン12巻25ページ）は方向別ホームにな

っていて、緩行線に乗り換えるのに非常に便利である。さらに戦前の配線担当者の深慮の結果として緩行線の水道橋方下り線は引上線として使えるようになっている。

早朝深夜では中央線快速はあまり走らず、総武線各停電車は御茶ノ水折返になる。中央本線も各停が主体になる。そこで水道橋方にある緩行線と急行線の転線用のシーサスポイントを緩行線の10両分空けた水道橋寄りに設置し、その間の緩行線下り線を引上線にして折り返しているのである。

私鉄は方向別複々線が多い

大手私鉄で複々線がないのは相模鉄道と西日本鉄道だけで、他の大手私鉄は複々線区間がある。京成電鉄は青砥《あおと》―京成高砂《けいせいたかさご》間、東武鉄道は伊勢崎線の北千住―北越谷間と東上線の和光市―志木間、西武鉄道は池袋線の練馬―石神井《しゃくじい》公園間、京王電鉄は新宿―笹塚間、小田急電鉄は世田谷代田―和泉多摩川間、東急電鉄は東横線の田園調布―日吉間と田園都市線の二子玉川―溝の口間、京急の金沢文庫―金沢八景間である。

名古屋では名古屋鉄道の金山―神宮前間、関西では近畿日本鉄道の大阪上本町―布施間、南海電鉄の難波―天下茶屋《てんがちゃや》間と岸里玉出《きしのさとたまで》―住ノ江間、京阪電鉄の萱島《かやしま》―天満橋間、阪急電鉄の梅田―十三間（3複線）、阪神電鉄の大物《だいもつ》―尼崎間である。なお、小田急の向ケ丘遊園―登戸間と京急の神奈川新町―子安間は上り側だけ複線の3線路線になっている。

このうち線路別複々線は京王の新宿―笹塚間と阪急の梅田―十三間、南海難波―天下茶屋間、阪神の大物―尼崎間だが、京王の笹塚駅と阪神尼崎駅は方向別ホームになっている。京王は京王線と都営地下鉄新宿線に直通する新線に分けている。阪急は京都線、宝塚線、神戸線に分けた3複線だが、京都線電車が走る線路は正式には宝塚線の急行線としている。このため途中にある中津駅に京都線のホームはない。阪神は本線と阪神なんば線に分けた線路別複々線である。

近鉄は奈良線と大阪線を分けた方向別複々線だが、大阪上本町駅は奈良線が地下に潜っているのと布施駅は上下2段式の高架駅で両駅は線路別ホームである。もともと大阪上本町―布施間は線路別複々線だったのを方向別に改良した。

南海の難波―天下茶屋間は高野線と南海線に分けた線路別複々線になっており、岸里玉出―住ノ江間は緩行線と急行線による方向別複々線になっている。

東急東横線では東横線電車と目黒線電車を、田園都市線は田園都市線電車と大井町線電車を分離した方向別複線となっているが、上りの溝の口―二子玉川間は緩行線と急行線に分けた緩急分離運転ができる配線になっている。このため大井町線側には二子新地駅と高津駅のホームはない。二子玉川駅で上り急行線、要するに大井町線の線路から渋谷方面に行けるようになっている。今は行っていないが、田園都市線の急行を朝ラッシュ時に大井町線の線路を走らせる配線になっているのである（中部ライン1巻18ページ）。

緩急分離をする複々線では急行線を外側にしているところと内側にしているところに分かれている。小田急と京阪、京急は内側線、東武伊勢崎線と東上線、西武池袋線が外側線を急行線にしている。南海の岸里玉出―住ノ江間では下り急行線は内側、上り急行線は外側と変則になっている。

内側を急行線にすると駅部分で島式ホームになっていても直線にできるので速度を落とさずにすむことが長所である。

しかし、小田急ではまもなく代々木上原―世田谷代田間も複々線になるが、代々木上原駅では内側線が地下鉄千代田線との直通になっており、新宿発着の特急、急行等は内側に転線するためにポイントを通らなくてはならない。急行等は停車するからいいが、特急は速度を落とさなければならない。

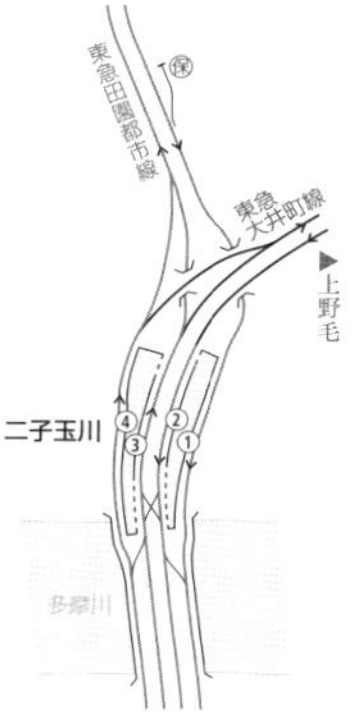

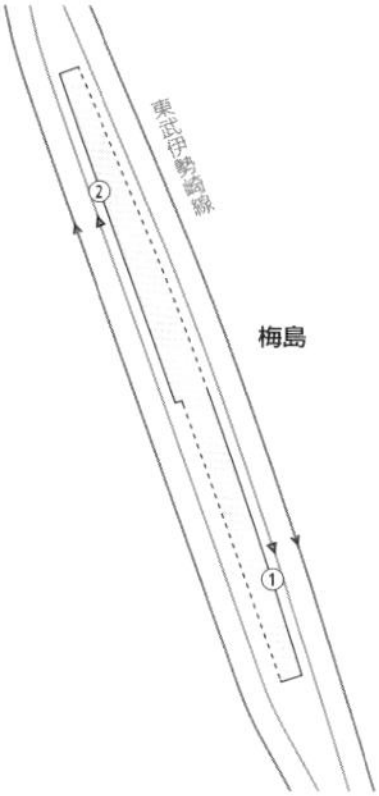

外側を急行線にした場合は緩行線用の引上線が急行線と競合しない長所があるが、急行線は駅で外側に膨らんでしまう。速度を落とさないように緩いカーブで膨らますためにスペースを必要とする。東武伊勢崎線梅島駅（首都近郊スペシャル46ページ）では片面ホームを直列に並べて膨らみを抑えている。

複々線でも追越駅がある

東武伊勢崎線の外側線は特急と快速、区間快速、急行、準急が走る。急行、準急は停車駅が多く、

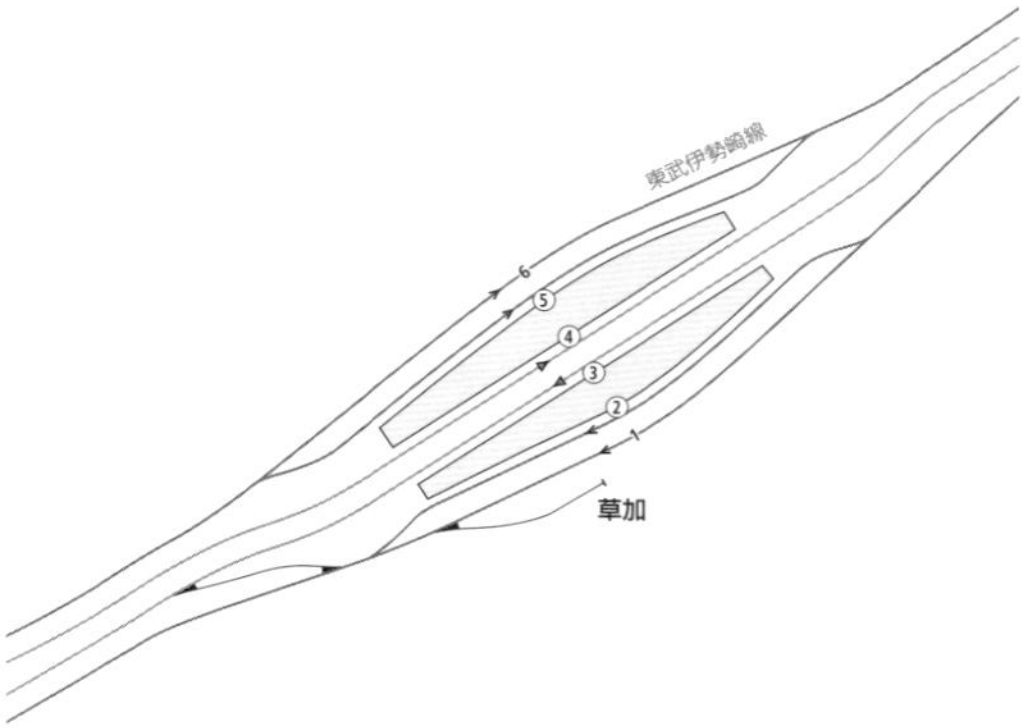

複々線区間でノンストップの特急や快速などに追い付かれてしまう。

そこで草加駅（首都近郊スペシャル50ページ）と越谷駅（同53ページ）の外側線は待避線と通過線に分けている。

基本的に草加駅で急行は待避する。昼間時に急行は10分毎に運転され、特急や区間快速は10分または20分毎に運転され草加駅で急行を追い抜いている。しかし、急行は10分毎なので追い抜かれない急行もある。それでも待避線に入って待避急行と同じ時間停車している。

こうすることによって急行の運転間隔をずっと10分に維持でき、また臨時の特急や快速をいつでも走らせられるようにしている。このため複々線で走行中に追い抜かれた内側線を走る普通が、草加駅で停車中の急行を今度は追い抜いていく光景が見られる。

ＪＲでも総武本線の市川駅（東海道ライン11巻12ページ）と津田沼駅（同15ページ）で快速が待避できるようになっている。市川駅は東武草加駅と同様の通過線と待避線がある構造をし

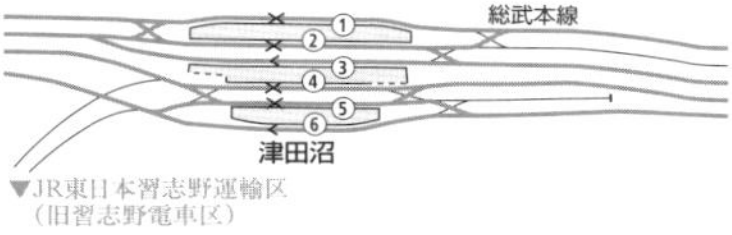

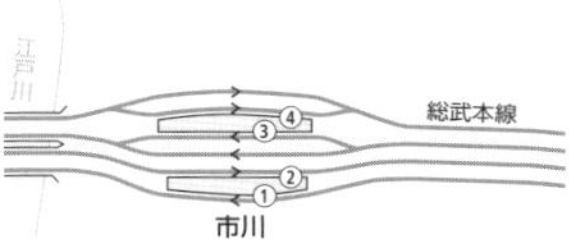

市川駅で快速を追い越す特急「成田エクスプレス」

ており、同駅でも緩行線の各駅停車が追い越していく光景が見られる。津田沼駅は急行線と緩行線がともにＪＲ形配線になった島式ホーム３面６線で３、４番ホームが通常のＪＲ形配線の片面ホームを合わせた島式ホームである。

中央本線三鷹駅（中部ライン２巻７ページ）も津田沼駅と同様の二つのＪＲ形配線を合わせた形になってはいるが、緩行線は１、２番線だけを使う島式ホーム１面２線とし、急行線は島式ホーム２面４線としている。

第五章

路面電車・地下鉄などの配線

直角平面交差

軽快に走ることができる路面電車では大胆な配線をしていることが多い。一番は直角平面交差である。かつて大半の都市に路面電車があった時代にはさほど珍しいものではなかった。

しかし、現存している直角平面交差の配線は四国のとさでん交通（元土佐電鉄）はりまや橋電停（四国・九州ライン2巻38ページ）しかない。直角に交差するだけではなく、栈橋線高知駅前—伊野線枡形《ますがた》間を直通できるように複線の短絡線がある。

また、栈橋線の栈橋車庫から伊野方面への出庫電車が早朝に、後免町から栈橋車庫への入庫電車が夜間に走るため単線の短絡線が設置されている。また走る電車は設定されていないが高知駅前方面から後免町方面への単線

栈橋線から伊野線に転線

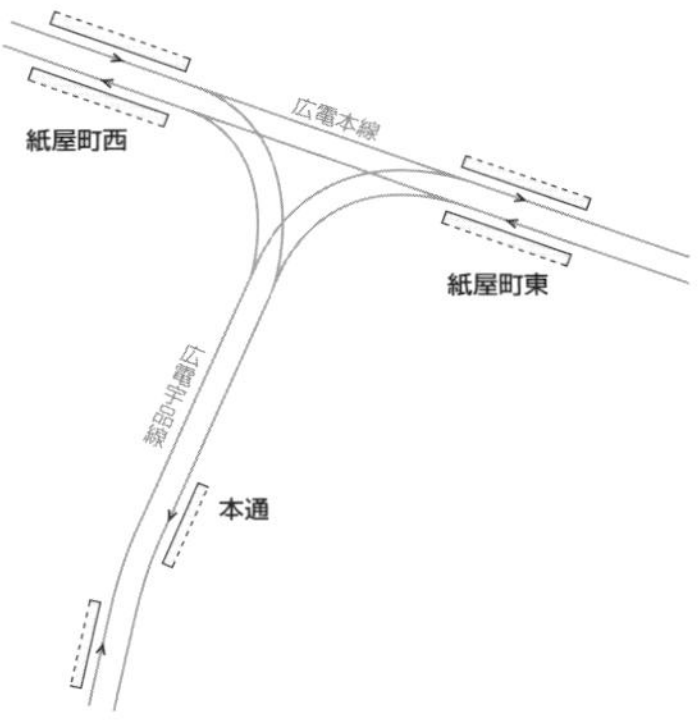

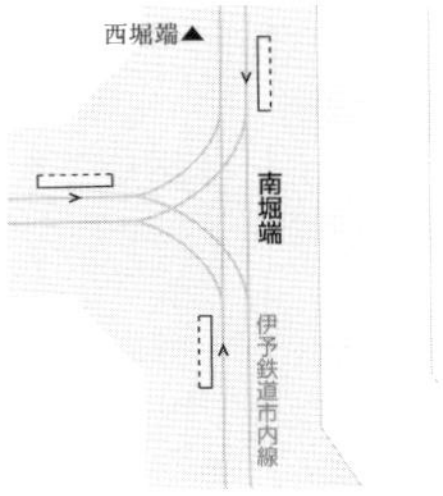

の短絡線がある。

東京や大阪などにあった直角平面交差の個所では、すべての方向に複線の短絡線があったところが多い。はりまや橋電停ではそこまでにはなっていない。

三角平面交差

現在多いのは、かつては直角平面交差の次に多かった三角平面交差である。伊予鉄道市内電車の南堀端電停（四国・九州ライン2巻20ページ）はJR松山駅前方面と松山市駅方面、道後温泉方面の3方向に行き来できるように三角線になっている。

三角線は鹿児島市電の郡元電停と高見馬場電停（四国・九州ライン7巻32、33ページ）、長崎電気軌道の公会堂前電停と西浜町電停（四国・九州ライン5巻48、49ページ）、広島電鉄軌道線の紙屋町西電停と紙屋町東電停、本通電停の間（山陽・山陰ライン7巻8ページ）、十日市町電停（同13ページ）、皆実町《みなみまち》六丁目電停（同11ページ）、富山地方鉄道市内電車（軌道線）

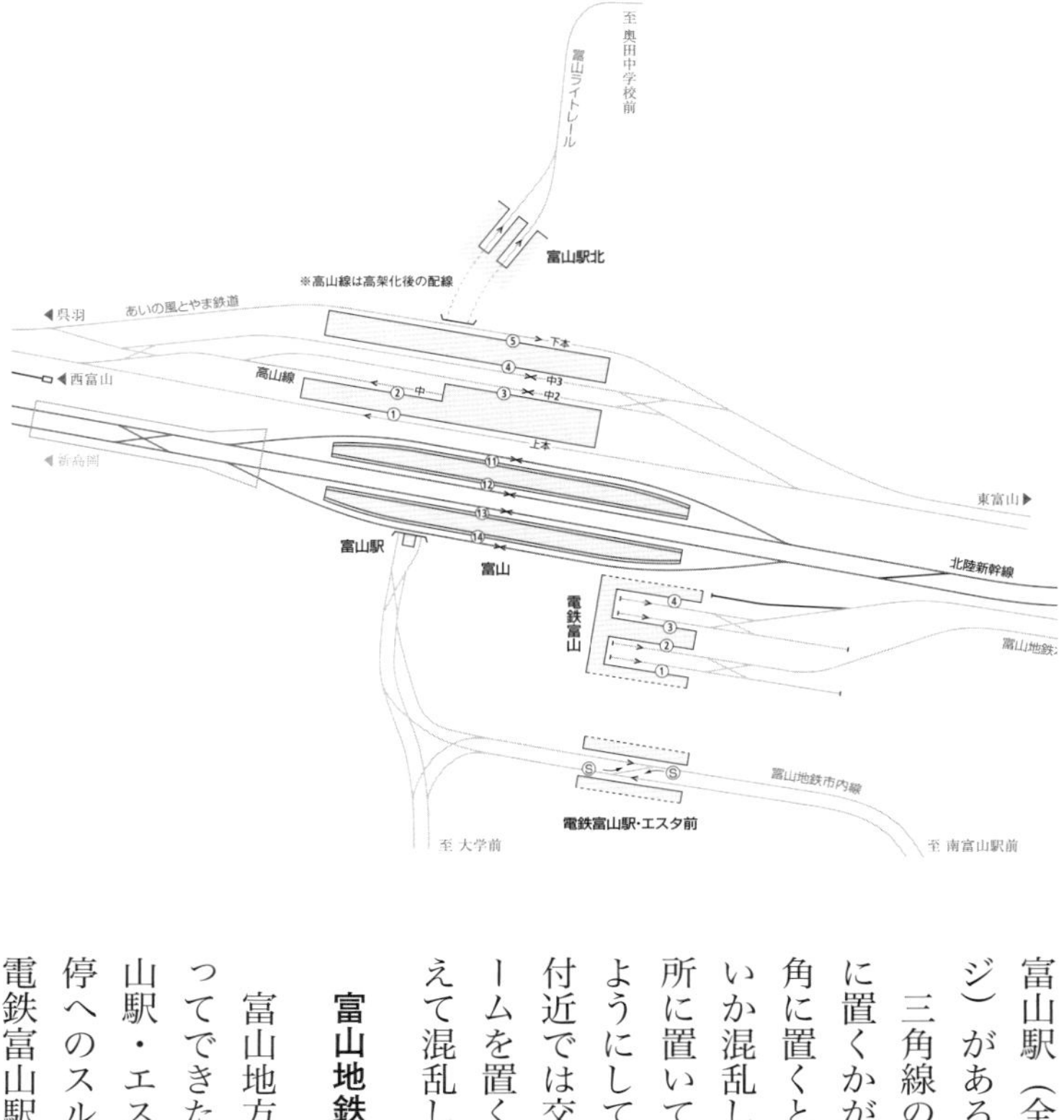

富山駅（全国新幹線ライン66ページ）がある。

三角線の場合ホームをどの位置に置くかが問題になる。すべての角に置くとどのホームに行っていいか混乱してしまう。大半は2ヵ所に置いてできるだけ混乱しないようにしている。広島電鉄紙屋町付近では交差点のすべての角にホームを置くが、電停名をすべて変えて混乱しないようにしている。

富山地鉄の富山駅乗り入れ

富山地方鉄道富山駅は最近になってできた電停で、以前は電鉄富山駅・エスタ前電停から新富町電停へのスルー配線になっていた。電鉄富山駅・エスタ前電停が元の富山駅前電停だった。それを北陸新幹線ができたときに富山駅直下に乗り入れて富山駅電停（全国新幹線ライン66ページ）とした。これによって市内電車から富山駅に行くのが便利になった。

しかし、南富山駅前方面から大学前電停に行くのに2分以上余計に時間がかかるようになった。それでは不便だということでラッシュ時には富山駅電停をショートカットする電車が運転される。このために三角線になっている。

現在、在来線である「あいの風とやま鉄道」の富山駅が高架工事中である。すでに上り線は高架になった。完成すると下り線も高架になって市内電車と富山ライトレールは相互直通をすることになる。市内電車は奥田中学校前電停まで、富山ライトレールの電車は大学前電停まで乗り入れるか、環状線を通って戻ってくるなどが考えられている。また、市内電車の富山駅折返やショートカットも設定されると考えられ、各種系統ができることになる。さらに南富山駅前で鉄道線の上滝線に乗り入れることも考えられている。

2方向分岐はざらにある

函館市電十字街電停（北海道ライン1巻63ページ）のように2方向に分岐する電停は各所にある。

問題はポイントの操作である。当然だが路面電車は道路の上を走っている。このため電車の行き先などの情報や位置の把握をレールや地上子によって行うことはできない。位置情報につ

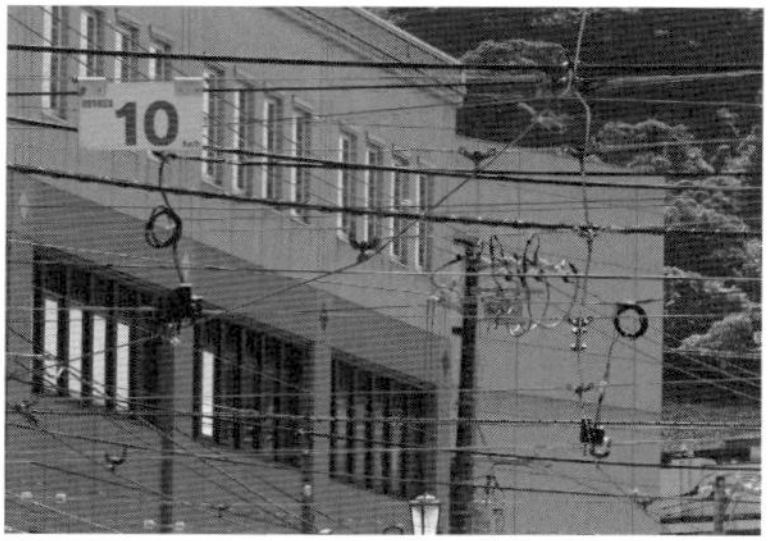

函館市電十字街電停にあるトロリーコンタクター

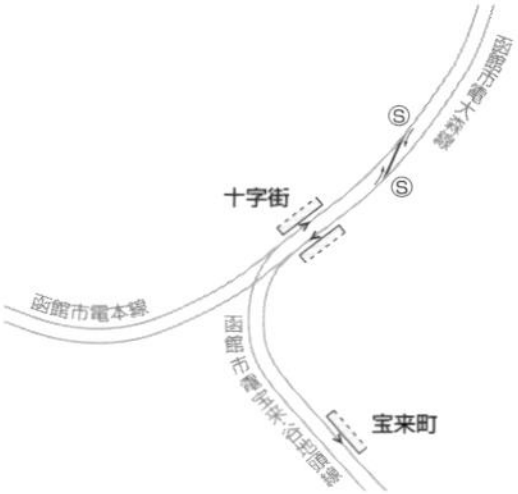

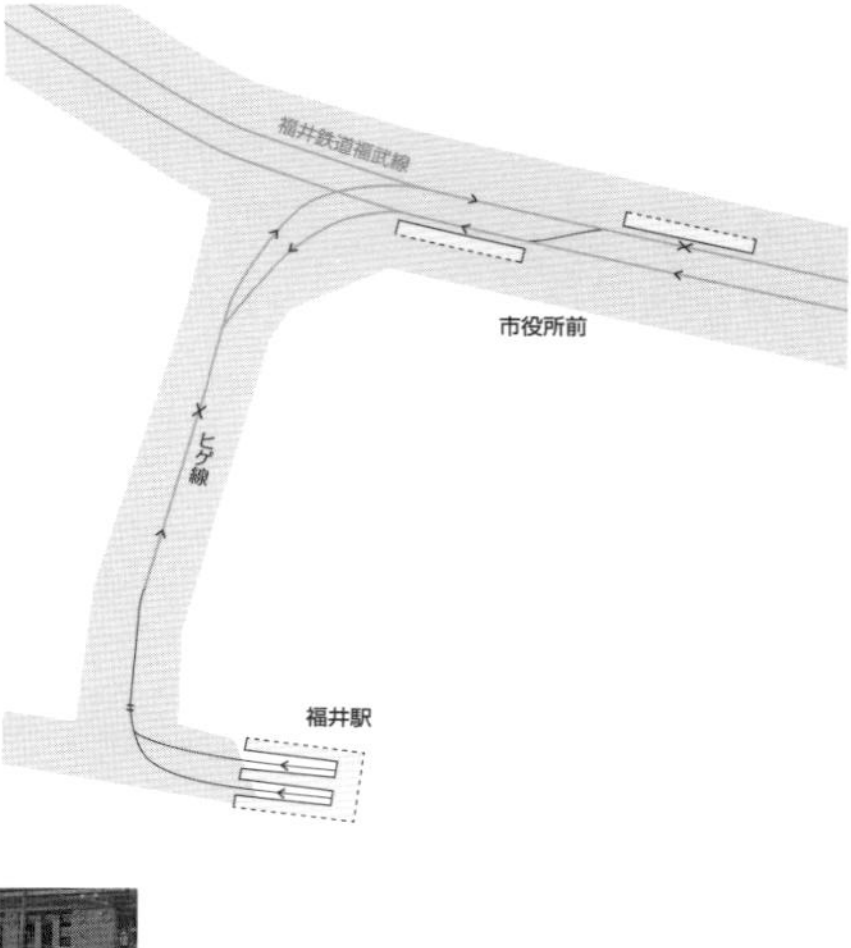

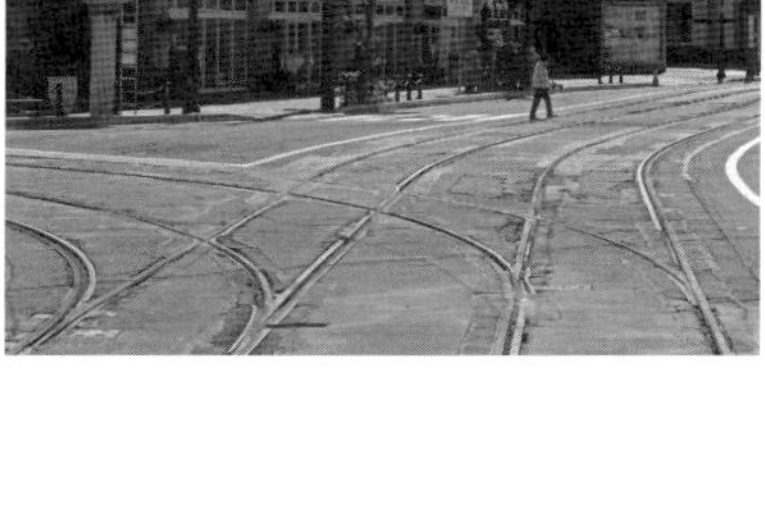

保存されている函館市電の操車塔

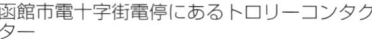

いては架線にトロリーコンタクターを取り付け、ビューゲルかパンタグラフの集電舟で回転させることにより可能になる。これは単線区間で正面衝突を避けるためにも有効である。

しかし、ポイント操作はなかなかできない。簡単な方法は二股に分かれるポイントの手前にボックスなどを置いて、運転士が手を出してボックスの中にあるスイッチを押して左に行くか右に行くかを決める方法である。これは福井鉄道軌道線の市役所前電停（中部ライン5巻27、28ページ）で行われている。

このほかに時素式といって、一定時間、具体的には30秒程度でポイントが直進または左右に開通する方法がある。これだと雨天時に窓を開けて操作する必要がない。広島電鉄市内線や長崎電気軌道ではこれを採用している。あるいは無線で行う方法もあるが、誤操作の可能性があってあまり行われていない。

かつては操車塔で職員が手動でポイントを操作していた。現在この操車塔は函館市電の十字街電停前に保存されている。

路面電車の起点駅

路面電車は進行方向左側に運賃収受箱等を置いた扉があり、車両の中間に乗車口があるのが基本である。連接車であってもそうなっている。

このため起点駅では函館市電の湯の川電停（北海道ライン1巻63ページ）のように単線の両側に乗降分離のホームを置くか、鹿児島市電鹿児島駅前電停（四国・九州ライン7巻35ペー

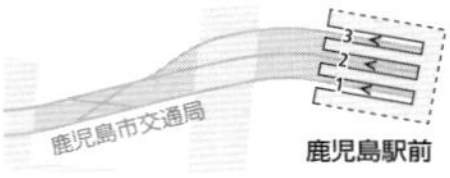

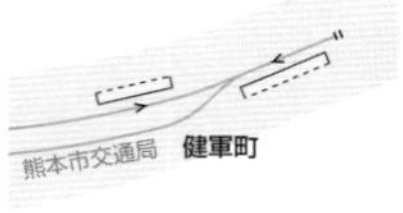

ジ）や谷山電停（同36ページ）、熊本市電田崎橋電停（四国・九州ライン6巻25ページ）、富山地鉄の富山駅のように降車ホームと乗車ホームによる両側ホームになっているか、または熊本市電の健軍町電停（四国・九州ライン6巻27ページ）のように降車ホームを手前に置く、あるいは都電荒川線の三ノ輪橋電停（東海道ライン12巻11ページ）、早稲田電停（中部ライン12巻22ページ）のように頭端に乗車ホームを置き、その手前から頭端部まで長い降車ホームを反対側に置く配線が多い。

後者だと降車ホームに2〜3両の電車を並べることができる。先行電車が折り返しに時間がかかっていても長く延びた降車ホームに電車を着けることができて、手前で先行電車の出発を待つことなく、乗客はイライラせずに降りることができる。

途中での折り返しはスプリングポイントを使用する

複線区間で路面電車が折り返すときは、スプリングポイントによる逆方向の渡り線を通る。まずはまっすぐ進んで渡り線のポイントを通り抜けてバックすれば渡り線を通って転線ができる。通常のポイントだと転換作業が必要だが、バックするだけで簡単に転線できるのである。

多くは、停留所のホームの先に渡り線があるが、長崎電気軌道長崎駅前電停（四国・九州ラ

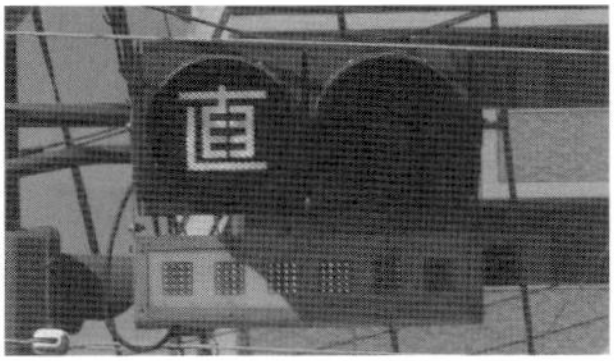

長崎電軌の西浜町電停には「直」「曲」の信号が置かれている。「直」は直進、すなわちポイントが蛍茶屋方面に開通していることを示している

「曲」はポイントが右に曲がること、すなわち正覚寺下方面に開通していることを示している。長崎電軌の各分岐電停にはかならずこの信号が置かれている。「直」「曲」は30秒ごとに切り替わる時素式になっていて、運転士はこれを見て進むべき方向になった時に電車を出発させている

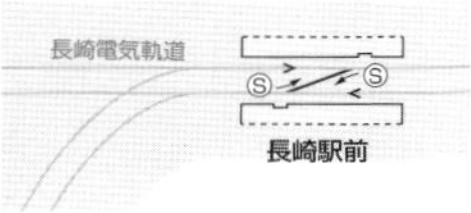

イン5巻46ページ）のように折返電車が多い場合は、転線する手前のホームを長くして、ホームの途中に渡り線を置くこともある。折返電車は渡り線の先で乗客を降車させてから、バックして転線する。こうすることによって後続の通り抜け電車は渡り線の手前で乗降させることができる。また、伊予鉄道軌道線松山駅前電停（四国・九州ライン2巻18ページ）のように斜向かいにしているところもある。

車庫を出入りする入出庫線のポイントでもスプリングポイントを設置してバックすれば入庫でき、終端では単線にしてスプリングポイントを置けば簡単に転線できる。車庫内などを除いて路面電車のほとんどのポイントはスプリング式になっている。

独特な阪急電鉄の分岐

阪急電鉄石橋駅（京阪神スペシャル56、57ペー

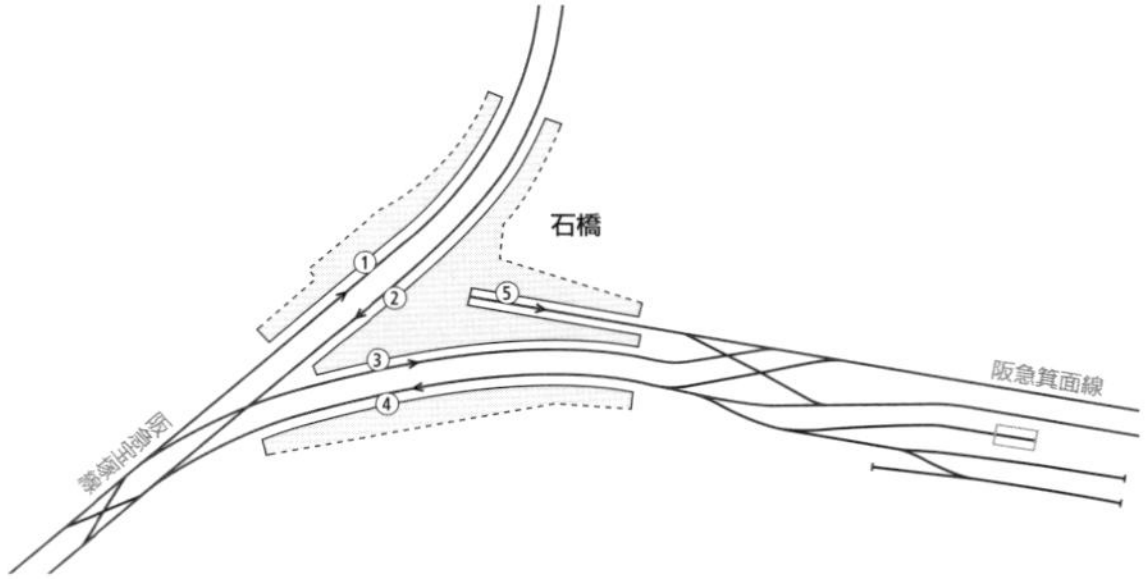

ジ）では宝塚線と箕面線が接続して、ラッシュ時などでは直通運転している。通常、直通運転をする分岐駅では島式ホーム2面4線など両線が並行するように線路を並べるが、石橋駅では路面電車的な2方向分岐となった先にホームがある。このため2、3号線に面したホームは三角形になっている。

阪急電鉄はもともと路面電車の箕面有馬電気軌道として宝塚線を開通させた。このため軌道条例に基づいていたことから、石橋駅での分岐形態は路面電車的なのである。

また、直通しない箕面線内折返の電車は両側ホームになっている5号線から発車する。なお、阪急電鉄は○番線という言い方はしておらず、○号線という言い方をする。

京都線と嵐山線の分岐駅である阪急桂川駅では通常通り線路を並行させている。これは鉄道線として新京阪鉄道が造ったためである。

阪急夙川《しゅくがわ》駅では神戸線に甲陽線が逆T字で接続し

神戸三宮寄りから見た夙川駅。本線にある渡り線はバックしないと転線できない

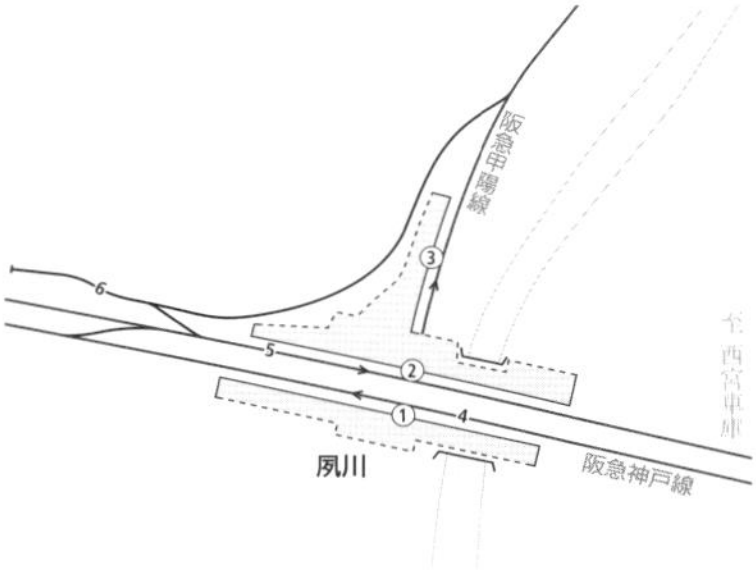

ている（京阪神スペシャル73ページ）。甲陽線を走る電車を西宮車庫に回送するための急カーブの連絡線と引上折返線の6号線がある。西宮車庫からは神戸線下り4号線を経て神戸方の下り本線で折り返して上下渡り線で上り5号線に行く。さらに再び折り返して6号線に入り、また、折り返して甲陽線本線でもう一度折り返して甲陽線の3号線に入る。合計4回折り返している。

神戸線の上下渡り線を順方向にして西宮北口寄りに移せば2回ですむが、こういった場合の転線はすべて逆方向にしている。間違ってポイントを分岐方向にしてしまって、高速の特急などがそのポイントを通過してしまうと大変なことになる。そのため阪急はできるだけ順方向の渡り線などを設置しない方針なのである。というよりも路面電車では逆方向の渡り線は設置しているが、順方向は設置しないのが、明治期からの習わしで、それが夙川駅でも、採用されているのである。路面電車だとこれらはスプ

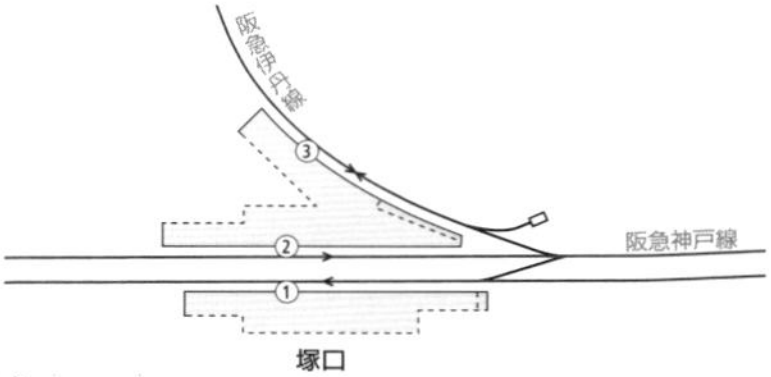

リングポイントにしているところだが、高速運転にしているのでそれはない。

塚口駅（京阪神スペシャル64ページ）でも神戸線は順方向で伊丹線と分岐していない。そして、同駅でも2号線と3号線との間は三角ホームになっている。

一方、阪神電鉄の武庫川駅（京阪神スペシャル62ページ）では本線の上り線から順方向で武庫川線への連絡線がある。そして本線側に上下渡り線はない。阪神も尼崎車庫から回送される。武庫川線への回送電車は尼崎車庫から一度武庫川駅を通り越して甲子園駅に達し、ここで下り線から上り線に転線して武庫川駅の連絡線に向かう。

しかし、阪神電鉄も軌道として開通

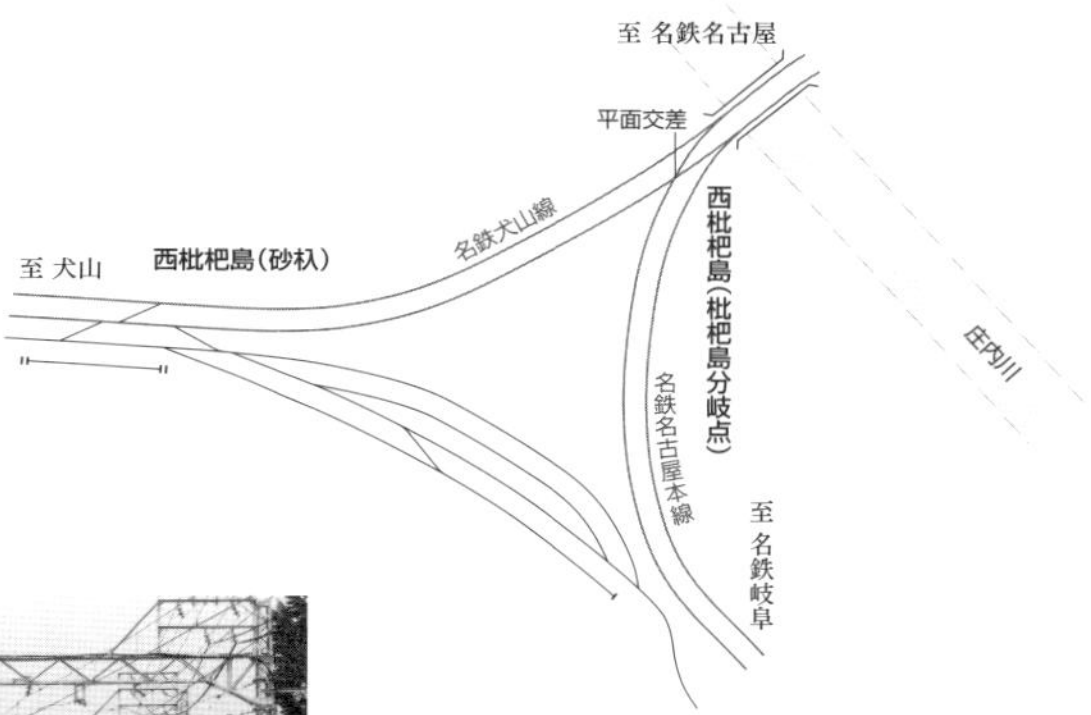

名鉄名古屋寄りから見た
枇杷島分岐点

した。そのため、かつての武庫川駅にも逆方向の渡り線があり、武庫川線への連絡線も逆方向にしていて、阪急尻川駅と同様に4回向きを変えて武庫川線武庫川駅に行くようになっていた。

名古屋鉄道にもある路面電車的分岐

名鉄名古屋駅を出て岐阜方面に向かうとき、東枇杷島駅を過ぎ、庄内川を渡るとすぐに路面電車的平面分岐で名鉄岐阜方面と犬山方面に分かれる。この分岐点は西枇杷島駅構内扱いで枇杷島分岐点と呼ばれる（東海道ライン5巻8、9ページ）。

左へ分岐するのが名古屋本線で、この先に西枇杷島駅のホームがある。島式ホーム2面4線だが、ホームの幅は非常に狭い。ここから犬山線への線路が延びており、犬山線との合流点も西枇杷島駅構内となっていて、元は砂杁《すいり》信号所だった。

これによって西枇杷島駅構内は三角線にもなっている。砂杁への線路はあまり使われていないが、ときおり方向転換のために電車が通ることがある。

有名なところでは、当初4両固定編成だったパノラマsuperを2両ずつに分割し、名鉄岐阜寄りに運転室がある2両編成を、この三角線を使って方向転換して豊橋寄りに運転室があるようにした。もともと豊橋寄りに運転室がある編成とともに、名鉄岐阜寄りに運転室がある3扉転換クロスシートの一般席車を連結して、指定席車2両、一般席車4両の6両固定編成として豊橋―名鉄岐阜間の特急として走るようにした。

地下鉄のホーム

少し前の地下鉄の島式ホームでは、駅間が複線トンネルになっているために、端は狭く、中央が膨らんでいるホームが多かった。しかし、現在は単線並列シールドトンネルが主流になり、駅間では上下線のトンネルの間隔を広げて、ホームを直線にするようになった。ホームが直線になっていれば、乗務員がドアを閉めるときに見通しがよくなり、事故を防ぎやすくなるというメリットがある。

駅間が単線並列シールドトンネルでないところでは中央が膨らんで見通しが悪いことから相対式ホームにしているところも多い。東京メトロも東西線あたりまでは相対式ホームを採用している駅が多かったが、その後に開通した路線ではほぼすべて島式ホームになっている。東京メトロはホームに駅員を配置しているが、相対式ホームならば二人必要になるところ、島式ホームなら一人ですむというメリットがある。しかし、上下列車とも乗降が多く同時に発着すれば一人では足りないし、ホームに人が溢れる恐れがある。

そういうことから大阪地下鉄では１９７０年ころに開通した路線は、基本的に乗降が多い駅は相対式ホーム、少ない駅は島式ホームとした。

都営大江戸線の森下駅。円形になっているのが駅手前の単線シールドトンネル出口、その向こうに開削工法で造られた直線で見通しがいいホームがある

銀座線は基本的に開削工法で建設され、写真の銀座駅のようにホームの中央は膨らんでいる

大阪地下鉄堺筋線堺筋本町駅は乗降が多いので相対式ホームになっている

新木場寄りから見た銀座一丁目駅

国会議事堂前駅は駅構内もシールドトンネルになっている

上下2段式の駅

地下鉄は基本的に道路の下を通っているが、狭い幅の道路の下を通っている場合、広いスペースが必要になる駅部分は上下2段式にすることが多い。

このとき、多くは上下線とも同じ向きにする。階段などを通しやすいからである。しかし、写真の有楽町線銀座一丁目駅では下段の池袋方面のホームと上段の新木場行ホームはずれている。このほうがスペースが必要で、上下線ホームをつなぐ階段は狭くなってしまう。

かんざしシールド工法で造られた国会議事堂前駅

東京メトロの千代田線国会議事堂前駅は上部に丸ノ内線が通っていて開削工法で駅を建設できなかった。そこで単線並列シールドトンネルを掘削、その両側から横にホーム部分を掘って完成させた。しかし、完全な島式ホームのように掘っておらず、両端の階段部分とところどころに上下線ホームを行き来できる通路を設置している。かんざし状になっている

花巻寄りから見た平倉駅

ことからかんざしシールド工法と呼ばれている。

変わり種の配線ミステリー

直線にしないでホーム部分でシフトしている駅

写真は釜石線平倉駅（東北ライン7巻55ページ）を花巻寄りから見たものである。片面ホームの棒線駅だから、直線にしたほうがよさそうなものだが、右にシフトしてホームに面し、その先で今度は左にシフトして元の位置に戻って直線になっている。

こういった駅は全国各地で見られる。これらの大半は、元は両開きポイントの行違駅だったのを棒線化したものである。ただし中には貨物側線があったのを撤去したものもある。ともあれ行違駅を棒線化するとき、両開きポイントを撤去するのだが、線路の形状はそのままにしたほうが棒線化の費用が当然安いから、このようにシフトしているのである。

札幌寄りから見た滝川駅

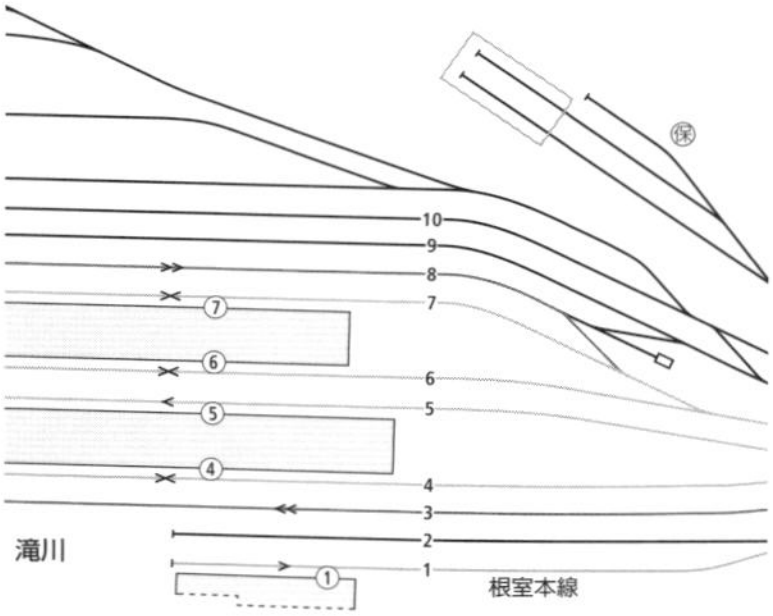

棒線化された駅が多いのは、運転本数が減ったわけではない。確かに貨物列車が走らなくなって、その分運転本数が減ってしまうことはあるが、大半は機関車列車から気動車になり、速くなって何度も行き違いをしなくていいようになったことが大きな理由である。

特に蒸気機関車時代の列車は加速が悪くスピードもさほど出ないために遅い。遅い列車だと行き違いを何度もしなくてはならなくなってしまう。無煙化で気動車に取って代わられると列車のスピードは速くなる。そして現在では高性能気動車が登場してさらに速くなり、行き違いをする回数が減ったのである。

北海道ならではの雪捨線

写真は札幌寄りから見た函館本線滝川駅（北海道ライン3巻20、21ページ）である。右側に6、7番ホームが見える。問題は左側の錆びついている引上線から分岐する側線である。側線は左にややカーブして止まっている。

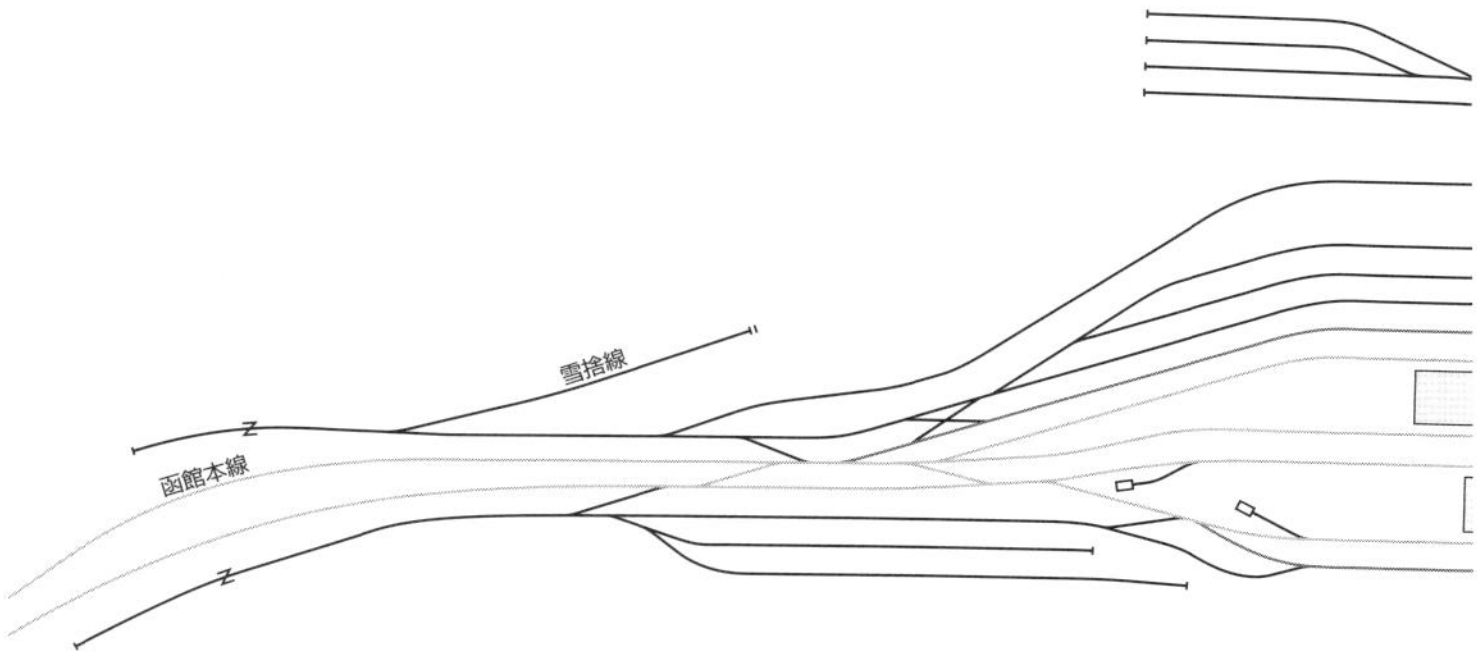

この線路はなんだろうと調べてみると「雪捨線」とある。ようは雪掻きをした雪を無蓋貨車で運んできて広場に積み上げるための線路である。分岐地点は雑木林になっているが、奥のほうは左側に空地が広がっている。それ以外何もないので雪を積み上げるのに適している。雪捨線があるのは北海道ならではだ。

なぜ、線路がずれたりしているのか

写真は横浜線鴨居駅（中部ライン2巻26ページ）を八王子寄りから見たものである。駅の奥、つまり横浜寄りで線路は右側になっているのに、八王子寄りでは左側にずれている。普通に考えれば、なぜ、こうなっているのか不思議に思えてしまう。しかし、こうなったのにはわけがある。

もともと、横浜線は単線だった。複線化のときに横浜寄りでは単線線路の南側に増設線路（線造線）を張り付けた。そして八王子寄りでは北側に線造線を張り付けたのである。そのためにずれている。これは単線を複線化

八王子寄りから見た鴨居駅

新宿寄りから見た吉祥寺駅

した路線に結構多い。

複々線区間でも同様にずれているところも多い。たとえば中央本線の阿佐ケ谷駅（中部ライン1巻13ページ）や西荻窪駅（中部ライン1巻12ページ）、吉祥寺駅（中部ライン1巻12ページ）である。線路がずれているだけでなく、限られた敷地で、緩行線も急行線も10両編成分のホームの長さを確保するために、ホームそのものをS字カーブなどさせてずらしている。

このため中野―立川間では一般の地図では直線になっているが、ほとんどの駅で右に左に線路がうねっていて、まっすぐになっているところは少ない。

たすき掛け線増

単線を複線にする場合の方法として、先に挙げた既存の線路に並行して増設線を張り付ける張付線増のほかに別線線増とたすき掛け線増がある。

別線線増とは既存の単線線路が通るルートとはまったく異なるルートで複線を敷設、既存の線路を破棄するものである。明治、大正に造られた路線などでは急カーブや急勾配が多く、高

右の写真の黒線が旧線跡。ここに営業キロ更正点がある。距離標の新宿寄り（左上の写真）の面に実キロ、大月寄り（左下の写真）の面に更正した営業キロの数値が示されている

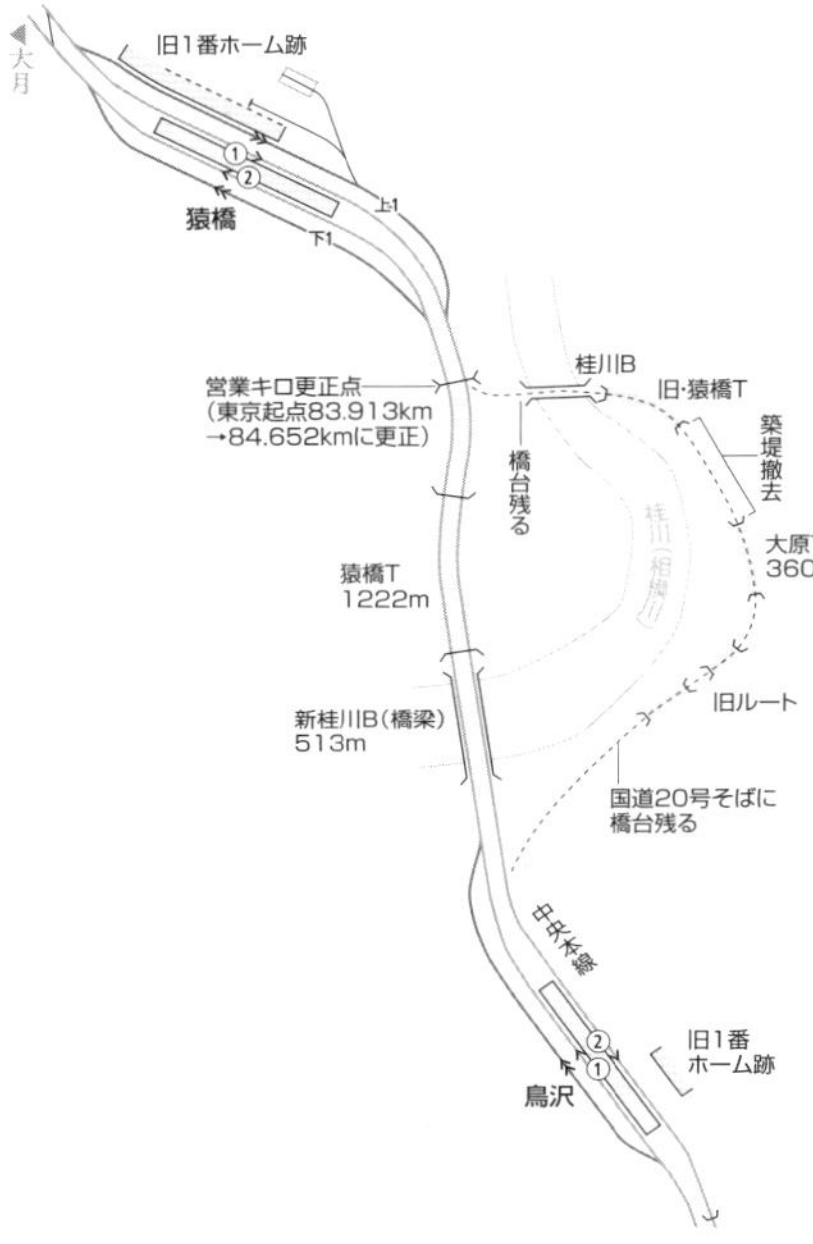

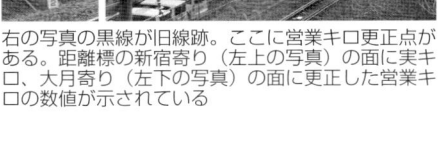

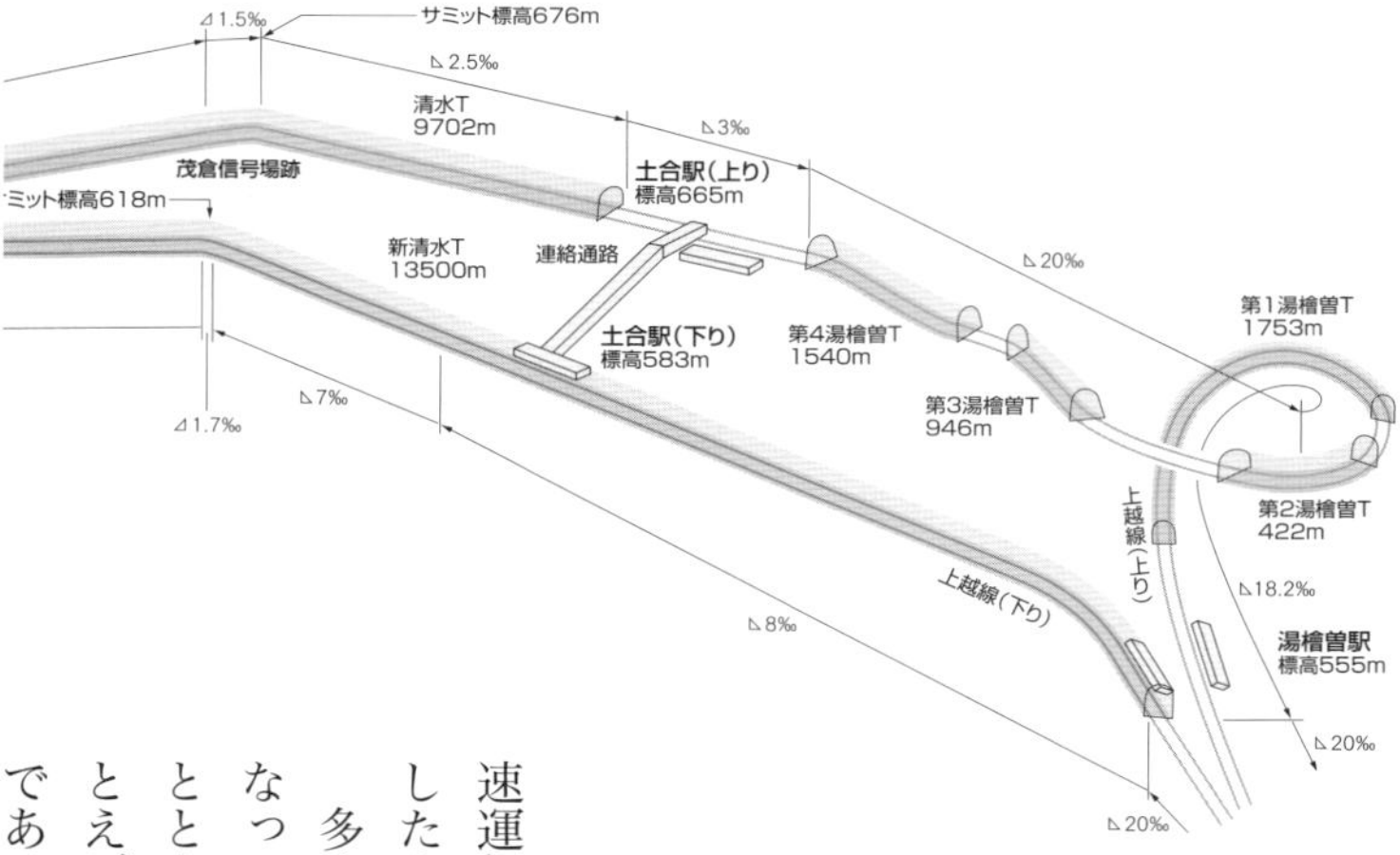

速運転がしにくくなっている。そこでカーブと勾配を緩くしたまったく新しい複線を造るのである。

多くの場合は山間部を走るためにカーブと勾配がきつくなっているので、一気にトンネルで抜けて線形をよくするとともに、線路も短くして、所要時間を短縮している。たとえば中央本線鳥沢―猿橋間（中部ライン3巻14ページ）である。同区間では距離も739m短くなった。このため

たすき掛け線増

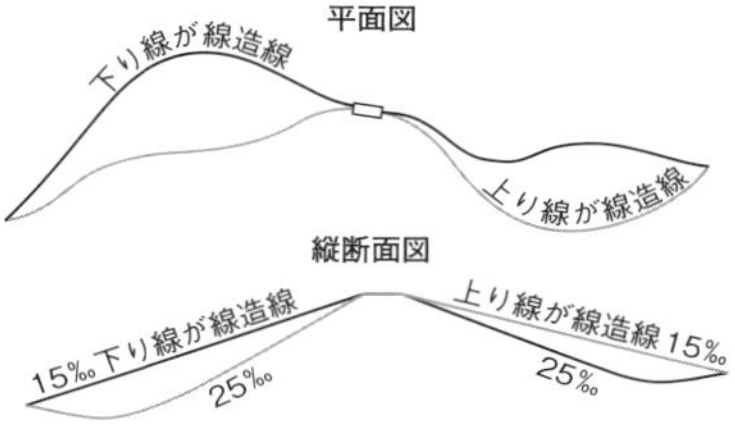

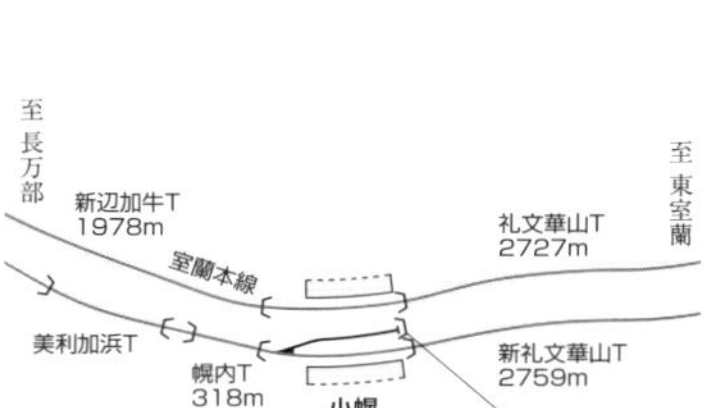

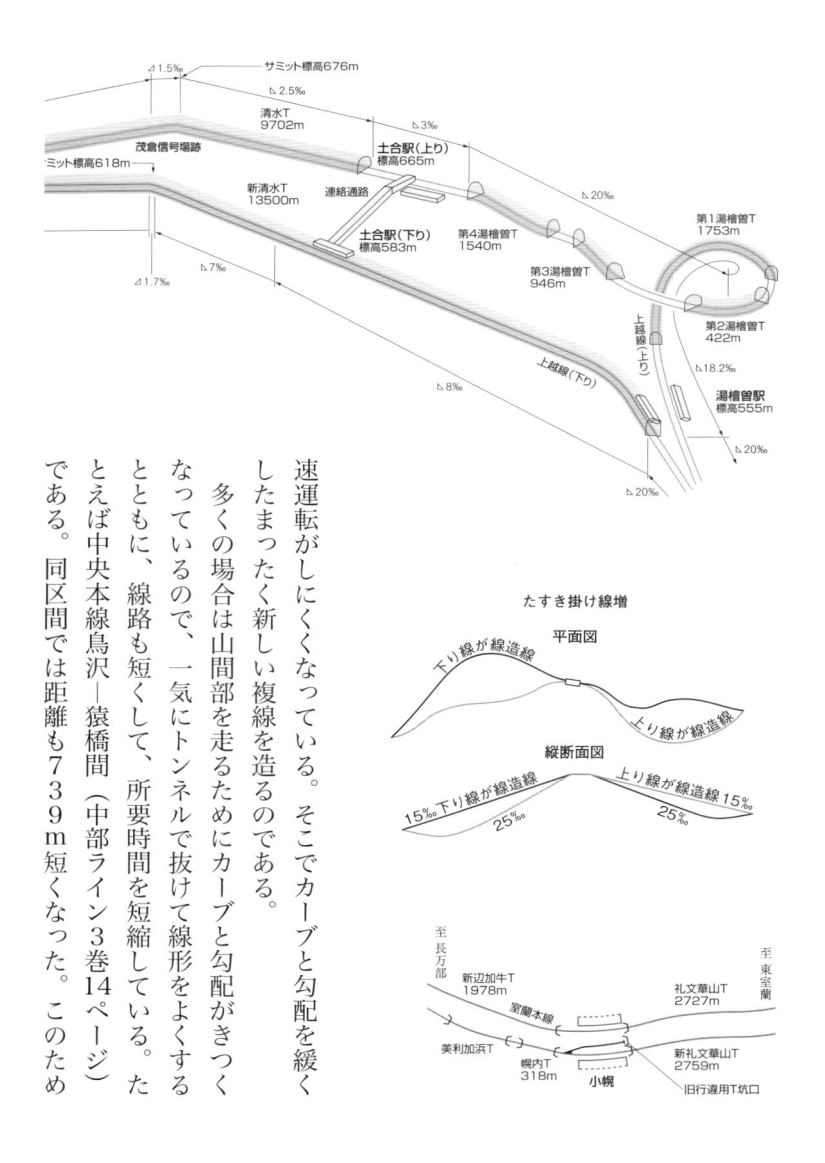

上越線湯檜曽―越後中里間のたすき掛け線増

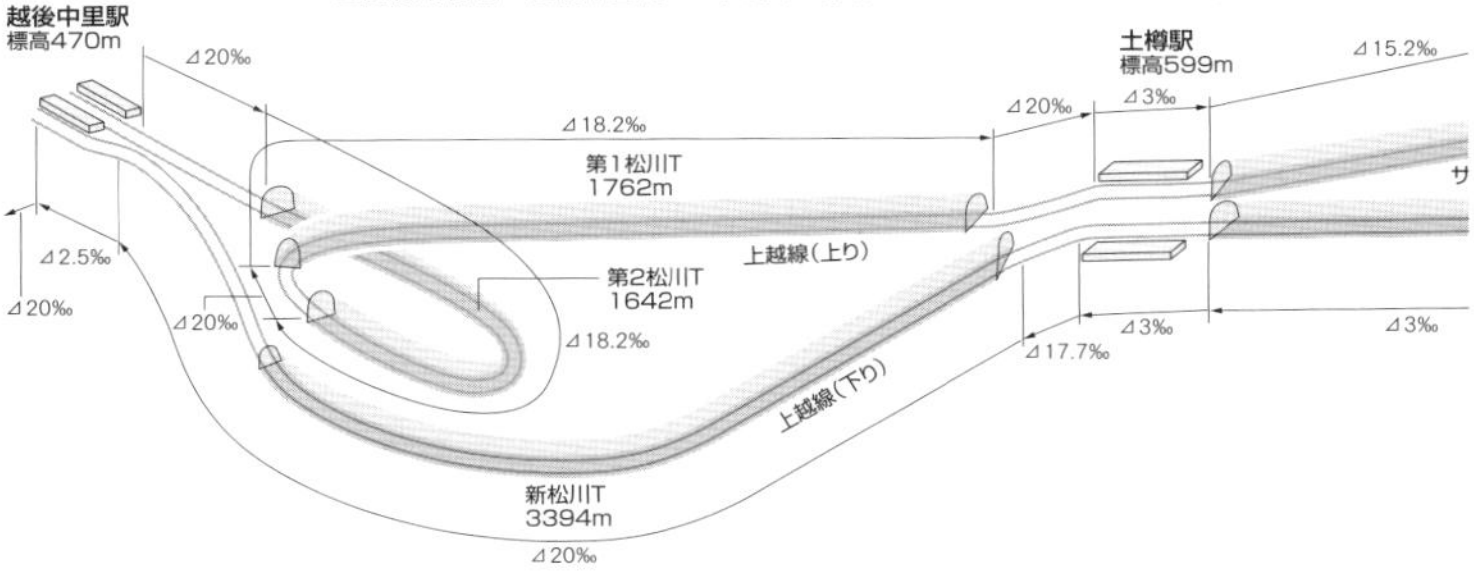

営業キロを変更せずに猿橋駅の八王子寄りに「営業キロ更正点」を置き、東京起点83・913kmを84・652kmに修正している。

たすき掛け線増とは、山越えをするときに従来線の上り勾配だけ緩和する線造線を敷設する複線化である。たとえば上り勾配が25‰になっているとき、従来線を下り勾配専用にする。下り勾配であれば降りるだけなのでパワーのない蒸気機関車でも速く走ることができる。そして線造線は15‰程度の勾配にする。勾配を緩くするために迂回ルートをたどることになる。

この線増方式では山越えの頂点（サミット）で線造線が入れ替わることになる。平面図、縦断面図、いずれもたすきを掛けた格好になるためにたすき掛け線増というのである。たとえば室蘭本線小《こ》幌《ぼろ》駅の前後（北海道ライン1巻39ページ）。同駅の東室蘭寄りは上り線、長万部寄りは下り線が線造線である。トンネル名を見ると小幌駅の東室蘭寄りでは上り線に「新」、長万部寄りでは下り線に「新」が付いていることでもわかる。同区間では平面図ではあまりたすき掛けになっていない。

北陸本線の新疋田《しんひきだ》駅（中部ライン5巻16、17ページ）では敦賀《つるが》寄りの線造線（上り線）はループ状になっており、配線図では顕著に描いていないものの米原寄りで上下線は離れている。

たすき掛け線増で大がかりなのが、上越線湯檜曽《ゆびそ》―越後中里間（中部ライン10巻7〜10ページ）で、線造線の下り線は長大な新清水トンネルを掘削して勾配を緩和している。従来線の上り線は2ヵ所にループ線を設置して勾配を20‰以下にしているが、そのために走行距離が長くなっている。

スイッチバック駅

他線との連絡のためのスイッチバック駅

スイッチバック駅というと山岳線にあると思われがちだが、小田急江ノ島線藤沢駅（東海道ライン2巻20ページ）のように都市部にも設置されている。

相模大野駅から東海道本線を越えてまっすぐ南下すればスイッチバックをしなくてすむが、そうすると東海道本線の藤沢駅に連絡できない。そのためやむを得ずスイッチバックして東海道本線の南側に駅を設置したのである。

同様なスイッチバック駅として東武野田線柏駅（首都近郊スペシャル65ページ）がある。も

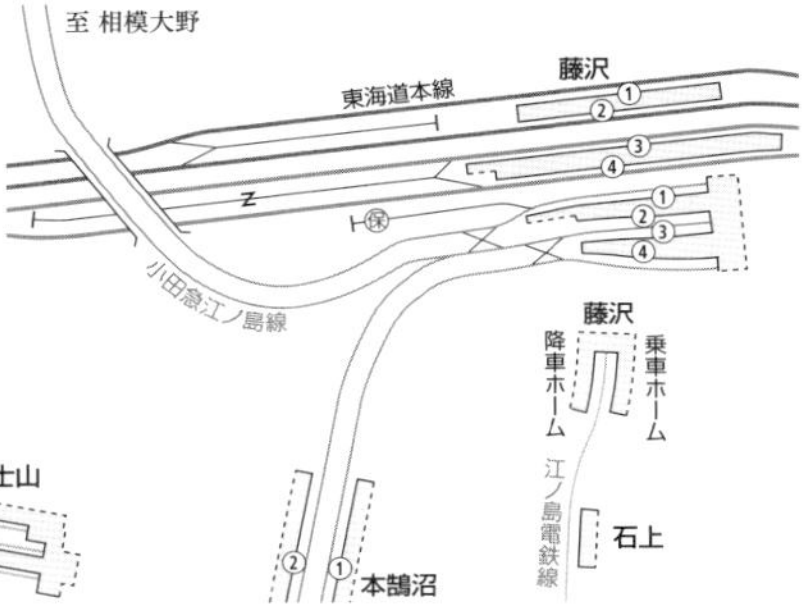

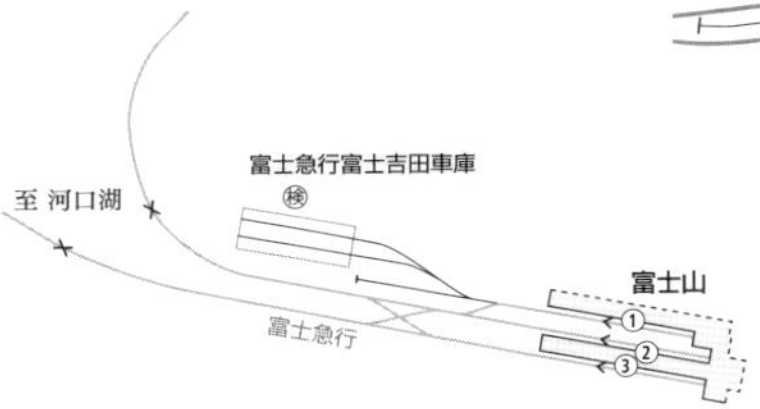

っとも船橋—大宮間を直通する電車は多くはない。多くは柏駅で折り返している。そのためスイッチバックする電車も少ない。

また、名古屋鉄道広見線新可児駅（東海道ライン5巻29ページ）と養老鉄道（元近鉄養老線）の大垣駅（東海道ライン5巻18、19ページ）もそうである。

延伸を予定していたためにスイッチバックしている富士山駅

かつての富士急行富士吉田駅、現在の富士山駅（中部ライン3巻18ページ）もスイッチバック駅になっている。もともと富士吉田駅から山中湖方面に線路を延長しようとしていたが、まずは富士吉田駅から近い河口湖へ延ばすほうがいいとして、こちらを先に開通させた。そして山中湖方面はあきらめてしまったのである。

同様に花輪線の十和田南駅（東北ライン10巻45ページ）も鉄道敷設法で三戸《さんのへ》駅への予定線があったためにスイッチバック駅となった。しかし、建設すらされずに実現しなかったためにスイッチバック構造だけが残った。

これとは反対に路線が廃止されたためにスイッチバック駅となった駅として石北本線遠軽駅《えんがる》（北海道ライン3巻76ページ）がある。遠軽駅から名寄駅《なよろ》までの名寄本線があって、名寄駅から北見駅へスルーで行けていた。そこに新旭川―北見間を短絡する石北本線ができたが、遠軽駅に乗り入れるためにはスイッチバックしなくてはならなかったのである。そして名寄本線が廃止されてスイッチバック駅になってしまった。

ターミナル駅から延伸するときに、用地買収などのためにスイッチバック構造になった駅として西武鉄道池袋線の飯能駅《はんのう》（中部ライン11巻18ページ）がある。飯能駅から吾野駅《あがの》まで延伸するとき、同駅から北上すると市街地を貫通することになって用地買収にてこずる。

飯能駅付近のスイッチバック。右の電車が走っているのが西武池袋線で右手前に東飯能駅がある。左奥から中央下に向かっている線路は八高線。その右側の空き地が飯能短絡線の用地

このためスイッチバックして東側で反時計回りに迂回した。これによって八高線と東飯能駅で連絡もできた。

なお、飯能駅を経由せず、スイッチバックしないで笠縫信号場―東飯能間に短絡線を建設して、貨物列車と特急の一部を走らせようとしたが、貨物列車が廃止され飯能駅を再開発して大

きなターミナル駅にすることになって、短絡線の建設は中止された。このため笠縫信号場も廃止したものの、短絡線として確保した用地はそのまま残してある。

富山地方鉄道の上市駅（中部ライン7巻33ページ）は同駅から滑川《なめりかわ》駅へ向かって立山軽便鉄道が開通した際に設置され、その後、富山電気鉄道が電鉄富山方面から上市駅に乗り入れたためにスイッチバック駅となった。

山岳スイッチバック駅には停車線と折返線が基本的に設置されている

山岳線でなぜスイッチバックをしなければならないかというと、急勾配の途中に駅や行違用信号場を設置する必要があった場合、列車は一旦停止してしまうと、上り勾配では発車できなくなるからだ。この場合、平坦線（レベル）にして、ここで勢いをつけて上っていけばいい。

現在の電車や気動車であれば、上り勾配上でも発車できる。明知鉄道飯沼駅（中部ライン4巻25ページ）は33‰の勾配上にある棒線駅で、国交省の特認を受けて開設されている。

しかし、機関車牽引の列車は上り勾配が苦手である。とくに蒸気機関車は苦手である。そのためにレベルになっている線路が必要なのである。それならば駅の部分だけ平坦にすれば、それでいいのではないかと思われるが、加速のためのレベル区間が短いと加速してもすぐに停まってしまう。結構、長い距離が必要なのである。そして山岳地でレベルの線路を設置するのは並大抵のことでなく、その結果、一旦停止して、逆戻りをして、加速区間を長くする必要があるのである。

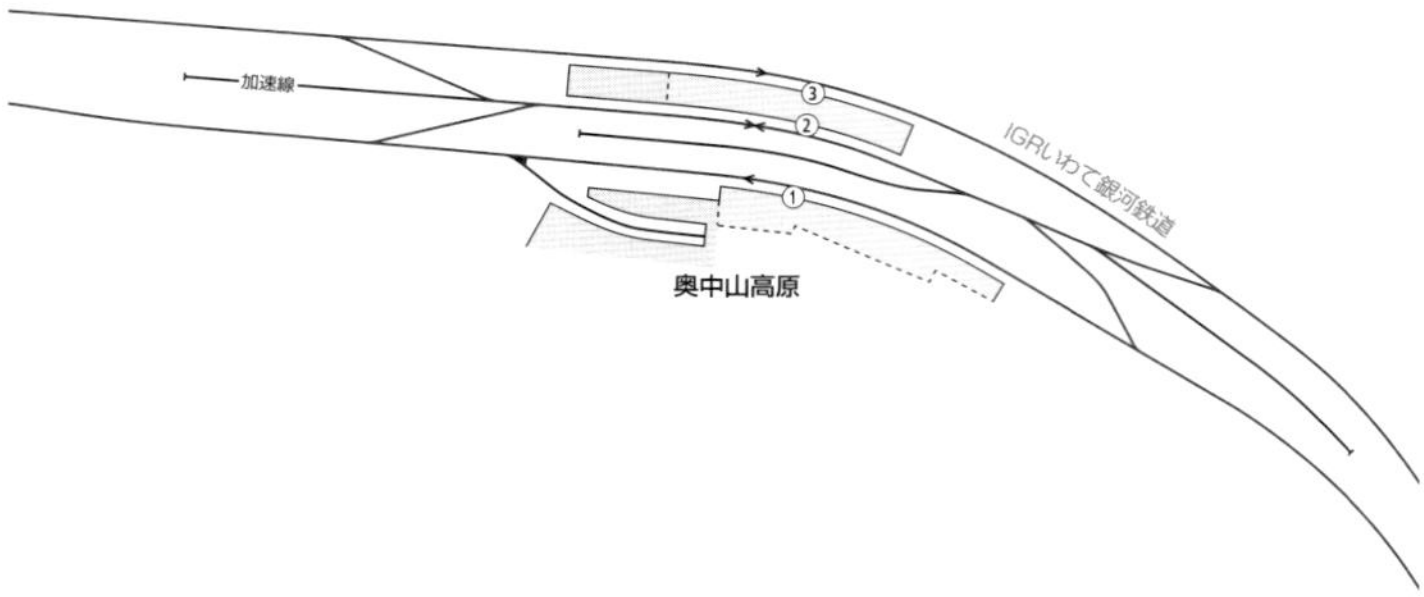

旧東北本線、現ＩＧＲいわて銀河鉄道線の奥中山高原駅（東北ライン８巻15ページ）や小鳥谷《こずや》駅（東北ライン８巻16ページ）では加速用引上線、つまり加速線を設置して、発車するとき一旦バックして加速線に入ってから出発していた。これもスイッチバックの一種で函館本線の仁山駅（北海道ライン１巻27ページ）もそうである。これらは１回バックするだけなので１段スイッチバックという。

箱根登山鉄道の出山信号場や大平台駅、上大平台信号場（いずれも東海道ライン２巻27ページ）も１段スイッチバックとなっている。電車なので加速線はほとんどなく、ポイントを越えるといきなり急勾配になる。電車だからスイッチバックは必要がないと思われがちだが、最急勾配は80‰にもなっており、電車であっても急勾配すぎるので起動時だけでも加速線が必要なのである。

１段スイッチバックは道路でいうヘアピンカーブの端部で急カーブせず、バックをして後ろ向きで登っていくというような形でのスイッチバック構造である。

これに対して２段スイッチバックは停車線と折返線があ

る。多くの場合は通過線が設けられ、駅に停車しなければ起動する必要もないので、停車線も折返線も通らずに、通り抜けていく。土讃線の坪尻駅（四国・九州ライン1巻44ページ）や新改駅（四国・九州ライン1巻48ページ）がそうである。両駅では行き違いが普通どうしの場合は片方だけがスイッチバックして行違待ちをし、もう片方は通過していく。

通過線があるスイッチバック駅は石北本線常紋信号場（使用停止中・北海道ライン3巻76ページ）、えちごトキめき鉄道（元信越本線）二本木駅（中部ライン9巻32ページ）、篠ノ井線姨《おば》捨《すて》駅（中部ライン9巻13ページ）、同桑ノ原信号場（同）、山陰本線滝山信号場（山陽・山陰ライン4巻33ページ）がある。

肥薩線の真幸《まさき》駅（四国・九州ライン7巻47ページ）は通過線がなく、全列車がスイッチバックしなければならない。大畑《おこば》駅（四国・九州ライン7巻46ページ）も同様だが、これにループ線も組み合わせている。

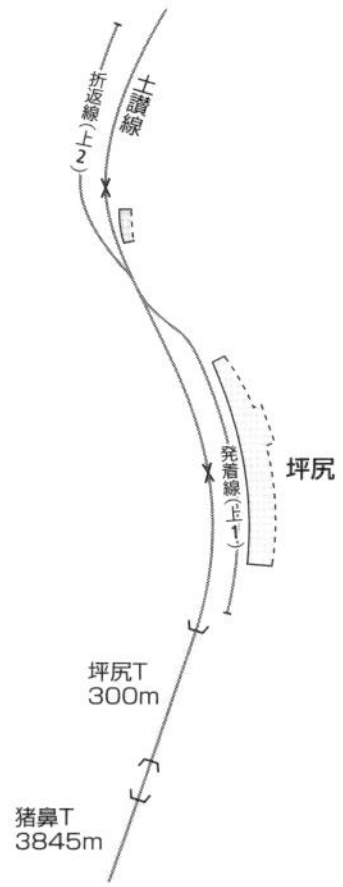

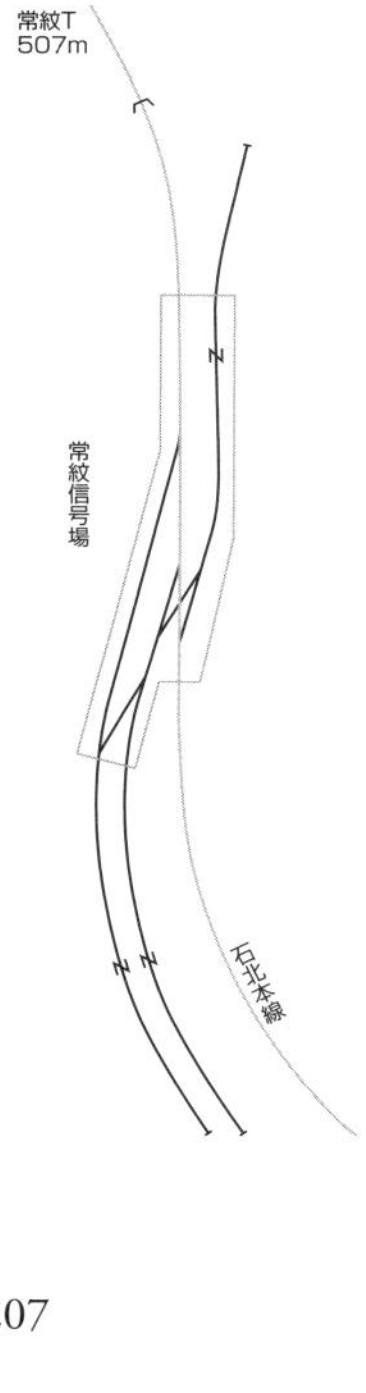

廃止された関西線中在家信号場。典型的なスイッチバック配線だった

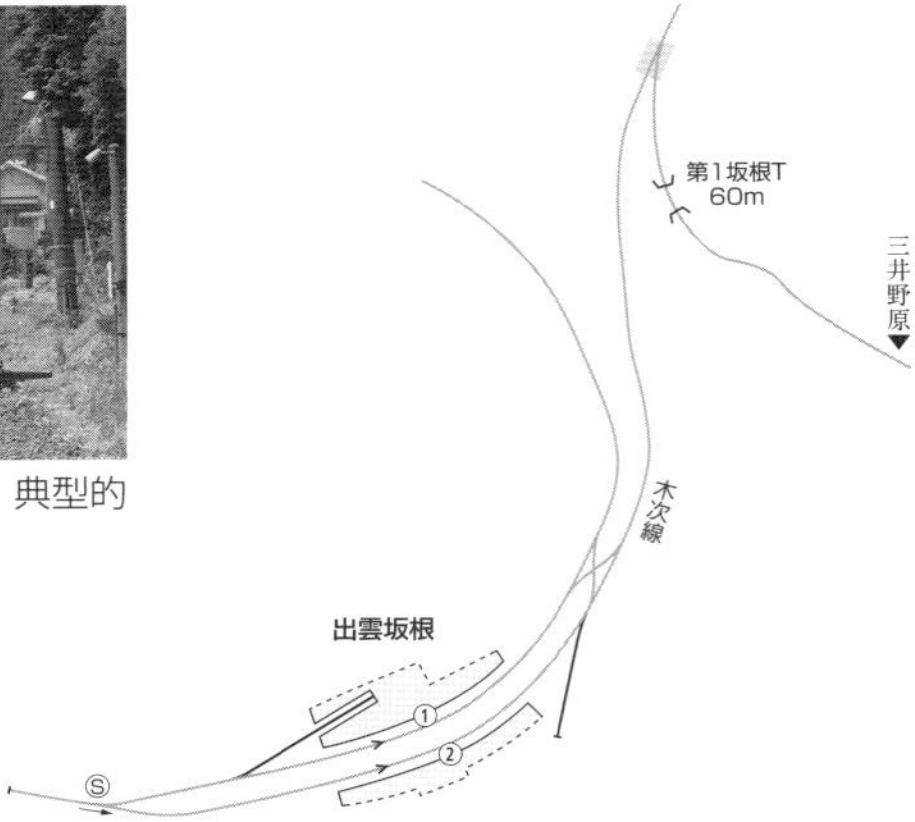

さらに豊肥本線立野駅（四国・九州ライン6巻35ページ）は停車線と折返線の間が約1㎞離れており、しかも停車線から33・3‰上ったところに折返線がある。木次《きすき》線出雲坂根駅（山陽・山陰ライン6巻33ページ）も停車線と折返線が500m離れ、やはり停車線から30‰上ったところに折返線がある。これをもって3段スイッチバックといわれている。

たしかに前進してバック、そして前進するから3段のように見えるが、スイッチバックは2回しか行っていないから厳密には2段式なのである。また、木次線はスイッチバック後、半ループ線になって三井野原駅に向かっている。

立山砂防軌道がスイッチバックの王者

スイッチバックの王者は立山砂防軌道である。同鉄道は正式に営業路線として許可されていない、国土交通省立山砂防事務所が運営する事業用

18段もスイッチバックがあるため全体を見渡すことはできない

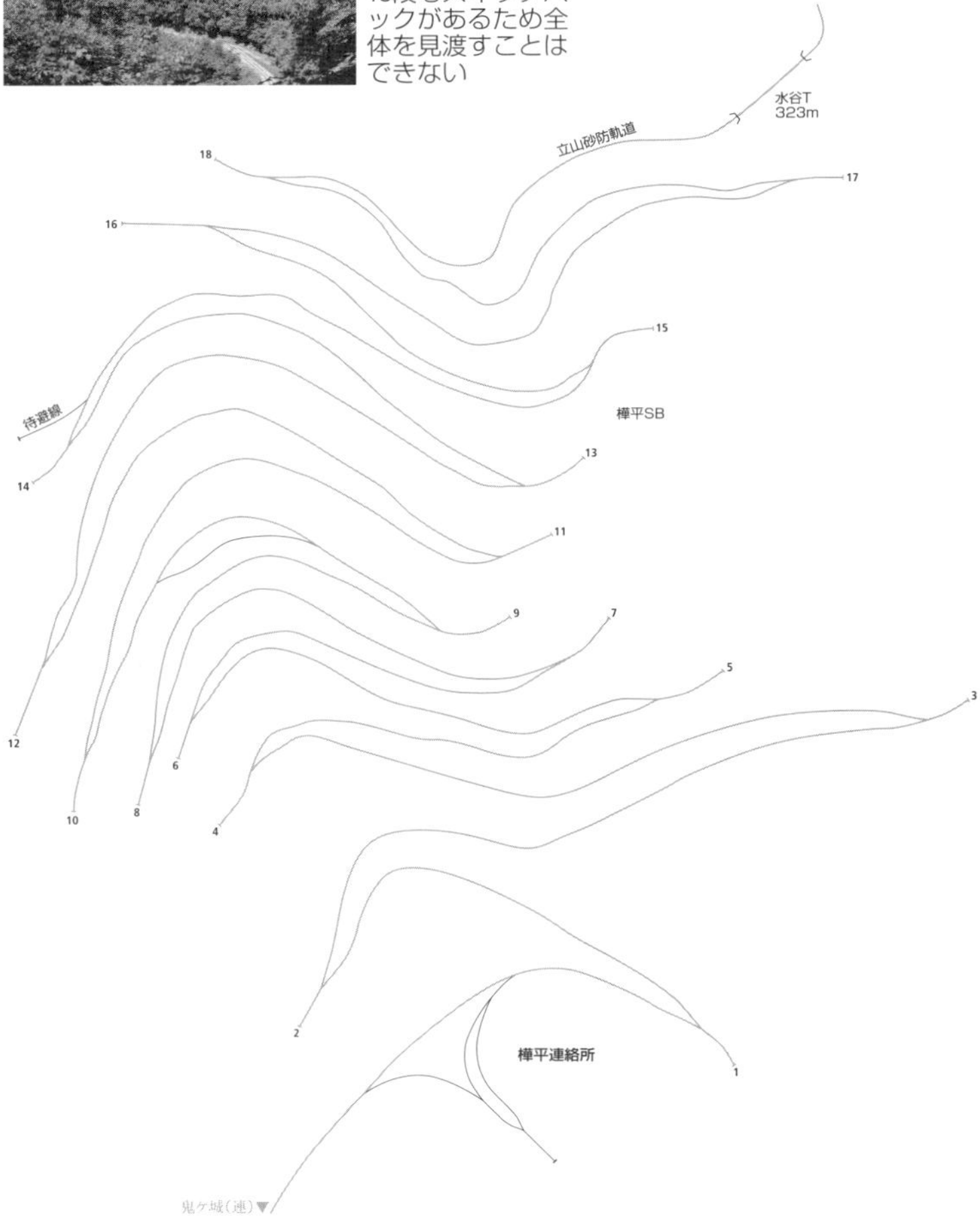

のトロッコ軌道である。ヘアピン方式のスイッチバックで3段以上のスイッチバックが至る所にある。

ハイライトは欅平《かんばだいら》SB（スイッチバック場）の18段スイッチバック（中部ライン7巻14、15ページ）で、あまりにも段数が多すぎて全体を見渡すことはできない。また、途中に行違区間もある。

立山砂防軌道の本線は乗車に許可が必要なので見ることはできないが、隣接する立山ケーブルカーの立山駅を出てすぐの右側に千寿SB（同12ページ）の4段スイッチバックが接している。

また、富山地方鉄道立山駅に隣接して立山砂防軌道の車両基地があり、そこにはトロッコ展示レーンがあって、これは見ることができる。さらに訓練・試運転線があって、そこにある6段スイッチバックを遠望できる。

スイッチバック的に発着する鐘釣駅と湯田中駅

立山砂防軌道の近くにあるトロッコ電車として有名な黒部峡谷鉄道の鐘釣駅（中部ライン7巻40ページ）は狭い渓谷の中に駅がある。このため長い行違線を設置することができず、脱線側線を長くしたように停車線を置いている。

上下列車ともこの停車線に入って、ようやくホームに13両編成が停まれる。そして上下いずれかの列車が、まず本線へのポイントまでバックしてから前進する。苦肉の策である。

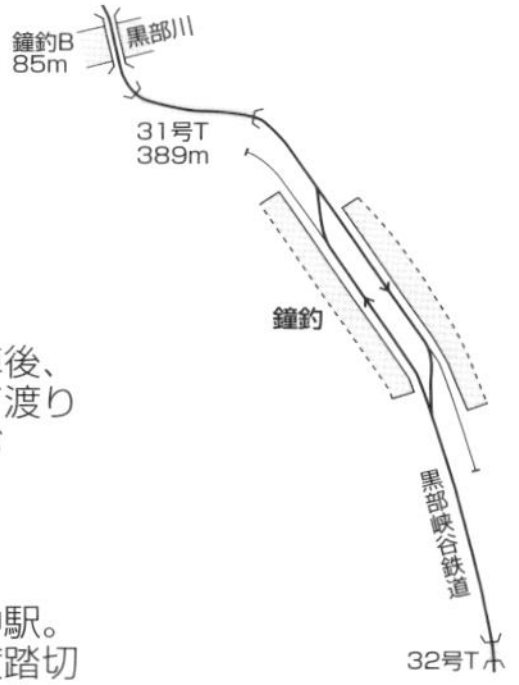

鐘釣駅では停車後、一度バックして渡り線を通って進む

かつての湯田中駅。3両編成は一度踏切まで進んでバックしてホームに停車する。発車時も同じ。現在は踏切までの線路はなく、単線化してカーブさせ、3両分のホームの長さを確保している

これと同様なことを長野電鉄湯田中駅（中部ライン9巻26ページ）でも行っていた。湯田中駅の須坂寄りで本線は長野駅に向かって下り勾配になっている。そして反対側には道路があって3両編成は駅に入線できない。

そこで終端側にある道路を横断する線路を敷き、須坂寄りには本線とは別に停車線を張り出した。同駅に到着する電車は駅を通り越して踏切が設置されている道路を横断、そしてバックして停車線に入って扉を開ける。発車するときも一旦バックしてから前進する。

その後相対式ホーム2面2線だったのを片面ホーム1面1線にしてカーブさせることで3両分の発着線を確保して、スイッチバックを解消した。

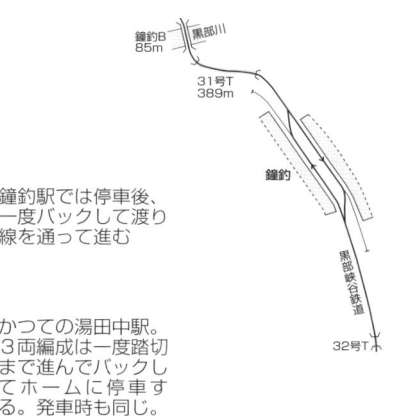

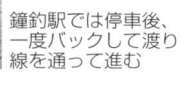

新交通システムの分岐器

ここでいう新交通システムとは通常のモノレールと案内軌条式、そして浮上式リニアモーターカー等のレールで走行しない鉄道のこととする。

これらには通常のポイントは使われていない。そのためいろいろな方式を採用している。

跨《こ》座《ざ》式モノレールのポイントは進化している

モノレールは跨座式と懸垂式がある。跨座式は軌道桁に跨《また》がって走行し、懸垂式は桁にぶら下がって走行するという大きな違いがある。

上野動物園のモノレールは本園（現在は東園）と分園（同西園）を結ぶ、日本最初のモノレールとして開通した。遊園地の乗り物ではなく、現在でも懸垂式鉄道として国土交通省から許可されているれっきとした鉄道である。このため路線名が付けられている。上野懸垂線である。

跨座式モノレールで最初に正式な鉄道として開通したのは名古屋鉄道の犬山モノレールである。これはアルヴェーグ式といい、その後、よみうりランドモノレールも開通したが、この2線は廃止されて今はない。

跨座式モノレールの別方式としてロッキード式モノレールがある。姫路駅と手柄山を結んでいた姫路モノレール、小田急の向ケ丘遊園モノレール線があった。

軌道桁の上に1本の鉄レールを敷き、このレールを鉄車輪で駆動する。方向案内は桁の側面の小さなゴムタイヤで行う。鉄レール鉄車輪なので走行抵抗が少ないという通常の鉄道と同じ特徴を持っていた。しかし、いずれも廃止されてしまった。

東京モノレールはアルヴェーグ式を採用した。アルヴェーグ式は台車が車体に食い込んでいて客室の床はフラットにならない欠点がある。これを解消したのが日本跨座式モノレールである。台車の上にフラットな床面を持つ車体を載せたもので、最初に大阪万博モノレールに採用され、その後、北九州モノレール、大阪モノレール、多摩都市モノレール、ディズニーリゾー

犬山モノレール（名鉄モンキーパーク・モノレール線）はアルヴェーグ式モノレールだった

最初の日本跨座式モノレールである大阪万博モノレール

レールを設置したロッキード式モノレールである向ケ丘遊園モノレール

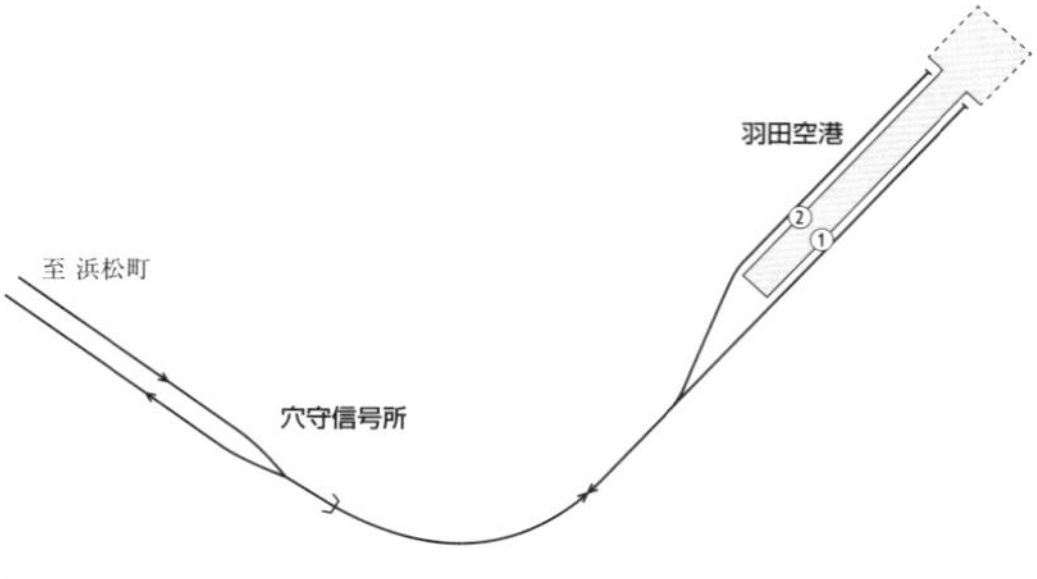

東京モノレール延伸前の羽田空港駅

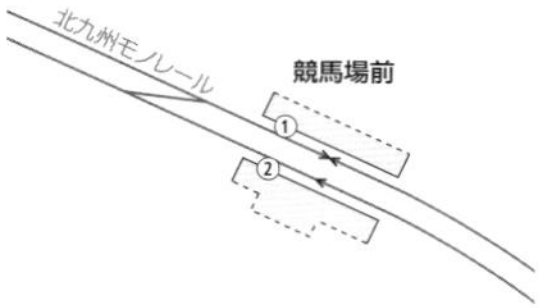

トライン、沖縄都市モノレール（ゆいレール）が日本跨座式で開業した。

日本跨座式は床がフラットだが車高が高くなって重心も高いため、カーブでは高速運転しにくい。その点アルヴェーグ式は重心が低いためにカーブでも高速で走る。東京モノレールと多摩都市モノレールを乗りくらべてみると、それが実感できる。

日本跨座式もアルヴェーグ式も軌道桁については似たようなもので、そのポイントは関節式トラバーサで短い桁を移動させる方式である。しかし、最初の東京モノレールでは転換は多くて3方向、営業線では2方向しか採用しなかった。モノレール浜松町駅がそうであり、以前の羽田空港側も手前に穴守信号所を設け、ここで単線になって地下に潜り、羽田空港駅手前で複線になって島式ホーム1面2線の発着駅にした。

北九州モノレールが開業したとき上下渡り線が開発され競馬場前駅（四国・九州ライン3巻48ページ）に設置された。しかし、開通当時の小倉駅（現平和通駅・同14

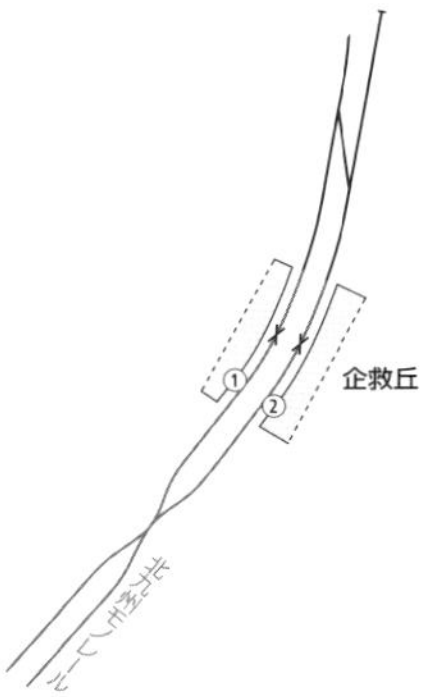

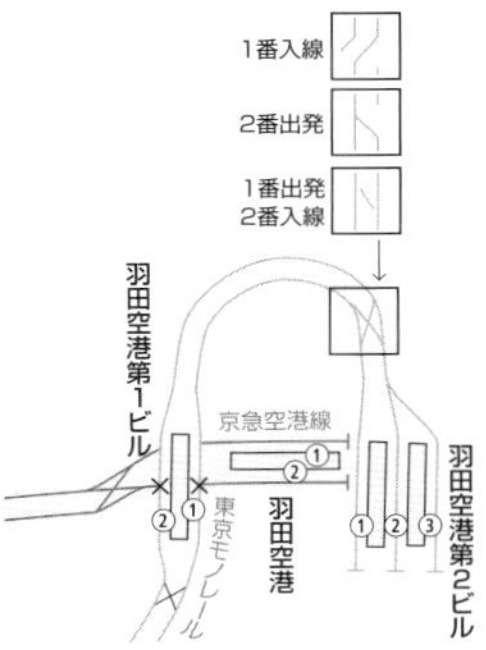

ページ）や終点の企救丘《きくがおか》駅（同49ページ）ではシーサスポイントにできず、Y字形ポイントを組み合わせて各発着線から進入、転線ができるようにした。

東京モノレールは羽田空港沖合展開事業によって空港ターミナルが移転したために新しいターミナル（羽田空港第1ビル駅・東海道ライン1巻17ページ）まで延長した。このときにシーサスポイントと同じ役目を果たすポイントを設置した。なお、その後に羽田空港第2ビル駅（東海道ライン1巻17ページ）まで延長開業した。

さらに沖縄都市モノレールでは本線上下線と車両基地（四国・九州ライン7巻64ページ）の間を通る入出庫線と本線上り線との間に、通常の鉄道でいうシングルスリップクロッシングと同じ機能をするポイントを設置した。

また、5方向分岐ポイントが設置されている車庫がある。多摩都市モノレールの運営基地（中部ライン11巻8ページ）や大阪モノレールの万博車両基地（京阪神スペシャル53ページ）である。

このように跨座式モノレールのポイントは進化を続け、配線設計は制約があまりなくなってきた。懸垂式は上下渡り線まで開発されているが、構造上シーサスポイントは無理のようである。

沖縄都市モノレールのシングルスリップクロッシングの機能を持つポイント

多摩都市モノレールの運営基地にある５方向分岐器

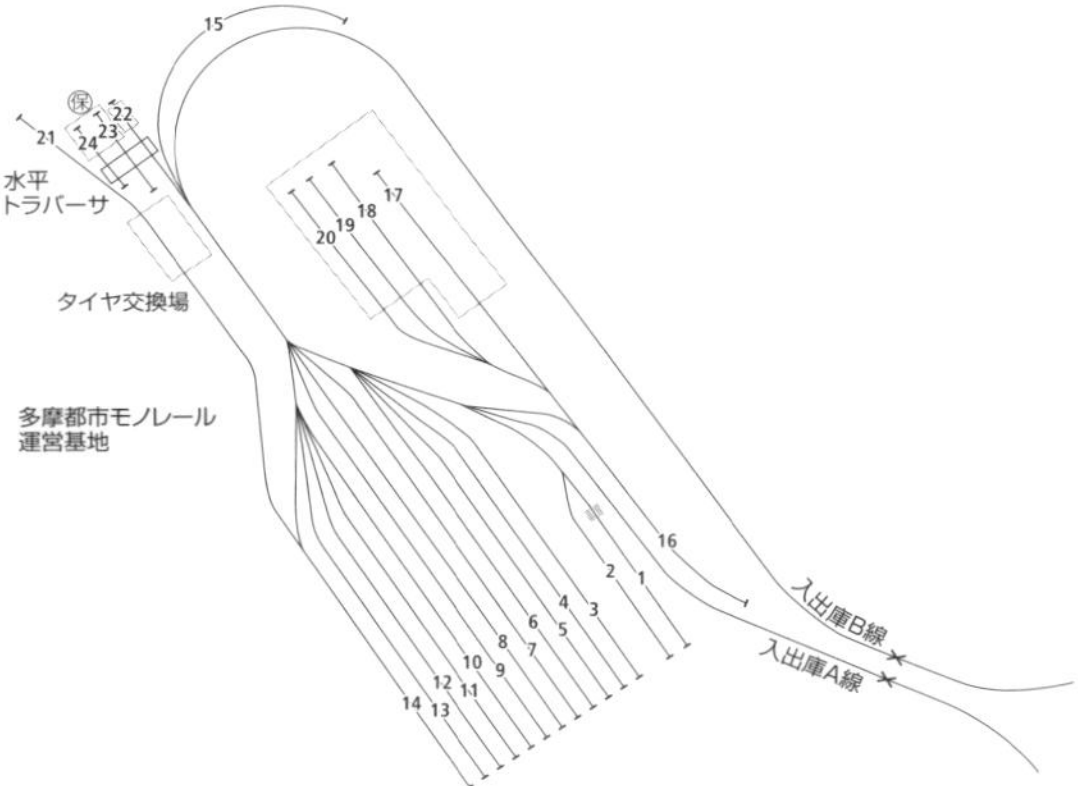

案内軌条式のポイント

案内軌条式には、両側に壁を設置して方向案内をする側壁案内軌条式と札幌地下鉄で採用している軌道の中央にある案内用の逆T字形鋼により方向案内をするものがある。

側壁案内軌条式のポイントも懸垂式モノレールと同様に上下渡り線までのポイントは採用されているが、シーサスポイントなどは開発されていない。

日本で最初に開通した神戸新交通のポートライナー、それに続く六甲ライナーと、その他の

ポートライナーのポイントは側壁そのものが上下する浮沈式

日暮里・舎人ライナーの見沼代親水公園駅の上下渡り線は可動案内板方式。ポイントは奥からまっすぐ進入する方向になっている

左の先端が赤いU字案内鋼が出てきて左に分岐するようになっている

リニアのポイントは関節式トラバーサ

側壁案内軌条式では方式が異なっている。神戸新交通では側壁をすべて上げて分岐方向を決めている。これに対してその他の側壁案内方式ではU字案内鋼によって分岐方向を決めている。

マグレブ(超電導)リニアのポイント

開発中のリニア中央新幹線は側壁案内方式である。しかし、側壁案内軌条式のように簡単な形での方向案内はできない。そこでモノレールと同様に関節式トラバーサでの転換をしている。この場合、側壁に通常ある案内コイルは高速運転をしないために設置しておらず、推進浮上コイルだけが付いている。さらに案内輪も車両に設置され、車庫内や駅発着

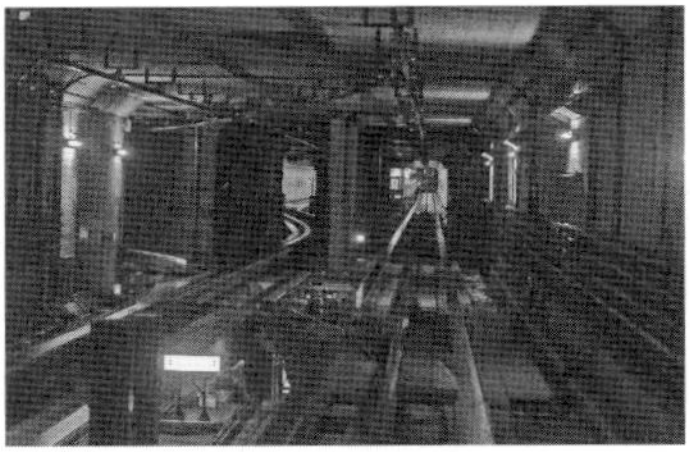
宮の沢寄りから見た東西線大通駅。左のトンネルは東西線と東豊線を結ぶ連絡線

宮の沢寄りから見た新さっぽろ駅。白石－新さっぽろ間の延伸時までに案内軌条式でのシーサスポイントが開発され、渡り線部分が省スペースになった

時に左右に張り出してくる。

札幌地下鉄のポイント方式

札幌地下鉄で当初の中央案内板方式を採用した南北線では上下渡り線の組み合わせしかできなかった。東西線も当初の開通区間はできなかったが、その後シーサスポイントが開発され、新さっぽろ駅（北海道ライン2巻39ページ）と宮の沢駅（北海道ライン2巻42ページ）ではこれを設置した。

さらに東豊線が開通すると東西線との間に連絡線が設置され、連絡線は東西線の新さっぽろ方面の線路との間にシングルスリップクロッシングを設置した（北海道ライン2巻41ページ）。

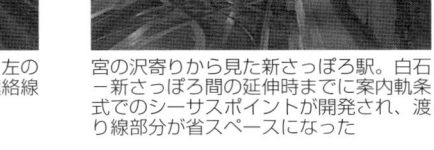

第六章　貨物駅・車両基地の配線

現在の貨物駅は貨物ターミナル駅と信号場、それに規模の小さい貨物取扱駅の3種がある。線路がないORS（Off Rail Station）もあるが、線路がないので配線をうんぬんすることはできないから除外する。

3種類しかなくなったのは仕訳方式から直行方式に切り替えたためである。現在、貨物列車は事業用は別にしてコンテナ貨車かタンク貨車、そして一部に有蓋貨車と砕石運搬貨車があるだけだが、かつては雑多な貨車を各貨物取扱駅から集めて操車場に送り、ここで仕訳しなおして再び各貨物取扱駅に送る仕訳方式をとっていた。

貨物列車の編成を分解して新たに別の貨物列車として組み立てるということなので、国語的には「仕分け」の文字が正解ではあるが、国鉄はこれを仕訳と書くようにし、現在でも貨物ターミナル駅内には仕訳線がある。

仕訳方式を説明すると、貨物列車が各貨物取扱駅に停車して、貨物側線に置いてある貨車を順々に連結、つまり拾い集めて操車場に向かう。各貨車には出発地と到着地のカードが車体側面にはめ込まれている。

操車場ではカードの「何々線の何々駅行」という表示を見て、それぞれへ行く線路へ、各貨車を切り離して誘導していく。

たとえば郡山操車場（現郡山貨物ターミナル駅）（東北ライン5巻64～67ページ）は上下本線の間に操車場がある抱込式になっている。東京寄りに機回線1、2番線、次にハンプ到着線5線がある。その福島寄りに通常の線路よりも高くなっているハンプがあって、ハンプの向こ

東海道貨物支線（高島貨物線）東高島駅では突放によって仕訳を行っていた。
写真提供／井上廣和

う、坂を降りたところに30線の仕訳線、その両側に着発線がある。またD型矢羽根線もある。そのさらに福島寄りには上下の組成引上線とS型矢羽根線がある。

各貨物取扱駅から貨車を集めてきた貨物列車はハンプ到着線に入線する。そして1両ずつハンプ線に押し出されるように進む。ハンプ線にあるハンプは仕訳線に向かって下り勾配になっている。各貨車にはめ込まれたカードを見て、各方面別の仕訳線へ行くようにポイントを操作する。ポイントは三枝分岐ポイントにしていて省スペースになっている。

進路が決まればハンプ上にある貨車を切り離して所定の仕訳線へ転がしていく。各仕訳線上にはカーリターダーがあり、転がっている貨車のスピードを落として仕訳線の貨物列車に連結していく。ハンプ式以外

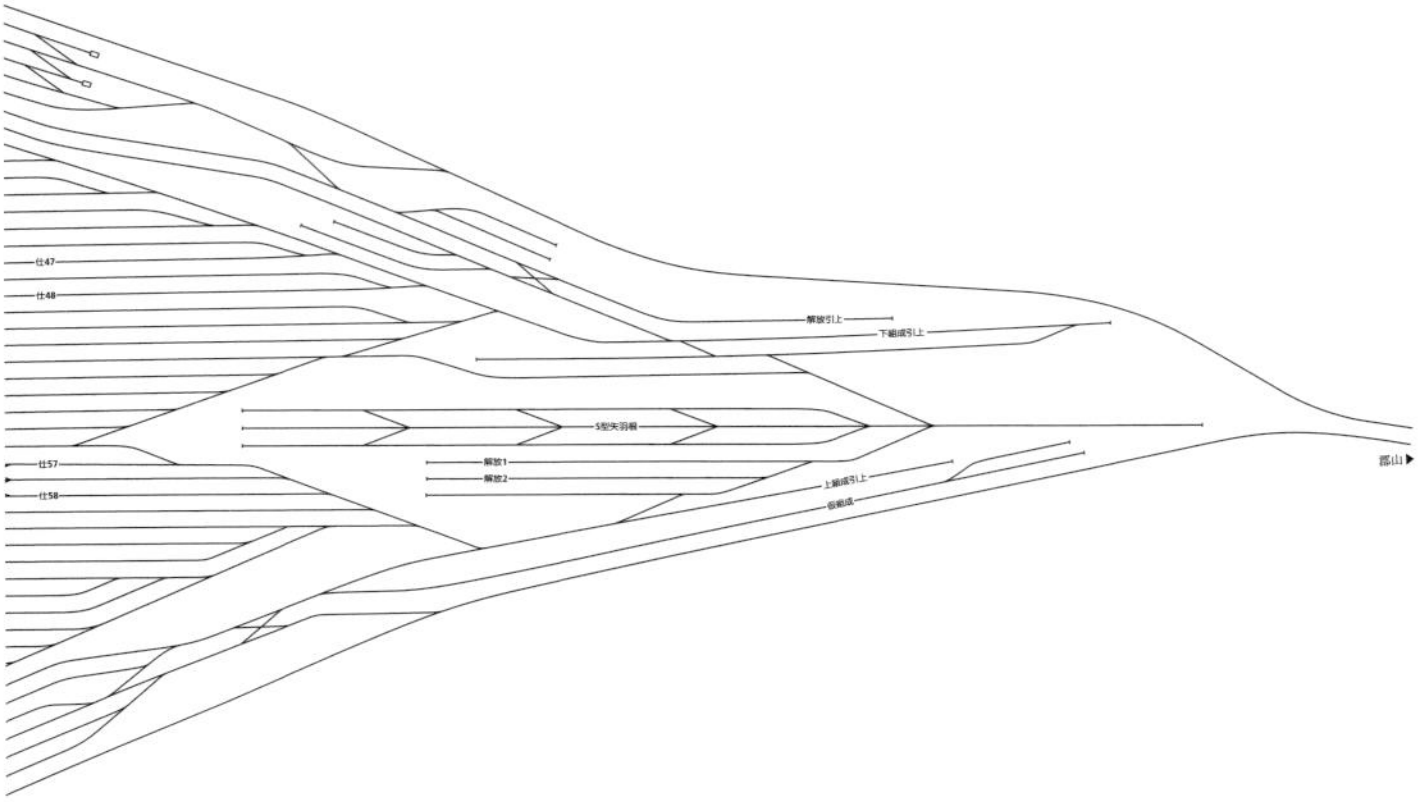

仕47
仕48
解放引上
下組成引上
S型矢羽根
仕57
仕58
解放1
解放2
上組成引上
仮組成
郡山▶

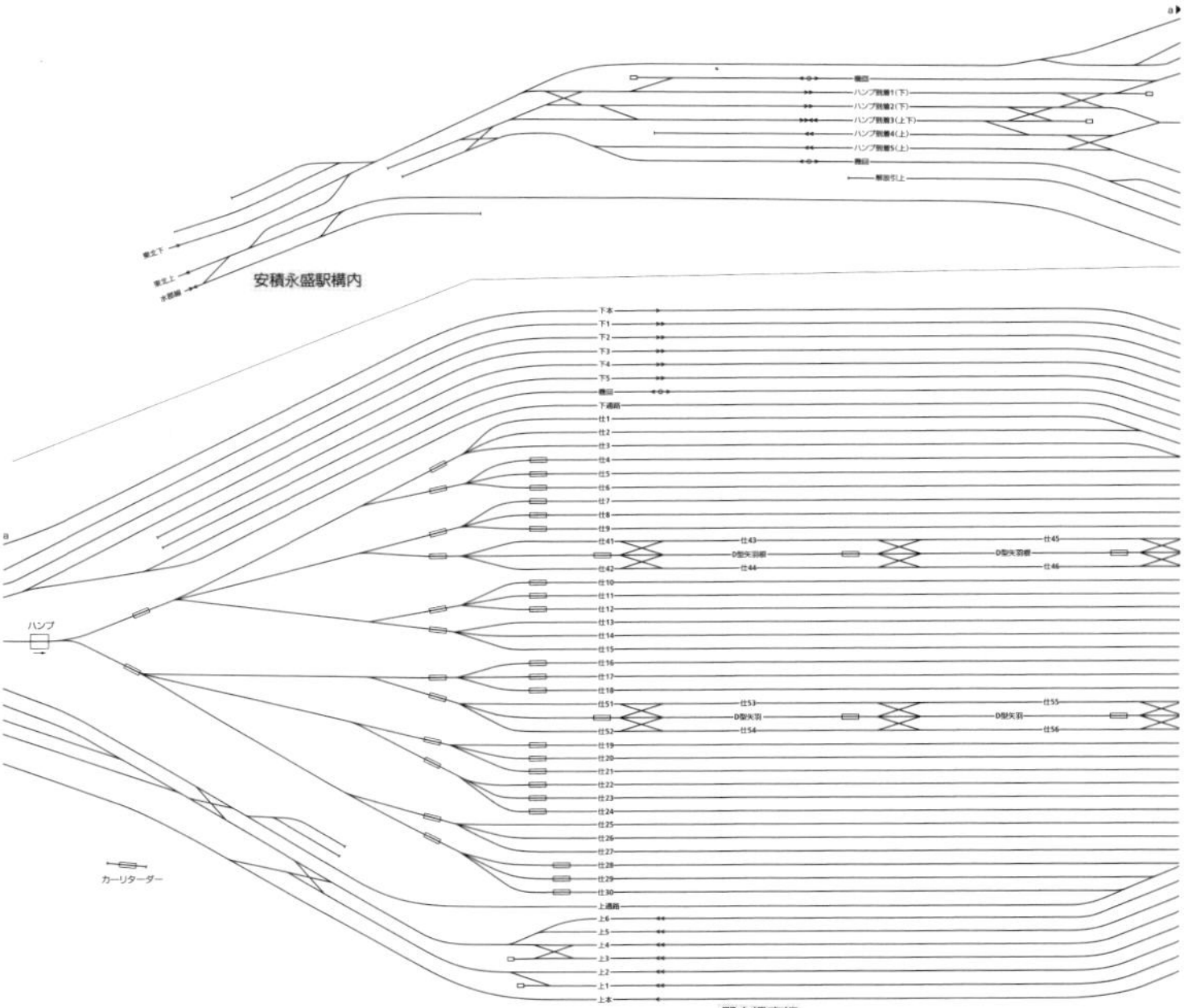
安積永盛駅構内
東北下
東北上
水郡線
機回
ハンプ到着1(下)
ハンプ到着2(下)
ハンプ到着3(上下)
ハンプ到着4(上)
ハンプ到着5(上)
解放引上
郡山操車場
ハンプ
カーリターダー
下本
下1
下2
下3
下4
下5
下通路
上通路
D型矢羽根
D型矢羽
上本
上1
上2
上3
上4
上5
上6

に、連結器のロックを外して押していた機関車を急停車させ、1両の貨車を切り離す突放式もあった。

D型矢羽根線は各ブロックに貨車を集めてから拠点駅行貨車に組成しなおして地域間急行貨物列車を仕立てるものである。D型矢羽根線の両側に3ブロックに分けた仕訳線を2線置き、三枝分岐ポイントによるシーサスポイントで再組成しやすくしている。Dというのはダブルの略でシーサスポイントがあるためにダブルになっているように見えることによる名称である。

S型矢羽根線はこれが渡り線になっているものである。Sはシングルの略である。矢羽根線はS型が本来のもので、その配線が矢の羽根の形に似ているから付けられたものである。郡山操車場のS型矢羽根線は、方面別に仕訳しても停車駅順に貨車が並んでいるわけでもないので、矢羽根線に入れて停車駅順に組成しなおすためのものである。そして完全に組成されると組成引上線に入ってバックして上下の着発線に入線、進行方向先頭に機関車を連結して出発を待つ。

こういう流れをたどるので操車場は非常にスペースが必要である。武蔵野線にあった武蔵野操車場（首都近郊スペシャル90〜92ページ）は仕訳をコンピューターで自動化した省力化操車場で、ゼブラ配線の武蔵野機関区も併設されていた。

操車場は全国に設置されていた

北海道地区では釧路、岩見沢、苫小牧、東室蘭、五稜郭、東北地区では青森、秋田、北上、長町、郡山、北陸地区では新潟、長岡、富山、関東地区では高崎、新小岩、大宮、田端、武蔵野、新鶴見、塩浜、東海地区では東静岡、稲沢、関西地区では梅小路、吹田、竜華《りゅうげ》、中国地区では岡山、東広島、九州地区では門司、香椎、熊本に操車場があった。

このうち東洋一と謳《うた》われたのが吹田操車場、それに次いでいたのが新鶴見操車場である。これに武蔵野操車場（それまでは大宮操車場）を加えた3つが3大操車場とされた。

このほかに操車場ではなかったが、客貨駅に隣接して仕訳をする駅も多数あった。さらに貨物専用駅があり、直行貨物列車を扱う貨物ターミナル駅が設置された。

ハンプによる貨物列車の分解、仕訳を自動化するだけでなく、塩浜操車場ではリニアモーター式貨車加減速装置を設置するなど合理化を行った。

手間とスペースが必要な仕訳方式ではいくら合理化しても効率が悪い。そのため貨物ターミナル間を行き来する直行方式が採用された。これによって操車場と取扱量が少なく小口輸送を主とする駅の貨物取扱を廃止した。操車場の多くは廃止もしくは貨物ターミナル駅化し、重要拠点では信号場となった。

少量貨物駅で現在残っているのは主に玉ねぎ等の農産物を収穫期に輸送する根室本線富良野駅（北海道ライン3巻24ページ）と石北本線北見駅（北海道ライン3巻78ページ）、大塚製薬工場釧路工場の製品輸送を行う根室本線音別駅（北海道ライン3巻39ページ）、奥羽本線弘前駅（東北ライン10巻31ページ）、奥羽本線大館駅（東北ライン10巻24、25ページ）、酒田港線酒田港駅（東北ライン9巻15ページ）、東北本線水沢駅（東北ライン7巻26ページ）、石巻港線石巻港駅（東北ライン7巻39ページ）、常磐線土浦駅（東北ライン2巻8ページ）、同日立駅（東北ライン2巻23ページ）、中央本線竜王駅（中部ライン3巻23ページ）、同村井駅（中部ライン3巻27ページ）、中央本線多治見駅（中部ライン4巻21ページ）、信越本線黒井駅（中部ライン8巻10ページ）、しなの鉄道坂城駅（中部ライン9巻11ページ）、山陰本線伯耆大山駅（山陽・山陰ライン5巻29ページ）、予讃線伊予三島駅（四国・九州ライン2巻11ページ）、鹿児島本線黒崎駅（四国・九州ライン3巻19ページ）、同大牟田駅（四国・九州ライン6巻17ページ）、同八代駅（四国・九州ライン7巻9ページ）、日豊本線西大分駅（四国・九州ライン4巻43ページ）、同延岡駅（四国・九州ライン6巻50ページ）、同南延岡駅（四国・九州ライン6巻51ページ）、長崎本線鍋島駅（四国・九州ライン5巻19ページ）がある。

操車場は縮小して貨物ターミナルになったか信号場になっている

操車場の名のまま残っているのは大宮操車場（首都近郊スペシャル33ページ）と、高崎操車場（中部ライン10巻19、20ページ）、米原操車場（東海道ライン5巻22ページ）だけである。いずれも信号場として機能している。

このうち米原操車場は使用しておらず、また、コンテナホームが設置されて、やがて貨物ターミナル駅になる予定である。

また、千早操車場（四国・九州ライン3巻29ページ）もあるが、これは元香椎操車場だったのを縮小、鹿児島本線の高架化のときに千早操車場として開設した。しかし、鹿児島本線と臨

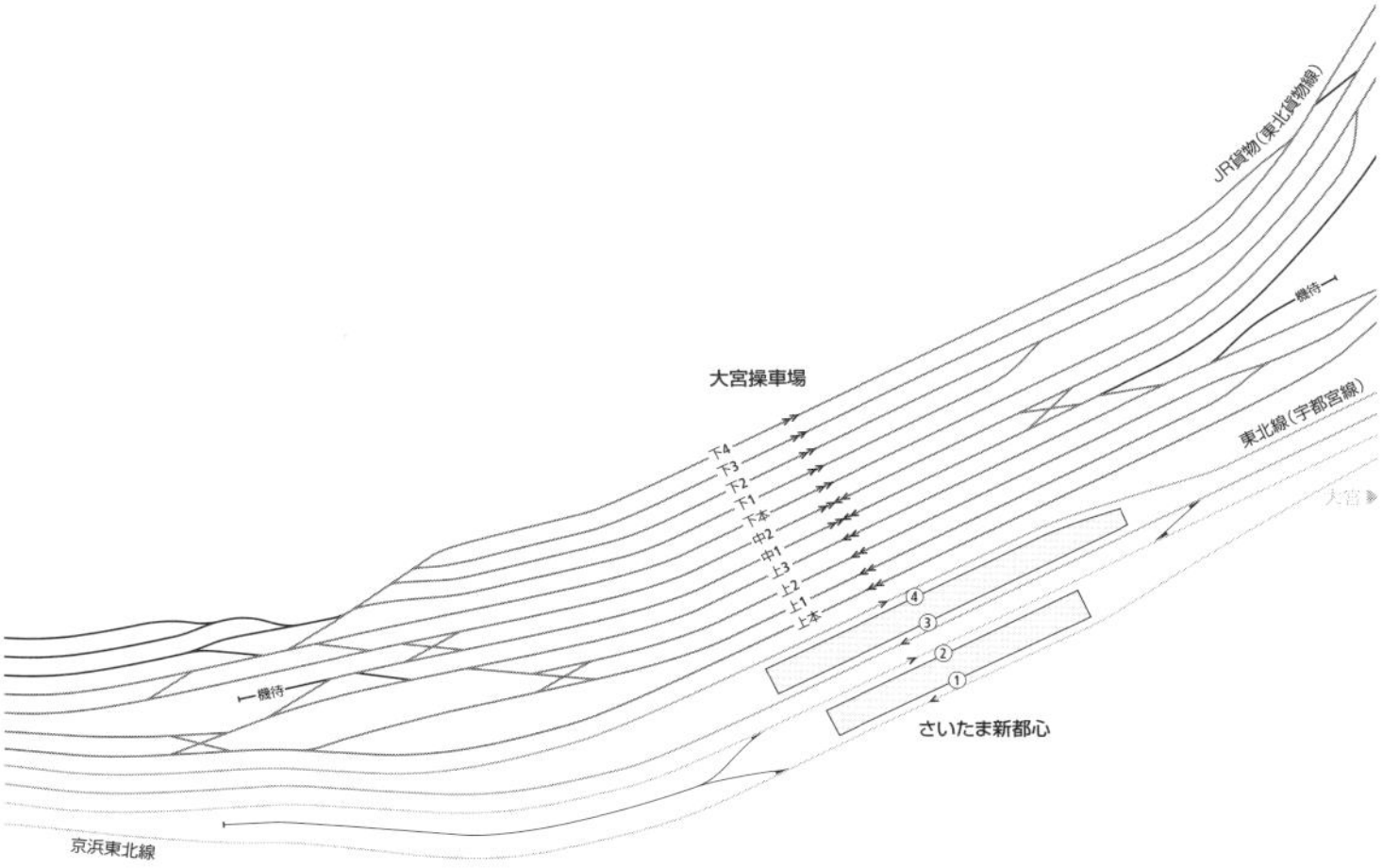

港貨物線との分岐信号場の役目をしていて、これも操車場としては機能していない。

釧路操車場は廃止して貨物取扱駅として釧路貨物駅が開設された。同駅は旅客駅の新富士駅（北海道ライン3巻41ページ）に隣接している。

岩見沢操車場は廃止、苫小牧操車場は貫通式（操車場の中央を本線が貫通している方式）を片側式に変更、規模を縮小してコンテナホームを設置し、苫小牧貨物駅（北海道ライン2巻30、31ページ）となった。

東室蘭操車場は抱込式（上下本線の間に操車場がある方式）を片側式に改めて東室蘭（貨物）駅（北海道ライン1巻46、47ページ）になった。五稜郭操車場は抱込式のまま機関区だけを残して廃止、現在は五稜郭機関区（北海道ライン1巻22、23ページ）になっている。

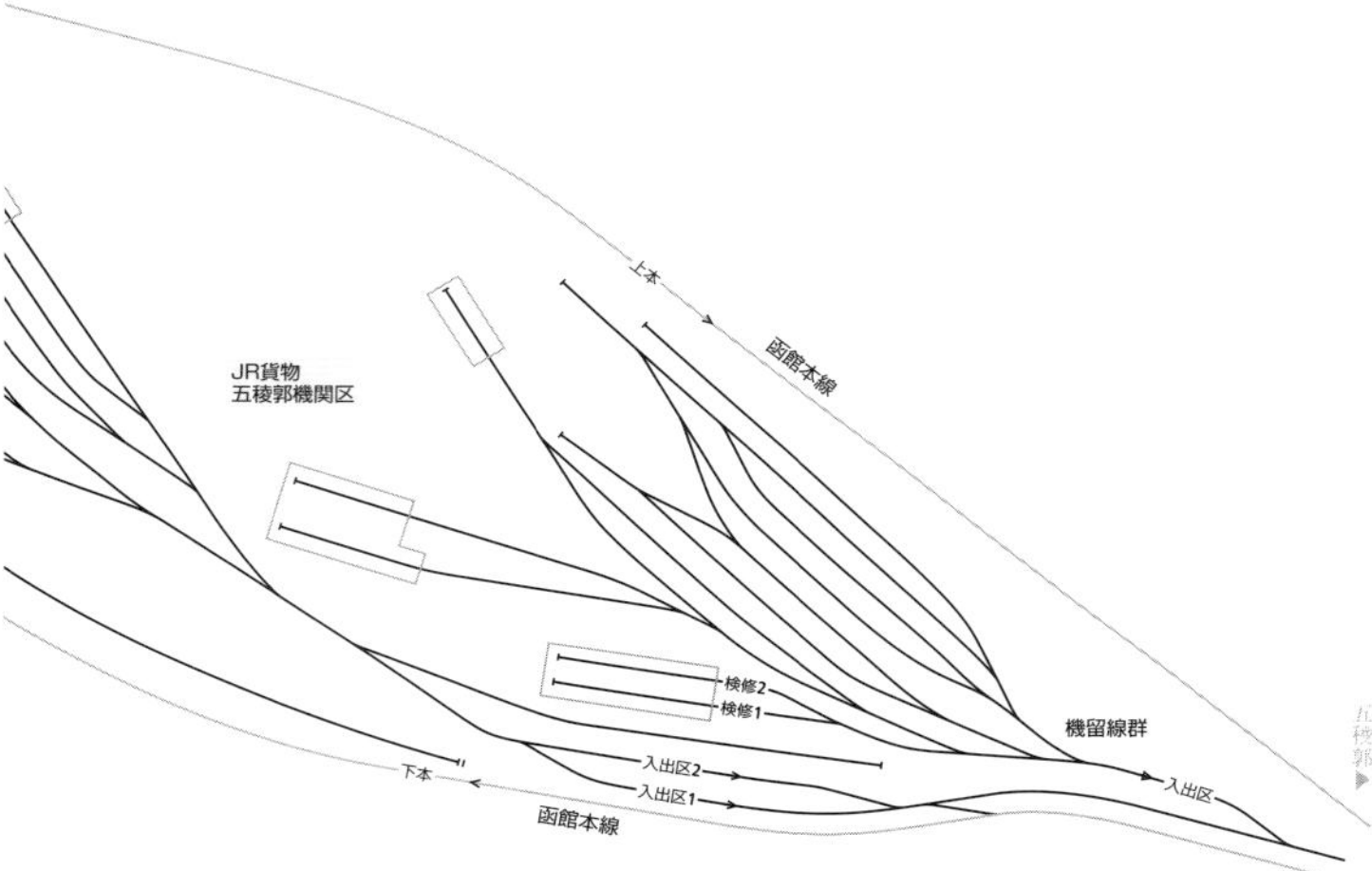
JR貨物
五稜郭機関区
上本
函館本線
検修2
検修1
機留線群
入出区2
入出区
入出区1
下本
函館本線
五稜郭

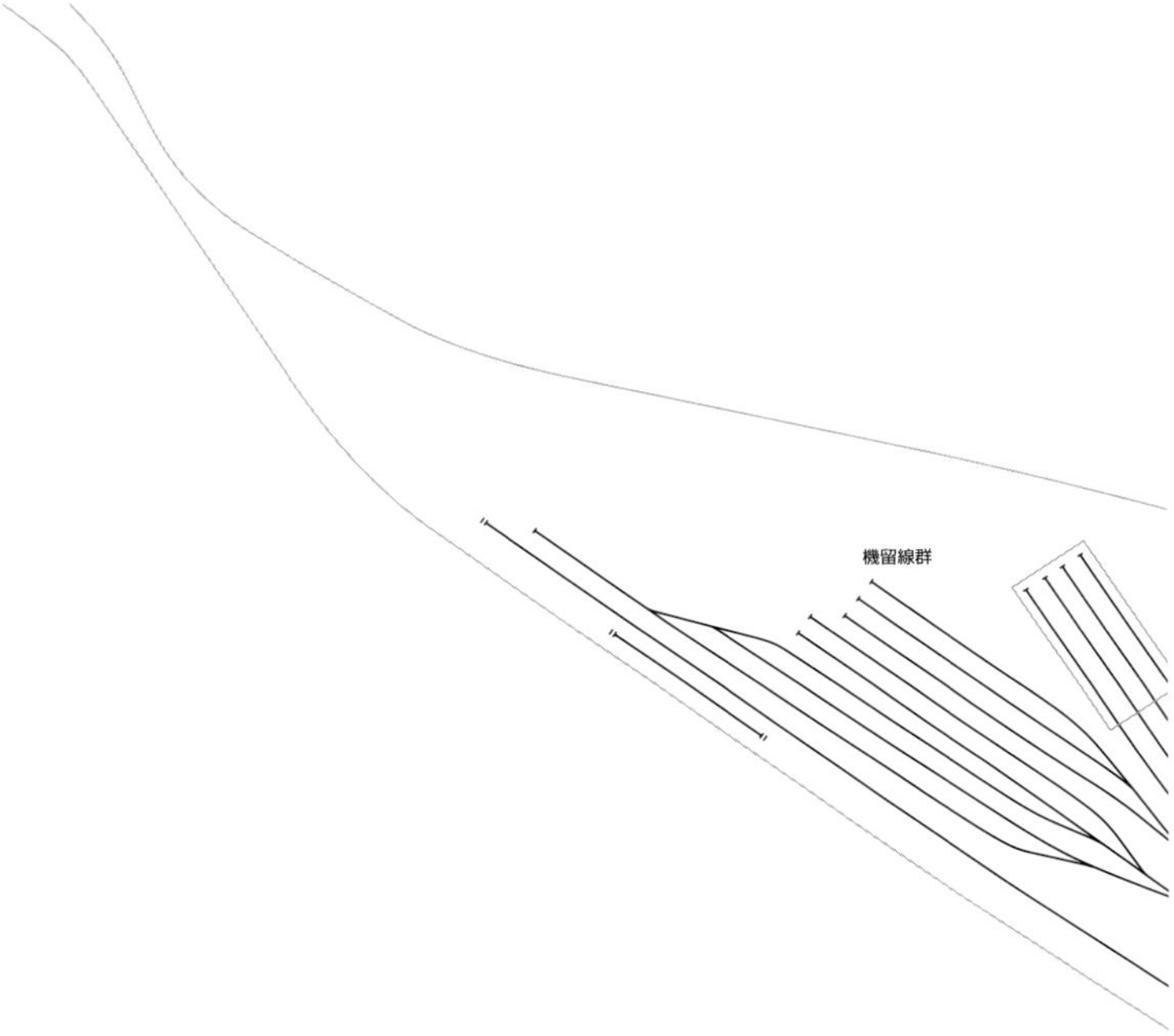
機留線群

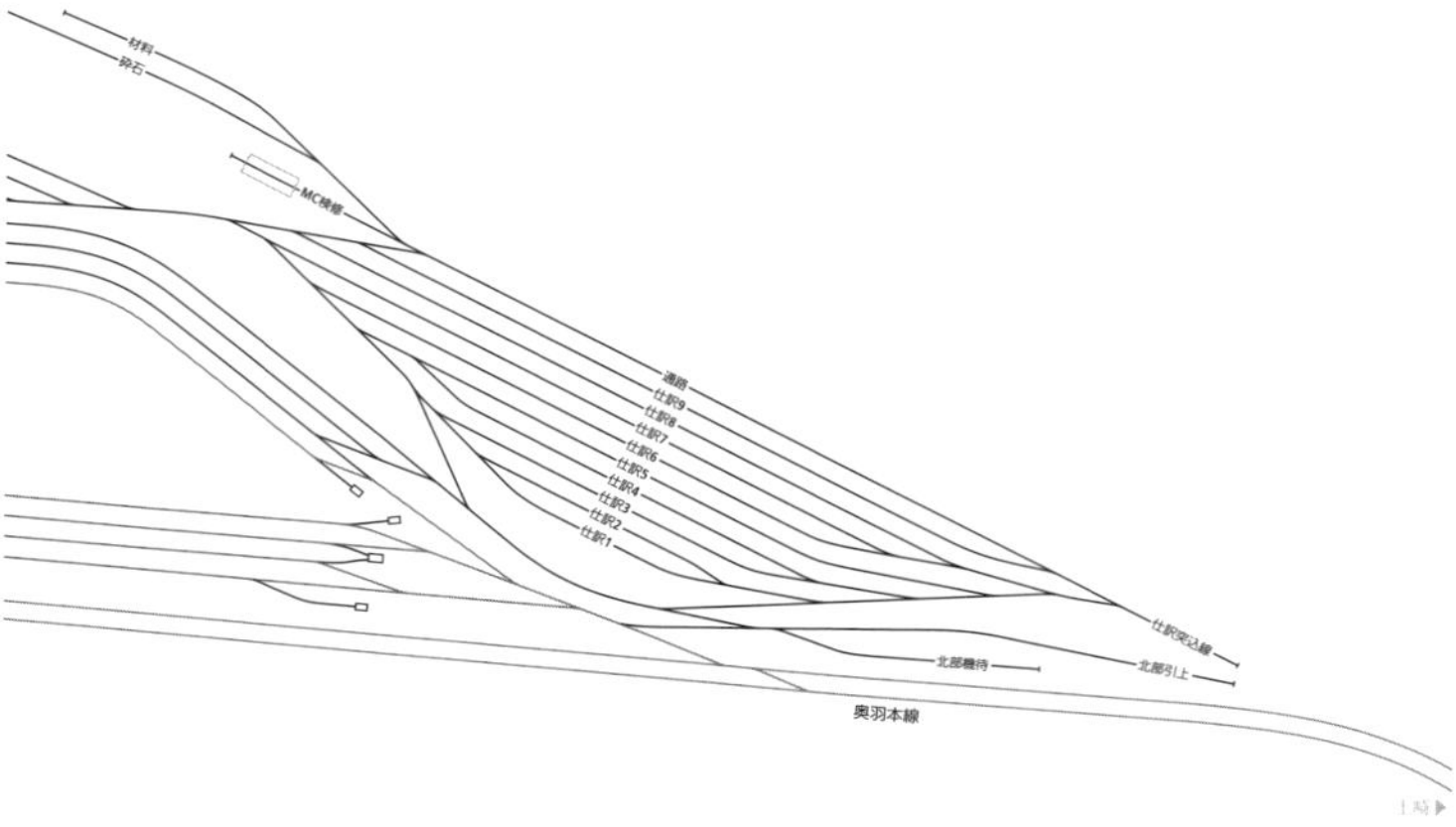

青森操車場は規模を縮小して着発線と機待線がある青森信号場（東北ライン8巻36、37ページ）となった。同信号場では津軽海峡線専用の機関車と青森以南を走る奥羽本線と青い森鉄道の機関車とを付け換えている。

秋田操車場も秋田貨物駅（東北ライン9巻40、41ページ）となったが、貨物駅部分は抱込式から片側式に変更した。しかし、その秋田寄りにある旧秋田機関区の部分は上下本線が機関区を抱き込んだままになっている。この機関区は線路はあるものの機能していない。

リニアモーターによる仕訳をしていた北上操車場は開設10年ほどで廃止された。長町操車場も廃止された。旅客駅の長町駅（東北ライン6巻12、13ページ）と東北本線が高架になったために跡形もない。

抱込式の郡山操車場は東半分ほどを残し、着発線だけ抱込式にして郡山貨物ターミナル駅

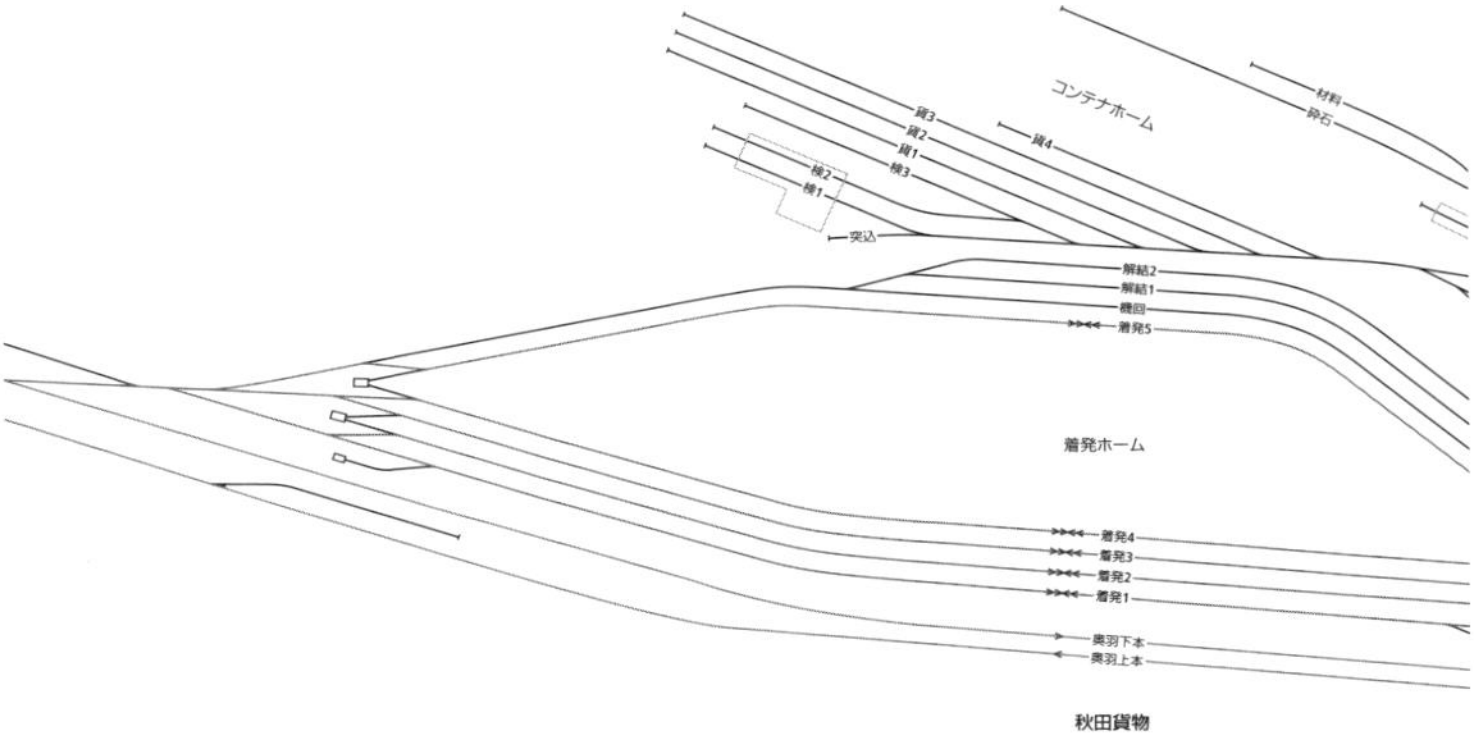

（東北ライン5巻16、17ページ）になった。同貨物ターミナル駅では本線が東に膨らんでカーブしており大操車場だったことがわかる。西側は再開発された。

新潟操車場は新潟貨物ターミナル駅（中部ライン8巻28〜30ページ）に、長岡操車場は南長岡駅（中部ライン8巻20ページ）に、富山操車場は富山貨物駅（中部ライン7巻20、21ページ）になった。

田端操車場は大半が東北新幹線の車両基地である東京新幹線車両センターとなり、一部は4線の着発線と6線の南部留置線、それに2線の機回線を持つ田端信号場（首都近郊スペシャル19、20ページ）になった。同信号場は常磐貨物線と東北貨物線の分岐合流用である。

武蔵野操車場は廃止した。抱込式だったために廃止後は武蔵野線の上下線は離れていたが、途中に新三郷、吉川美南の2駅（首都近郊スペ

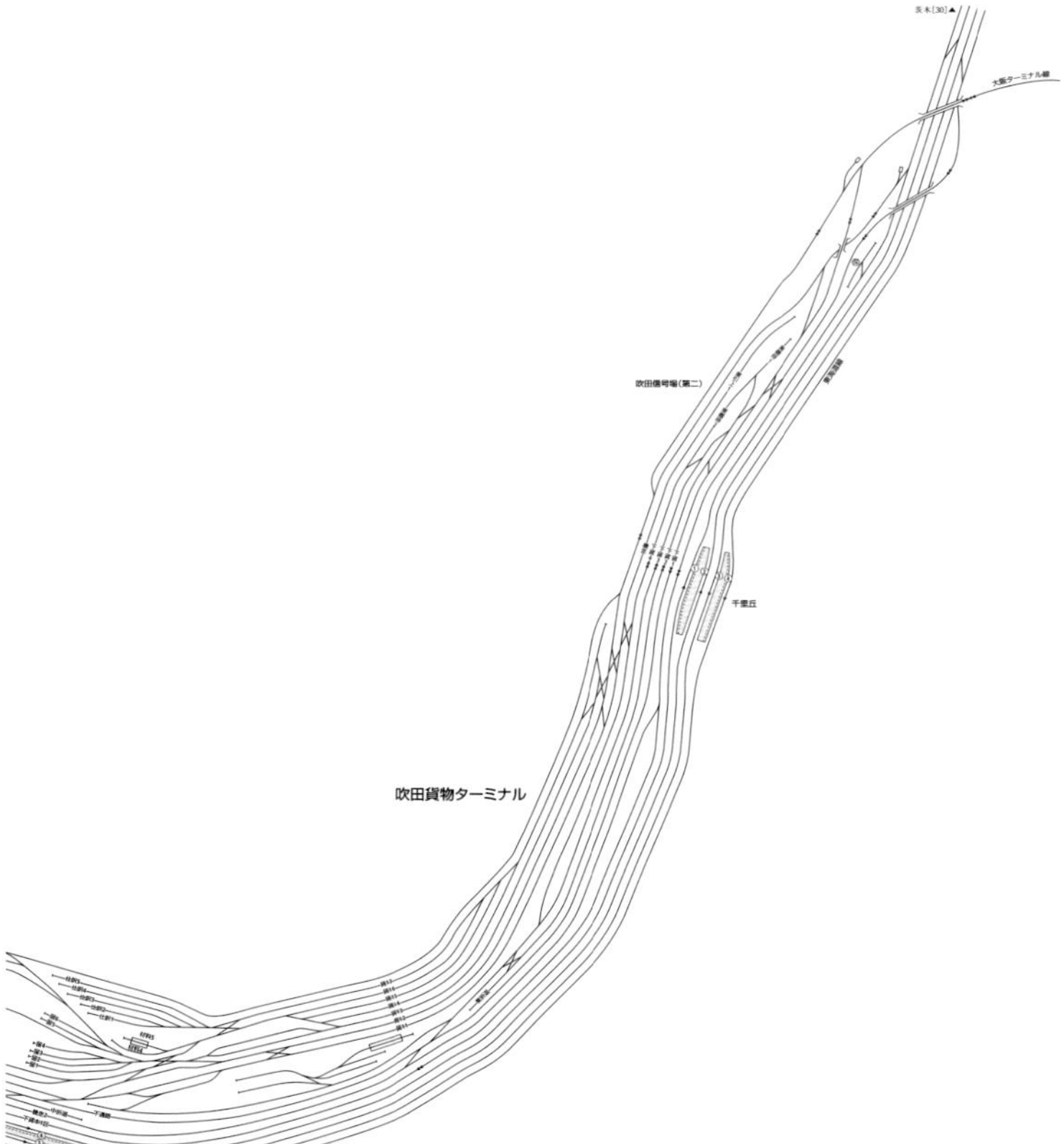
茨木[30]▲
大阪ターミナル線
吹田信号場（第二）
東海道線
千里丘
吹田貨物ターミナル

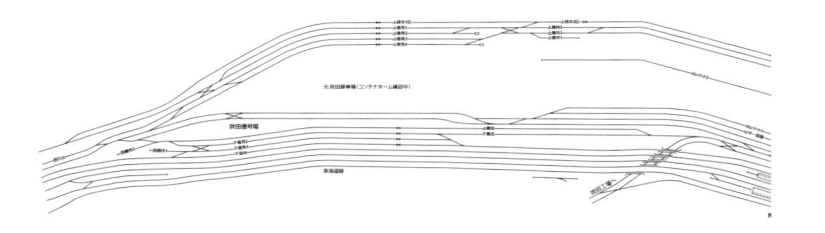

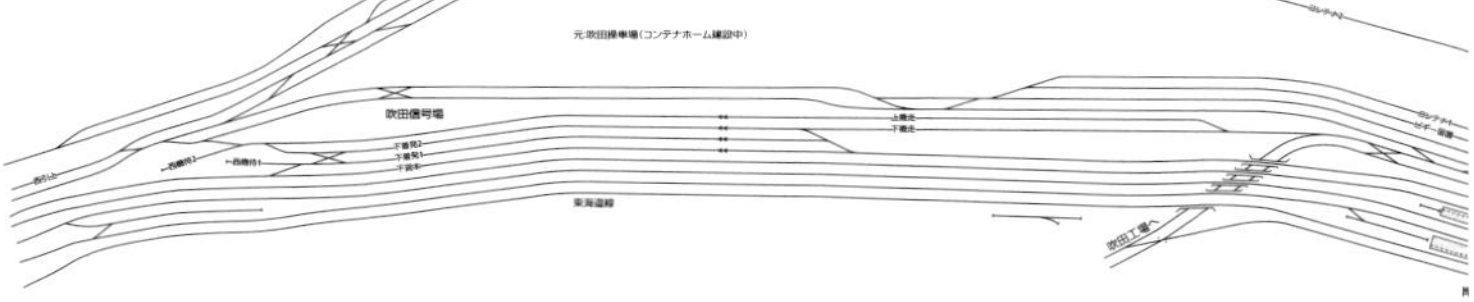

上着発1
上着発2
上着発3
上着発4
上機待3
上機待2
上機待1
元吹田操車場（コンテナホーム建設中）
吹田信号場
上機走
下機走
下着発2
下着発1
西機待2
西機待1
西引上
東海道線
吹田工場へ

シャル61ページ）を新設したため上下線は北側を複線で通るようになった。ただし三郷駅（首都近郊スペシャル49ページ）の新三郷寄りは抱込式のままになっていて、上下線間に武蔵野操車場の線路が一部残っている。吉川駅の吉川美南寄りもやや上下線が離れている。

新鶴見操車場は機関区も併設された新鶴見信号場（東海道ライン1巻22、23ページ）に、塩浜操車場は規模はそのままにして神奈川臨海鉄道と授受する機能を持った川崎貨物駅（東海道ライン1巻25、26ページ）になった。

東静岡操車場は仕訳線、機関区、貨車区併設のままコンテナホームを設置して静岡貨物駅（東海道ライン3巻20ページ）に、稲沢操車場は稲沢駅の貨物駅（東海道ライン5巻12、13ページ）になった。

梅小路操車場はコンテナホームを設置して京都貨物駅（京阪神スペシャル6、9ページ）に、吹田操車場は大改造し、廃止した梅田貨物駅と統合して吹田貨物ターミナル駅（同36、38、39ページ）になった。竜華操車場は廃止された。

岡山操車場はコンテナホームを設置するなど大改造して岡山貨物ターミナル駅（山陽・山陰ライン4巻10、11、13ページ）となった。東広島操車場も広島貨物ターミナル駅（山陽・山陰ライン6巻16、19ページ）になった。

門司操車場は北九州貨物ターミナル駅（四国・九州ライン3巻12、13ページ）になったが、コンテナ仕訳線などを設置してかえって規模が大きくなった。熊本操車場は熊本駅の貨物駅（四国・九州ライン6巻26、27ページ）となり、コンテナホームと着発線は片側式で配置されているが、西側にＪＲ九州の熊本車両センターを設置、同センターは上下線に抱き込まれている。

このように多くは貨物ターミナル駅になった。なお、武蔵野操車場を廃止した武蔵野線には片側式の越谷貨物ターミナル駅（首都近郊スペシャル60、61ページ）と新座貨物ターミナル駅（中部ライン11巻22ページ）があり、新松戸駅付近で常磐線（東海道ライン12巻15、16ページ）、西浦和駅付近で東北貨物線（首都近郊スペシャル30、31ページ）、新秋津駅付近で西武貨物線（中部ライン11巻6ページ）、西国分寺駅付近で中央本線（中部ライン11巻9、10ページ）と、連絡線が設置されている。

武蔵野線は山手貨物線や品鶴貨物線を旅客線に転用するのを目的とした貨物線だった。京葉線とも連絡線（東海道ライン11巻13ページ）がある。武蔵野南線という府中本町―鶴見間の貨物線もあり、そこには梶ケ谷貨物ターミナル駅（中部ライン2巻21ページ）がある。京葉線にも千葉貨物ターミナル駅（新港信号場・東海道ライン11巻18ページ）があったが廃止された。それでも武蔵野線は東京外郭環状貨物線として現在も重要貨物幹線である。

仕訳線や連絡線など、配線としては貨物線のほうが興味深いものがある。

車両基地の配線

車両基地は車両のねぐらのための留置線群と車両の検査や修繕を行う検修線群とに大別される。さらに留置線には洗浄線が置かれているところもある。洗浄機で車両を洗っても、すべて

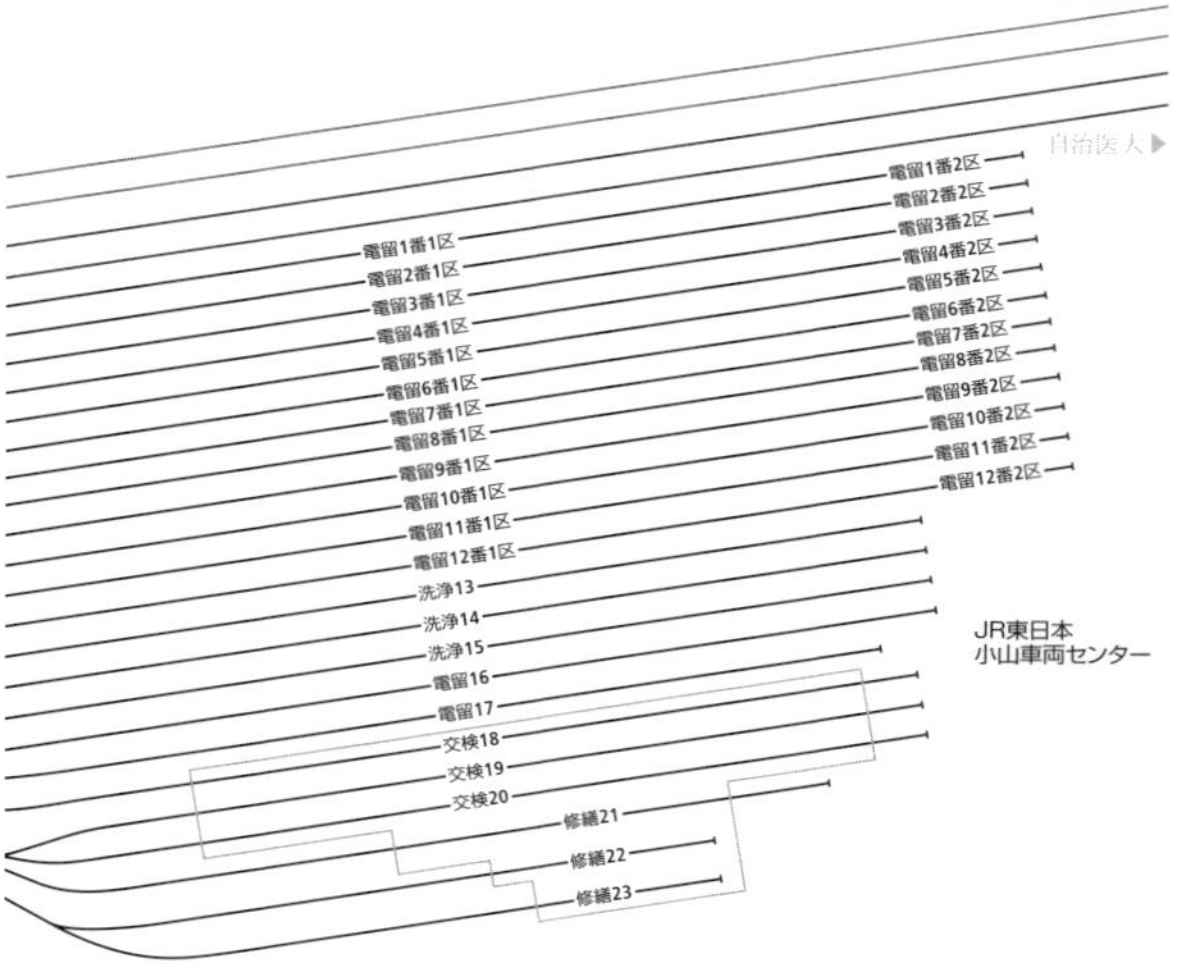

の汚れが落ちるとは限らないために手洗い用に洗浄ホームを置いている車両基地も多い。

大きく分けて留置線と検修線などを平面に配置する車両基地と留置線と検修線を直列に並べる車両基地がある。

JR小山車両センター（旧小山電車区）

平面配置の例として小山車両センター（東北ライン4巻20、21ページ）がある。1～12番線の電車留置線（電留線）が12線、続いて13～15番線の洗浄線が3線、16、17番線の電留線が2線、そして検修棟のなかに6線の検修線がある。

1～12番線は15両編成が2本、直列に収容でき、小金井寄りが1区、自治医大寄りの奥が2区と分けられている。検修線は交

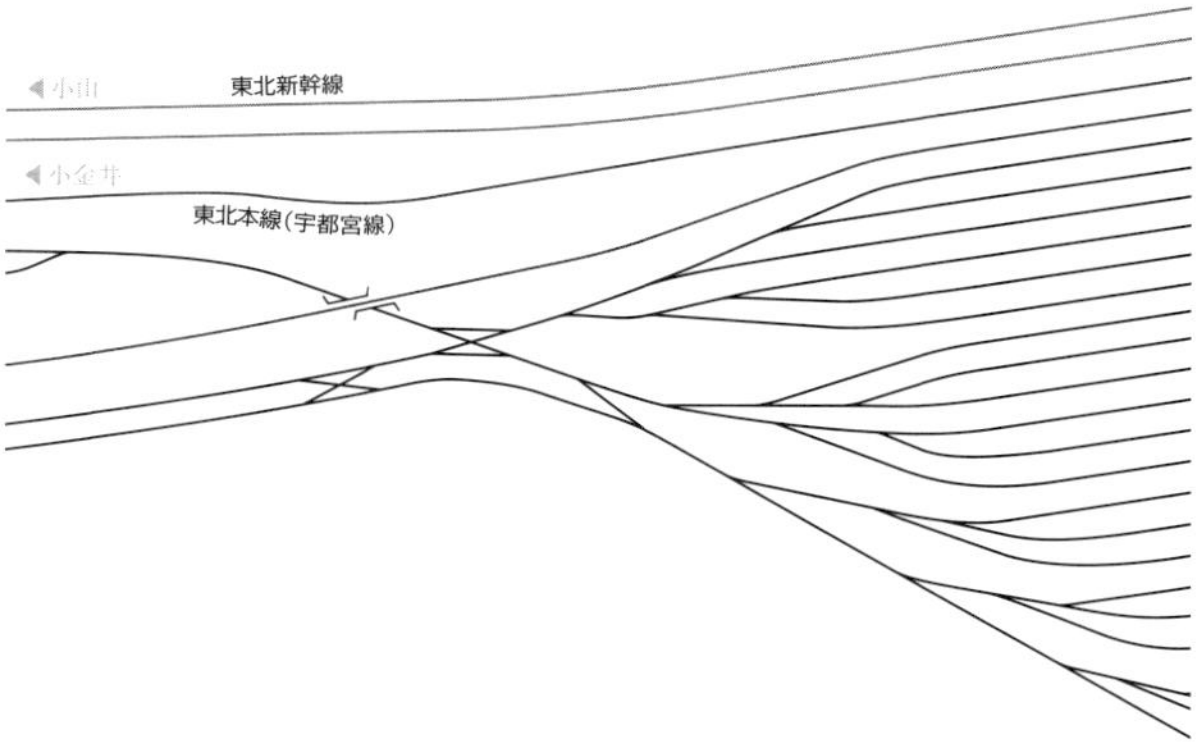

番検査線（交検線）３線と修繕線３線に分かれている。

入出庫線は上り入出区１、２番線、そして分合１、２番線の４線があり、上り入出区１番線に自動洗浄機が設置されている。上り入出区１、２番線の２線は小金井駅（東北ライン４巻19ページ）の４番線に入線できるとともに駅に併設されている南部電留線１、２番線にもつながっている。

分合１、２番線は東北本線の上下本線の間に設置され、小金井駅の上下線すべての線路とつながっている。入出庫線であるとともに、分合となっているように分割・併合をする基本編成の電車が待機する線路でもある。小金井駅で宇都宮方から来た基本編成の10両編成の宇都宮寄りに付属編成の５両編成を連結する。

小山車両センターには車輪転削線がない

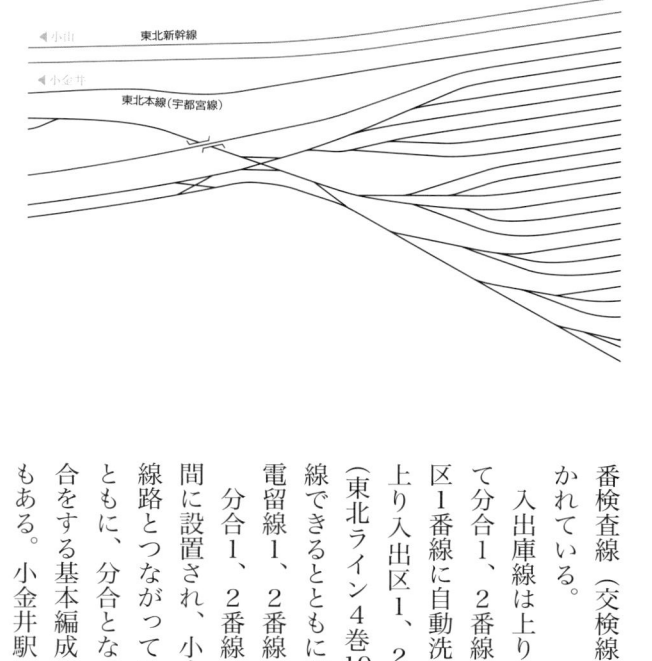

JR東日本高崎支社
高崎車両センター（旧:新前橋電車区）

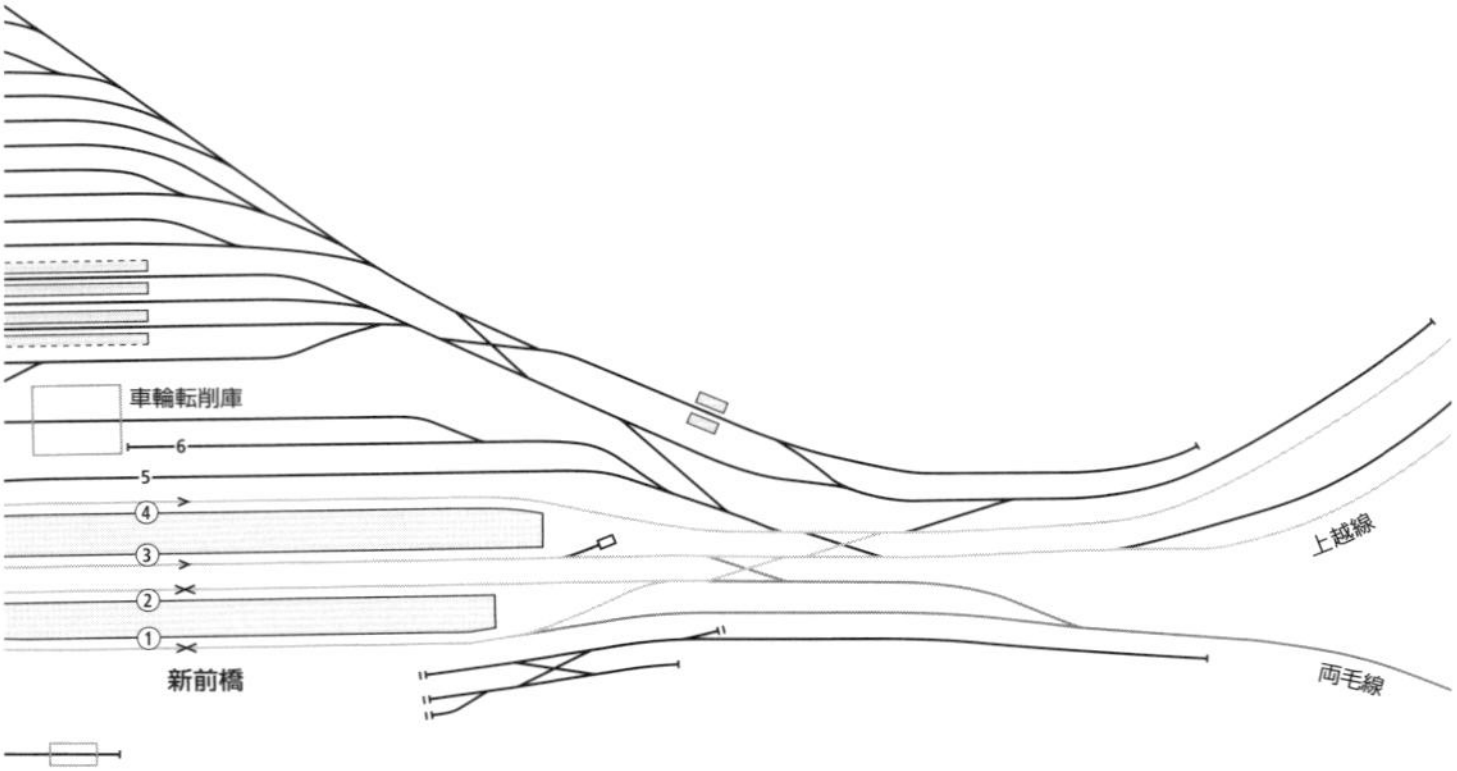

が、多くの車両基地にはこの線路が設置されている。小山車両センターとよく対比されるＪＲ東日本の高崎車両センター（旧新前橋電車区・東北ライン1巻58、59ページ）には車輪転削線が設置されている。

車両が走行していると最初真円だった車輪が摩耗していびつになっていく。電車に乗っているとよく「タンタンタン……」と速度に応じてリズミカルな音がする。これがいびつになった車輪が起こす音である。フラット現象といって、そのまま放置しておくと脱線しかねない。そこで車輪を削って真円に戻すのが車輪転削機の役目である。１編成を動かしながら各車輪を転削するために、車輪転削線の転削庫から車止めまでの距離は15両編成分の３０２ｍと長くなっている。

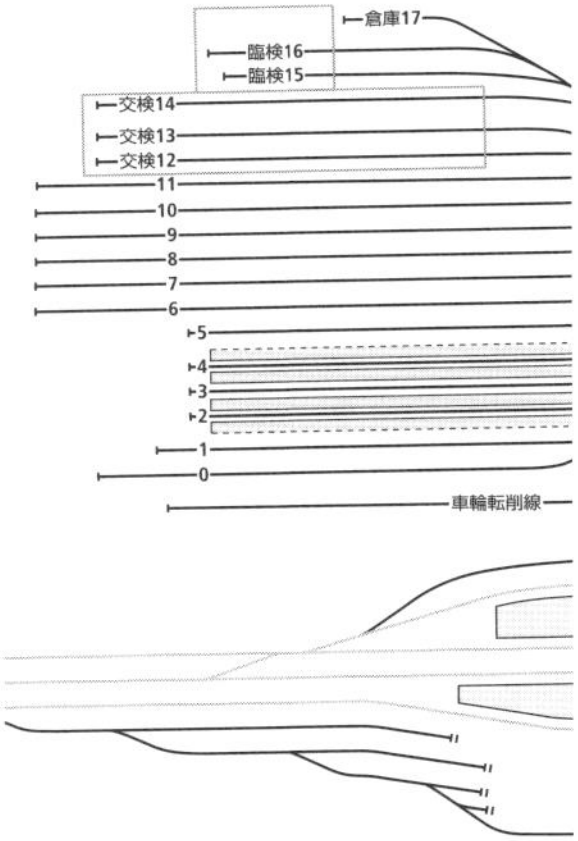

高崎車両センターは新前橋駅に隣接している。新前橋駅の右側にある建屋が車輪転削庫である

直列に配置されている網干総合車両所（旧網干電車区）

直列配置の例として網干総合車両所（山陽・山陰ライン1巻34、35ページ）を取り上げる。神戸寄りに留置線と洗浄線があり、その奥、竜野寄りに検修線群と仕立線がある。総合車両所というように車両工場も併設され、車両工場は検修線棟のさらに竜野寄りに配置されている。

網干駅から2線の入出庫線が分岐し留置線に行けるようになっているとともに、通路線を兼ねた試運転線で検修線群や仕立線に行ける。もちろん留置線からもそれらには行ける。

検査終了後に試験走行をする試運転線から直接車両工場に入場できるほか、検修線群の交番1番線と臨検線からも入場できる。洗浄線へは入出庫線から分かれた0番通路線を通ってまず洗浄機で洗ってから入る。0番通路線に並行して車輪転削線がある。

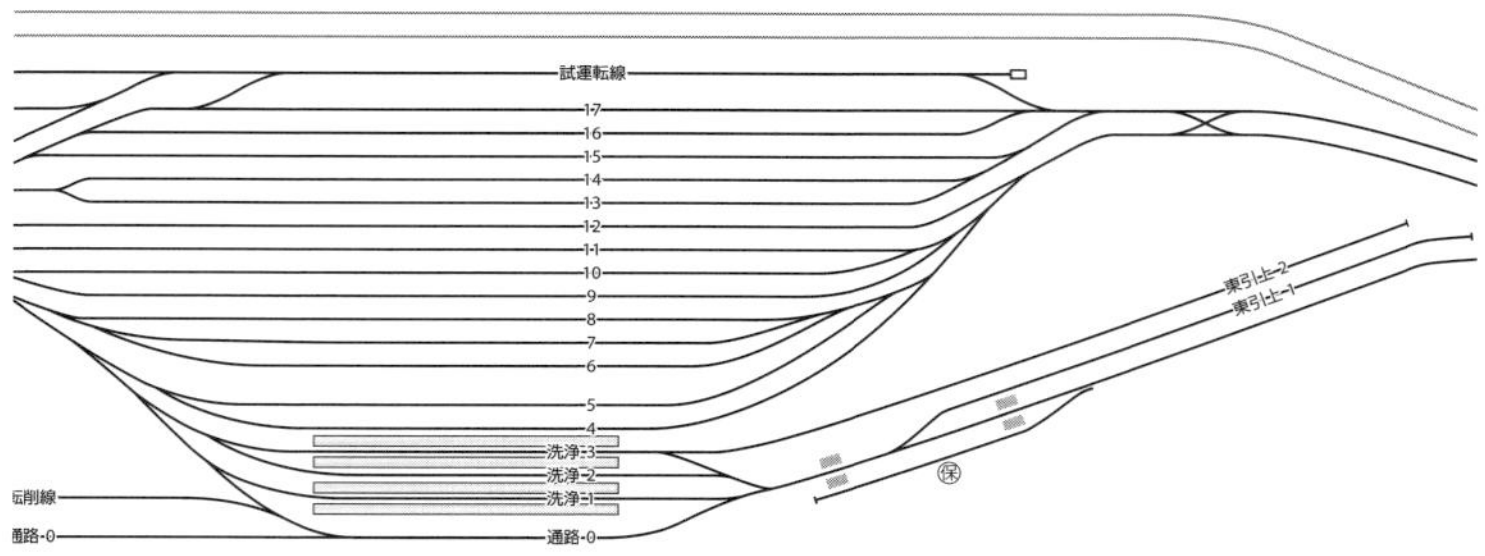
試運転線
17
16
15
14
13
12
11
10
9
8
7
6
5
4
洗浄-3
洗浄-2
洗浄-1
通路-0
東引上-2
東引上-1
保

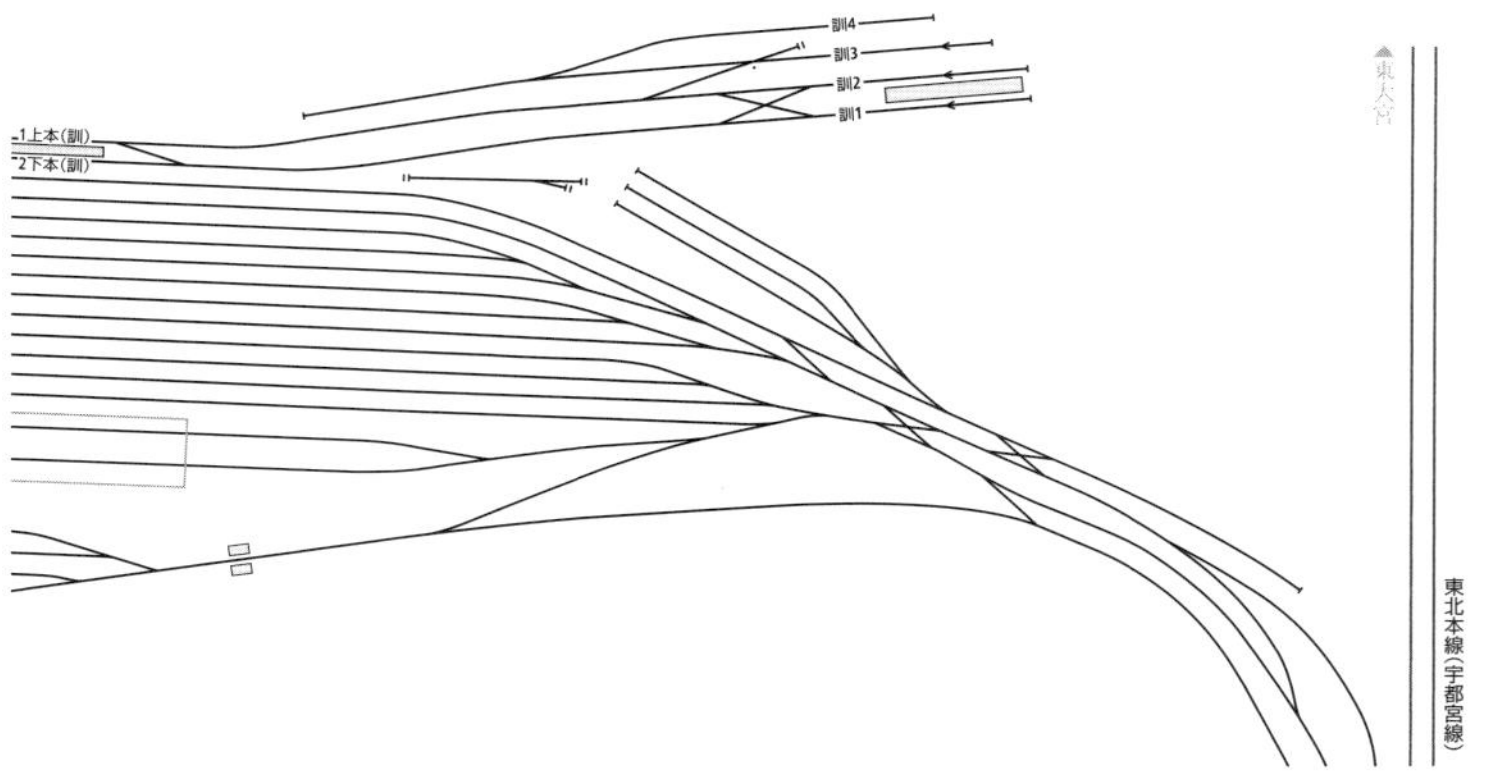
訓4
訓3
訓2
訓1
1上本(訓)
2下本(訓)
東大宮
東北本線(宇都宮線)

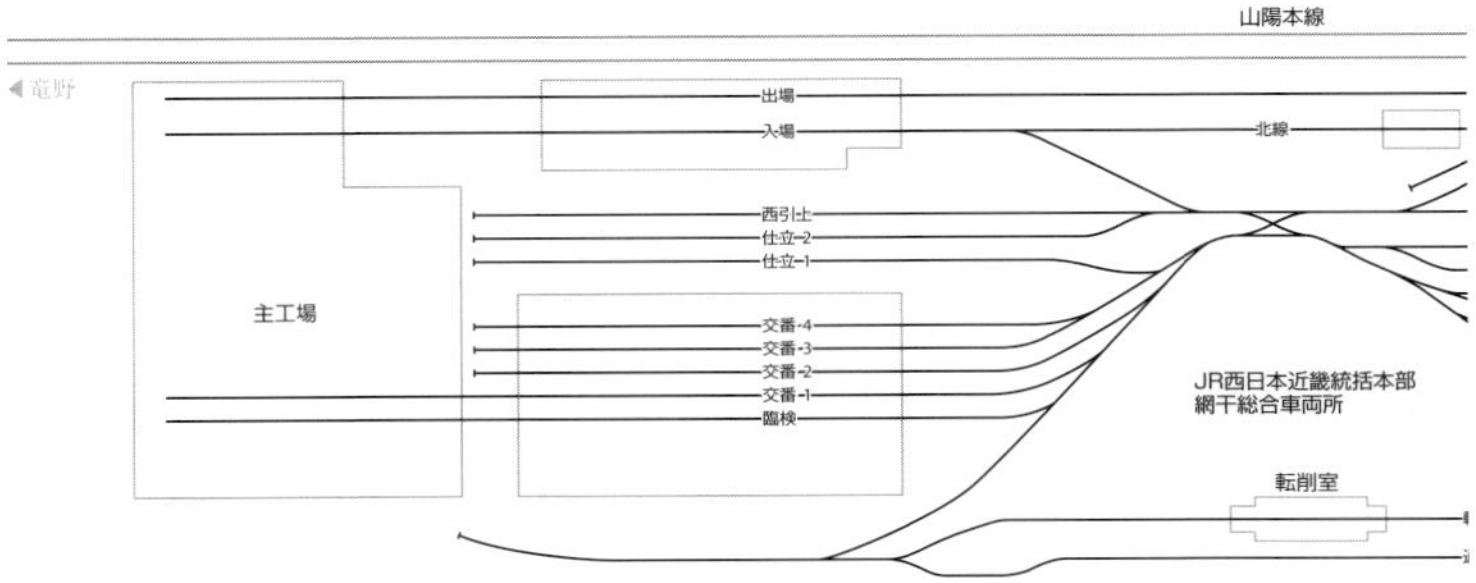
山陽本線
◀竜野
出場
入場
北線
西引上
仕立-2
仕立-1
主工場
交番-4
交番-3
交番-2
交番-1
臨検
JR西日本近畿統括本部
網干総合車両所
転削室

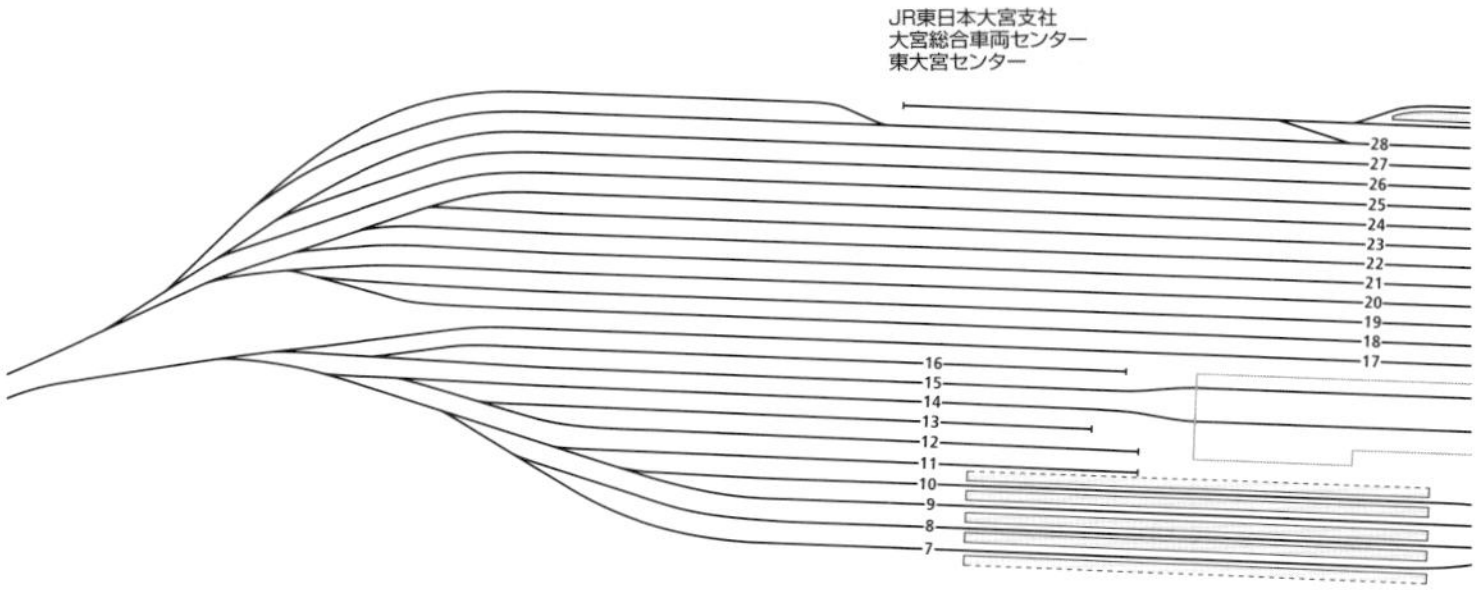
JR東日本大宮支社
大宮総合車両センター
東大宮センター
28
27
26
25
24
23
22
21
20
19
18
17
16
15
14
13
12
11
10
9
8
7

本線と並行していない大宮総合車両センター東大宮センター

通常は本線に並行して車両基地があるが、大宮総合車両センター東大宮センター（東北ライン1巻18、19ページ）は東北本線とほぼ直角になってやや離れたところにあり、大宮駅から東北本線と単線で並行する入出庫線がある。

大宮総合車両センター東大宮センターは大宮駅から1駅青森寄りの土呂《とろ》駅（東北ライン1巻19ページ）近くにあり、大宮駅から長い回送線で結ばれている。土呂駅付近で3線の着発線になり、さらに引上線が並行してカーブしたところに同センターがある。

西側から洗浄線群、検修線群、留置線群の順に並び、それらは再び収束して2線の引上線に入れるようになっている。さらに訓練線が設置されている。

入出庫線から留置線などへの広がり方

車両基地では単線の入出庫線から多数の留置線などに広がっていく。単純に考えると、1つの線路から1線ずつポイントで分岐していくように思えるが、そうなっているところはあまりない。

尾久駅に並行している尾久車両センターの東北着発線1～3番線と機回線などはそうなっている（首都近郊スペシャル20、21ページ）。また、阪急の西宮車庫（京阪神スペシャル71ペー

尾久駅の大宮寄りに並行する着発線や機回線などは１つの線路から分岐している

阪急西宮北口駅に隣接する西宮車庫も同様な分岐の仕方をしている個所がある

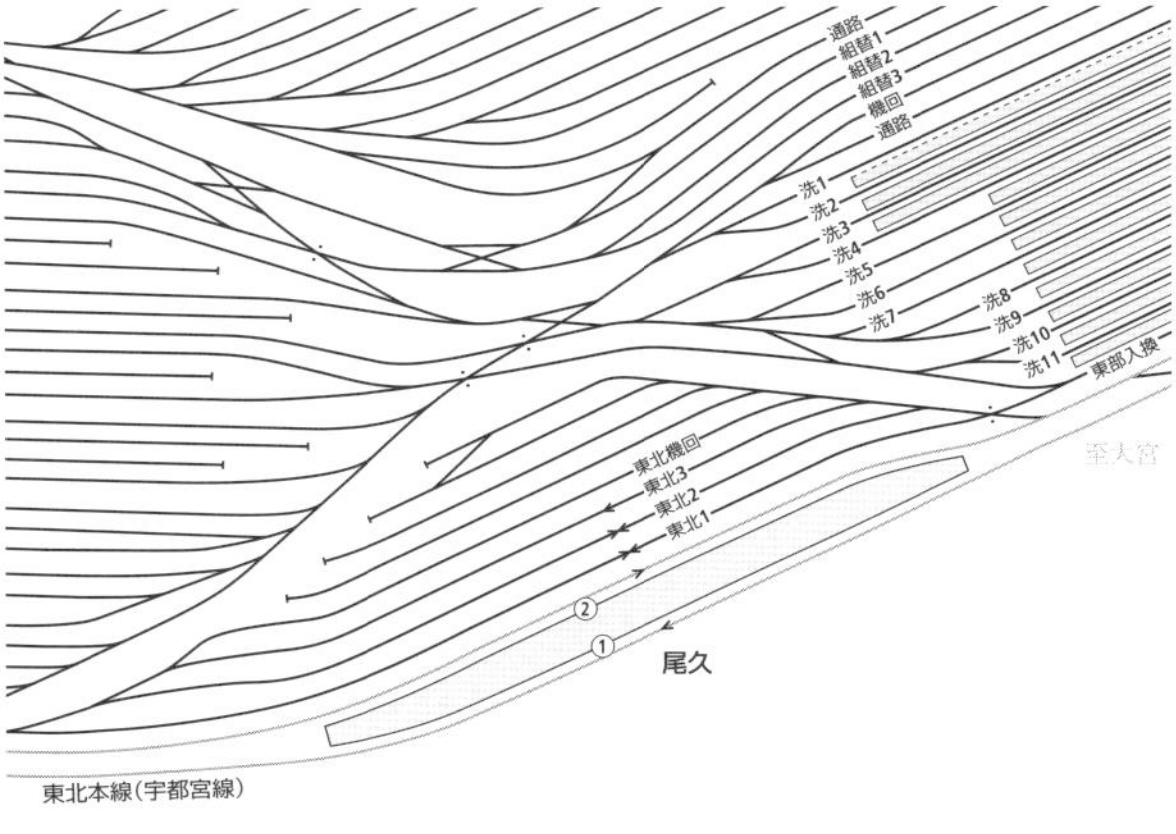

ジ）や正雀《しょうじゃく》車庫（同39ページ）も同様になっている個所がある。

しかし、大半はまず2線に分かれ、その2線もほぼ同じ個所で再び2線に分かれて4線になる。そしてその4線もそれぞれ2線に分かれて8線になるというような形で線路を増やしていく。ときには1線から2回分かれて3線になることもある。東海道新幹線の大井車両基地（全国新幹線ライン93ページ）の9～25番線の留置線群

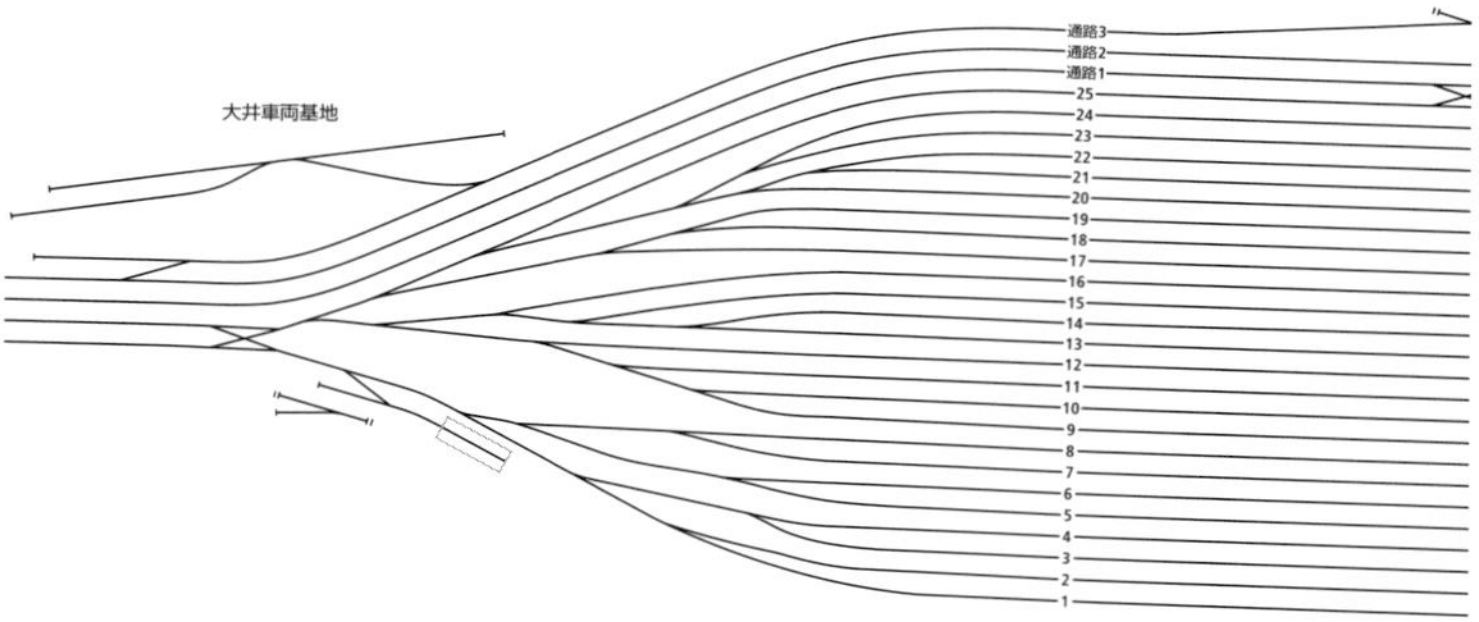

への分かれ方が典型的なものになっている。
1つの線路から分岐したほうがわかりやすいが、奥で分かれる線路ほど長さが短くなる。また、どこかのポイントが故障したりしたとき、その先の線路から出庫することができない。
倍々に枝分かれをすると、線路の長さはさほど変わらないものになる。付け根のポイントが故障してしまえば、すべての電車が出庫できなくなるが、枝分かれを繰り返すことによってポイント故障のために出庫できなくなるリスクを分散できるのである。

転車台

蒸気機関車の先頭方向を逆にするための転車台は鉄道ファンならずとも見ていて面白い。蒸気機関車のためにあるから転車台は徐々に減っていくように思われがちだが、転車台は蒸気機関車だけのためにあるわけではない。

気動車の方向転換にも使われるのである。1つの路線を

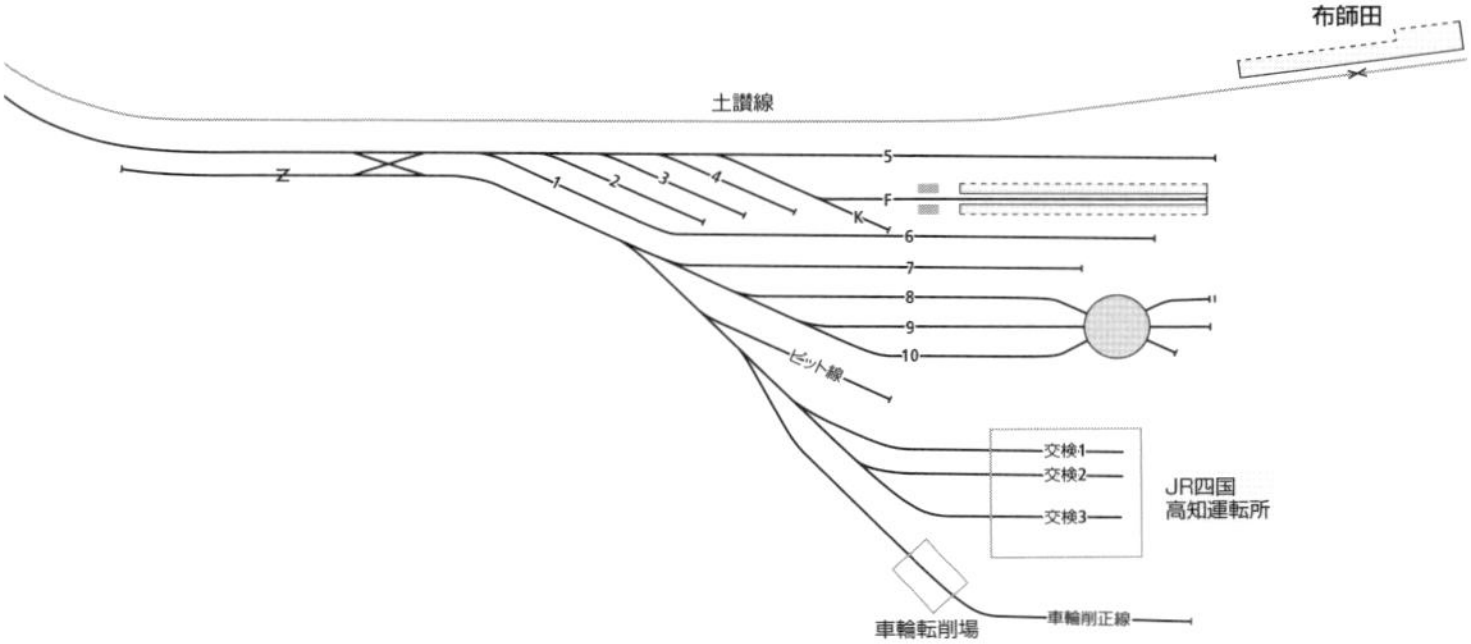

高知運転所全景。４両の気動車が停まっている留置線がゼブラ配線になっている

高知運転所にある新設の転車台

常に往復している車両の左右の車輪は、どうしても偏った摩耗の仕方をする。気動車は1軸または2軸駆動しているものがほとんどなので摩耗の偏りが出やすい。そこで方向転換をときおり行えば摩耗が平均化される。

これは電車や電気機関車でもいえることだが、これらを転車台で方向転換するわけにはいかない。転車台に架線を張るわけにはいかないからである。電車や電気機関車は車輪転削庫で摩耗の平均化を行う。気動車ならば転車台に載せることができる。

四国の土讃線高知駅（四

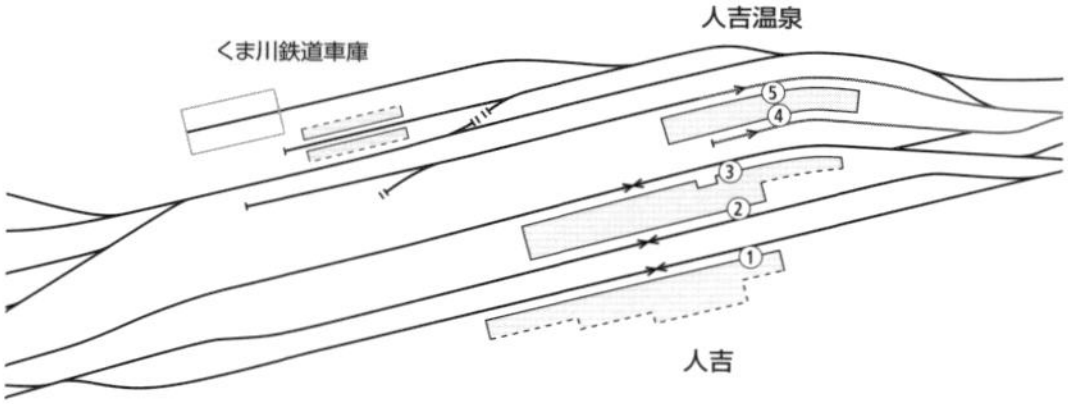

国・九州ライン2巻38、39ページ）には隣接して高知運転所があった。近年になって駅は高架化されたが、高知運転所を高架にするのは費用と時間がかかって大変である。

そこで布師田《ぬのしだ》駅（四国・九州ライン2巻37ページ）近くに移設した。このとき転車台も新設した。気動車の方向転換用である。

高知運転所にはほかにも珍しい配線がある。完全ではないが、機関車を留置する機留線と同様なゼブラ配線がある。配線図の1～4番線及びK線である。完全なゼブラ配線はこれらが6番線ともつながっているものだから少し異なる。

ゼブラ配線にしたのは、もう長大編成を組むことは少ないからだ。普通列車では長くてもせいぜい3両編成くらい、通常は単行で走る。それなら機関車と同様にゼブラ状に配線すればいいということである。

同様に転車台を新設した車両基地として佐世保

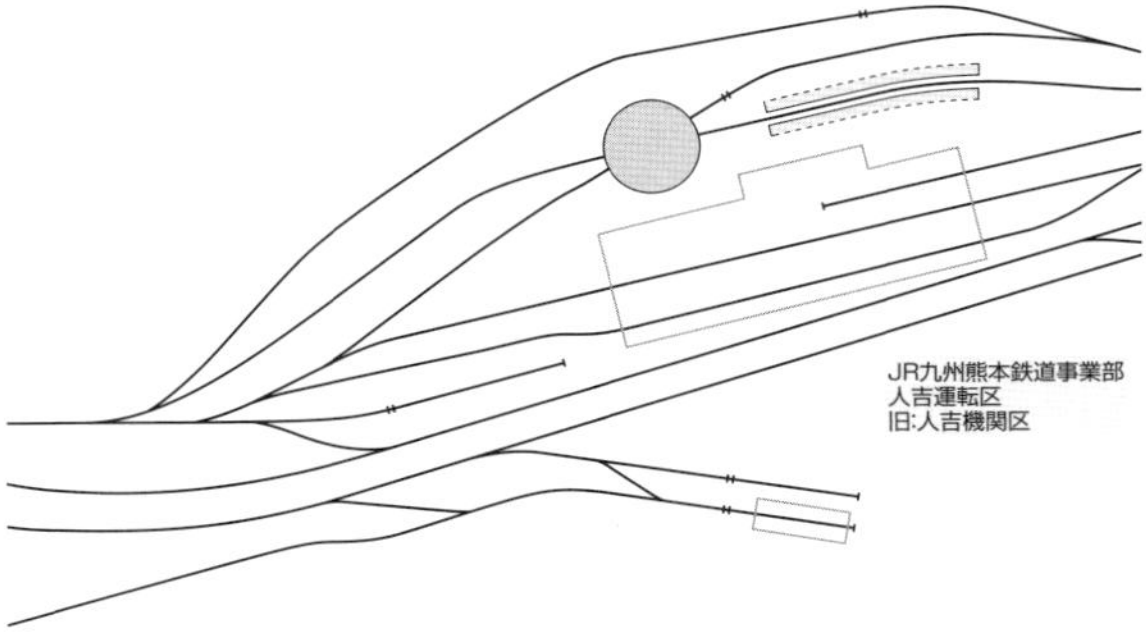

線早岐《はいき》駅に隣接している佐世保運輸センター（四国・九州ライン5巻27ページ）がある。この車両基地は昔からあったが、現況に合わせて使いやすいように全面改築した。このとき転車台も移設新設したのである。

このように気動車の方向転換のための転車台は全国各地に置かれている。『東海道ライン』等をご覧いただきたい。

蒸気機関車用として残っているところも多い。JR九州の人吉運転区（四国・九州ライン7巻42ページ）、熊本車両センター（四国・九州ライン6巻26、27ページ）、宮地駅（四国・九州ライン6巻38ページ）、JR西日本の新山口駅（山陽・山陰ライン8巻15ページ）、津和野駅（山陽・山陰ライン8巻32ページ）、旧梅小路蒸気機関車館（京阪神スペシャル6ページ）、大井川鐵道の新金谷駅と千頭《せんず》駅（東海道ライン3巻16ページ）、秩父鉄道の広瀬川原車両基地（中部ライン10巻35ページ）と三峰口駅（中部ライン10巻29ページ）、ＪＲ貨物の高崎機関区（中部ライン10巻18ページ）、ＪＲ東日本の水上駅（中部ライン10巻10ページ）等々である。

これらは新設しているところも多い。また、京都の梅小路蒸気機関車館を拡張・リニューアルした京都鉄道博物館は旧梅小路機関区を保存し、扇形車庫も残されている。高崎機関区の転車台はＪＲ貨物の高崎機関区内にあるが、ＪＲ東日本の蒸気機関車Ｄ51　４９８号機の方向転換を行っている。

なお、ＪＲ北海道で蒸気機関車を走らせるときはほとんど転車をせず、バックで牽引する。転車台は函館運輸所（北海道ライン１巻20ページ）、苗穂運転所（北海道ライン２巻17ページ）、岩見沢運転所（北海道ライン２巻24、25ページ）、旭川運転所（北海道ライン３巻60ページ）、釧路運輸車両所（北海道ライン３巻40ページ）といった大きな車両基地にあり、主として気動車の方向転換用である。

首都圏では八王子駅に隣接するＪＲ貨物の八王子総合鉄道部（中部ライン11巻17ページ）にあったが、ＪＲ貨物が転車台辺りを再開発することになり、撤去して跡地の穴は埋め立ててしまった。五能線深浦駅（東北ライン10巻48ページ）にも転車台跡がくっきりと残っている。

ゼブラ配線

先述したゼブラ配線は機関車を留置する機留線に使われている。配線図を見ると、機留線が

静岡貨物駅機関区のゼブラ配線

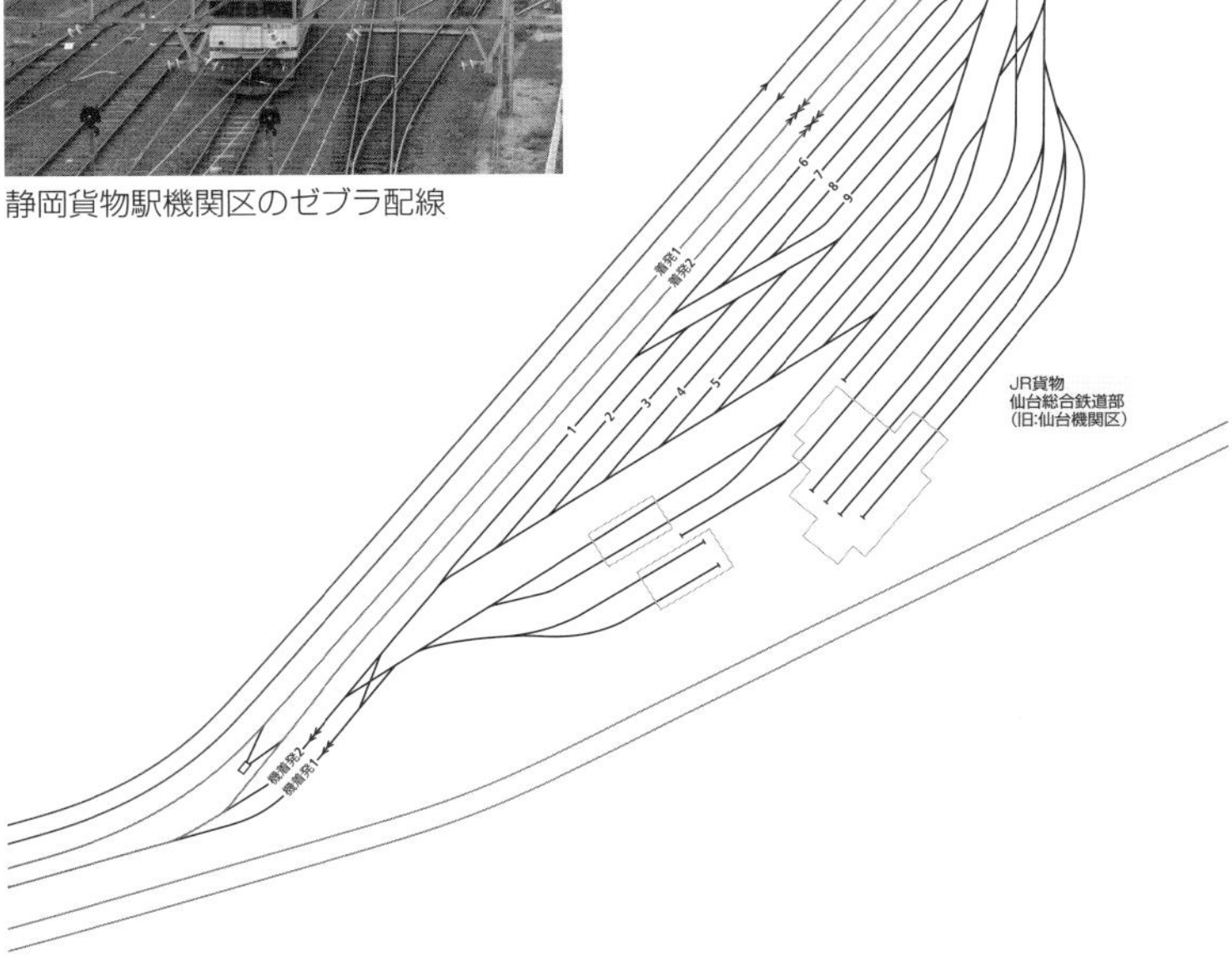

ゼブラ状に配置されていることからそういわれているのである。

武蔵野線にあった武蔵野操車場に典型的なゼブラ配線があったが撤去されてしまった。現在、ゼブラ配線になっているのは大井（東京）貨物ターミナル（東海道ライン1巻29ページ）、新鶴見信号場（東海道ライン1巻22、23ページ）、静岡貨物駅（東海道ライン3巻20ページ）、稲沢貨物駅（東海道ライン5巻12ページ）、東北本線の宇都宮貨物ターミナルの機関区（東北ライン4巻23ページ）、

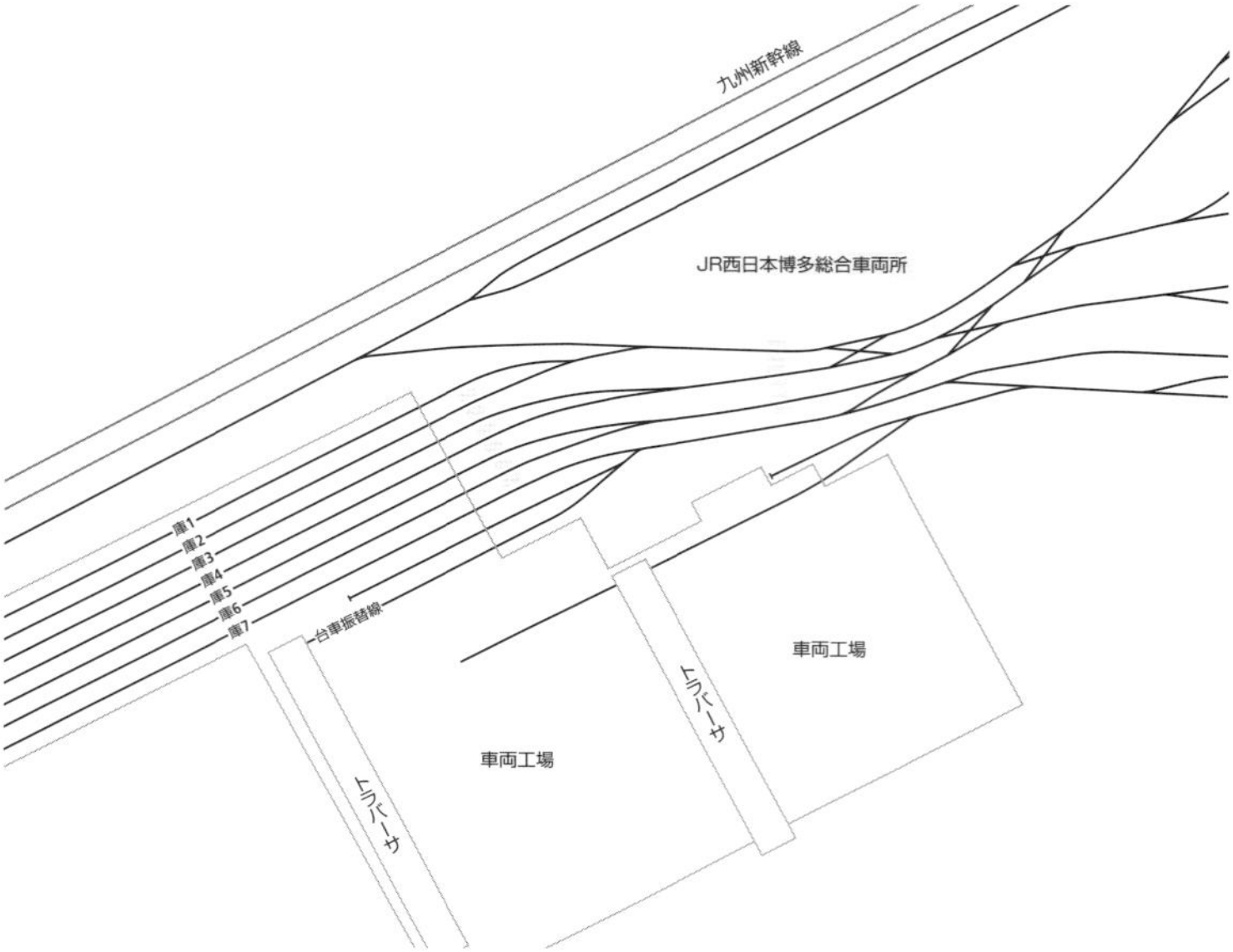

黒磯駅の機留線（東北ライン4巻34ページ）、仙台総合鉄道部（東北ライン6巻21ページ）と大幹線の機関区等のみである。

トラバーサ

車庫では車両を載せて平行移動するトラバーサも多用されている。JR西日本博多総合車両所（全国新幹線ライン84ページ）やJR貨物広島車両所（全国新幹線ライン87ページ）の工場等の大半の検修場や車両工場に置かれている。

しかし、なかにはポイントよりもスペースを取らないということで留置線への車両収容のためにトラバーサを用いている車庫もある。これらは車両が軽い路面電車の車庫で多用されている。

たとえば都電荒川線荒川車両検修所（首都近郊スペシャル44ページ）がある。頭端側にトラバーサを置き、各留置線や検修線、洗浄線間の移動を行っている。

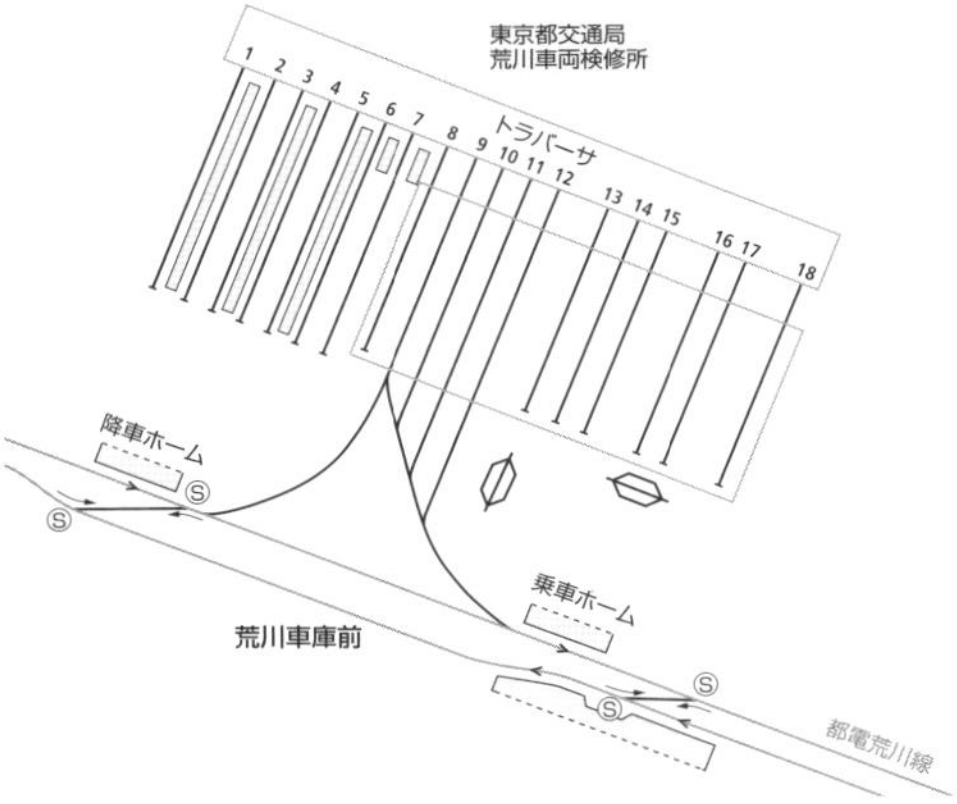

都電荒川車庫のトラバーサで移動中の電車

参考文献

『【図説】日本の鉄道　東海道ライン』各巻（川島令三編・著／講談社）
『【図説】日本の鉄道　中部ライン』各巻（川島令三編・著／講談社）
『【図説】日本の鉄道　山陽・山陰ライン』各巻（川島令三編・著／講談社）
『【図説】日本の鉄道　四国・九州ライン』各巻（川島令三編・著／講談社）
『【図説】日本の鉄道　東北ライン』各巻（川島令三編・著／講談社）
『【図説】日本の鉄道　北海道ライン』各巻（川島令三編・著／講談社）
『【図説】日本の鉄道　特別編成　京阪神スペシャル』（川島令三編・著／講談社）
『【図説】日本の鉄道　特別編成　首都近郊スペシャル』（川島令三編・著／講談社）
『【図説】日本の鉄道　特別編成　全国新幹線ライン』（川島令三編・著／講談社）

『新停車場線路配線ハンドブック』（停車場線路配線研究会＝編／吉井書店）
「2016貨物時刻表」（鉄道貨物協会）
『JR・私鉄全線各駅停車』各巻（宮脇俊三・原田勝正＝編／小学館）
『日本鉄道名所』各巻（小学館）
『鉄道ピクトリアル』各号（電気車研究会・鉄道図書刊行会）
『新日本鉄道史　上・下巻』（鉄道図書刊行会）
「JR時刻表」（交通新聞社）
『新・鉄道運転規則逐条解説』（鉄道運転規則研究会＝編／日本鉄道運転協会）
『電気鉄道 第2版』（松本雅行／森北出版）
『注解鉄道六法　平成28年版』（国土交通省鉄道局＝監修／第一法規）
『全国鉄道事情大研究』各巻（川島令三／草思社）

川島令三（かわしま・りょうぞう）
1950年、兵庫県に生まれる。鉄道アナリスト。芦屋高校鉄道研究会、東海大学鉄道研究会を経て鉄道図書刊行会に勤務、「鉄道ピクトリアル」「電気車の科学」を編集。 現在は「鉄道アナリスト」として執筆を中心に活動中。早稲田大学非常勤講師。
2009年にスタートした『【図説】日本の鉄道』シリーズ（講談社）では、日本全国の鉄道に全線乗車して、どこにも公開されていなかった鉄道配線図を紹介。全52巻で完結した。
他の著書には『全国鉄道事情大研究』シリーズ（草思社）、『新線鉄道計画徹底ガイド』シリーズ（山海堂）、『徹底チェック』車両シリーズ、『鉄道再生論』（以上、中央書院）、『日本の鉄道名所100を歩く』『鉄道カレンダー』『至高の名列車名路線の旅』（以上、講談社＋α新書）、『〈図解〉日本三大都市　幻の鉄道計画』『〈図解〉日本三大都市　未完の鉄道路線』『〈図解〉超新説　全国未完成鉄道路線』（以上、講談社＋α文庫）、『〈図解〉新説 全国寝台列車未来予想図』『【図説】日本 vs. ヨーロッパ「新幹線」戦争』（以上、講談社）などがある。

カバー、本文写真、配線図作成／川島令三
本文デザイン／野本 涉、今田 毅、加藤真理（DNPメディア・アート）
装丁／伊勢弥生（DNPメディア・アート）
編集協力／富田康裕

【図説】日本の鉄道

鉄《てつ》道《どう》配《はい》線《せん》大《だい》研究《けんきゅう》　乗《の》る、撮《と》る、未来《みらい》を予測《よそく》する

2017年２月27日　第１刷発行

著者　川島令三《かわしまりょうぞう》

発行者　鈴木 哲
発行所　株式会社講談社
東京都文京区音羽２-12-21　〒112-8001
電話　編集 03-5395-3529
販売 03-5395-3606
業務 03-5395-3615

印刷所　大日本印刷株式会社
製本所　株式会社国宝社

定価はカバーに表示してあります。ISBN978-4-06-295182-1